山顶视角
代表作定制出版

成就顶尖高手代表作
让阅读更有价值

成就卓越

领导者的第一本高管教练书

吴雁燕　胡丝雯　鲁兰 ——— 编著

北京联合出版公司
Beijing United Publishing Co.,Ltd.

图书在版编目（CIP）数据

成就卓越：领导者的第一本高管教练书 / 吴雁燕，胡丝雯，鲁兰编著. -- 北京：北京联合出版公司，2023.7（2024.10重印）

ISBN 978-7-5596-6844-8

Ⅰ.①成… Ⅱ.①吴… ②胡… ③鲁… Ⅲ.①企业领导学—通俗读物 Ⅳ.①F272.91-49

中国国家版本馆CIP数据核字（2023）第060290号

Copyright © 2023 by Beijing United Publishing Co., Ltd.
All rights reserved.
本作品版权由北京联合出版有限责任公司所有

成就卓越：领导者的第一本高管教练书

吴雁燕　胡丝雯　鲁兰　编著

出 品 人：赵红仕
出版监制：刘　凯　赵鑫玮
选题策划：山顶视角
策划编辑：王留全　李俊佩　付佳雯
特约编辑：王冰倩
责任编辑：周　杨
封面设计：卓义云天
内文排版：黄　婷

北京联合出版公司出版
（北京市西城区德外大街83号楼9层　100088）
北京联合天畅文化传播公司发行
北京美图印务有限公司印刷　新华书店经销
字数321千字　880毫米×1230毫米　1/32　16.25印张
2023年7月第1版　2024年10月第3次印刷
ISBN 978-7-5596-6844-8
定价：88.00元

版权所有，侵权必究
未经书面许可，不得以任何方式转载、复制、翻印本书部分或全部内容。
本书若有质量问题，请与本公司图书销售中心联系调换。电话：（010）64258472-800

关注联合低音

谨以本书为中国及世界的领导力发展和高管教练事业

添薪、助力、增爱

推 荐

(以下推荐人按姓氏拼音顺序)

揣姝茵

使命咨询创始人、麦肯锡（McKinsey）全球组织发展与领导力前资深专家

使命如北斗，愿景如高峰，战略如脚下无人之路。在攀登高峰探索未知的路上，志存高远的攀登者身边有一群利他、温暖、睿智的教练，陪伴着每个生命的内在乾坤挪移、每个团队的觉察进步和每个组织的焕新进化。在这本书中，每一个故事都是从事着这样一份崇高而平凡职业的教练用生命影响生命的动人瞬间。这些瞬间汇成一股向上、向善的力量，让这个世界更加美好。

董莉君

罗欣健康副董事长、阿斯利康（AstraZeneca）消化及全产品业务部前总经理

每个人总会遭遇职业发展的迷茫、无助，或管理团队的不自信、无力感。很庆幸在数次管理职责变化、领导力需要提升之时，我都获得了高管教练的陪跑，其中就有吴雁燕。有时是茅塞顿开解决即时难题，更多时是未雨绸缪的心理能量储备。

拜读这本书的过程中，我好似看到了很多熟悉的场景、熟悉的人物，也会随着案例的进展会心微笑。书中有外企和本土企业各不相同的案例，对于从事多年跨国企业管理，正在民营企业工作的自己来讲，这也是一本很好的培训辅导书，让我能更加游刃有余地畅游在民企的海浪中。不管你在哪种企业，位居哪个职级，带领多大的团队，是在职业迷茫期，还是刚刚走出舒适区接受一个有挑战的岗位任务，在本书中都可以找到相似情形的案例，帮助你成为一名更加自如、运筹帷幄的领导者。

黄 英

某知名跨国公司原副总裁与亚洲区法律顾问

这是一本能激起企业高管强烈共鸣的书。书中所呈现的各种管理难题正是在当今万变复杂的商业背景下高管同样经历着的焦灼挑战。这些精彩纷呈的案例故事讲述了高管如何在教练的支持下重新反思和改变、突破自己，实现了领导力的跃升乃至生命的觉醒，同时他们领导的团队和组织也得到了深远的激励和成长。案例作者——一群由吴雁燕领衔的国内顶尖高管教练，关于领导力的视角和深刻洞察更让这本书具有独特的价值。

兰 刚

私董功场创始人，《解码私董会》《总裁私董》《内部私董会》作者

在我们迈入后疫情时代的当下，吴雁燕领衔编著的这本书可谓一场及时雨，为疫后组织的再生长提供了营养和助力。无论是企业教练还是私董会，本质上都是借事修人、借假修真，通过激发和释放人的潜能，成就更好的个人和团队，进而助推组织目标的达成。

越来越多的中国企业认识到，强大的组织能力才是实现基业长青的核心发动机。从这个意义上说，企业教练就是在为这台发动机提供新能源，引爆新能量。相信企业教练能帮助更多中国企业逐鹿全球，再创辉煌！

李旭东
思爱普（SAP）前全球副总裁与中国区联席总经理

恭喜吴雁燕女士及伙伴们共创的新作出版！面对剧烈的外部市场变化、员工代际差异及数字化对企业运营模式的巨大影响，如何带领团队和组织迎接这些巨变是高管面临的首要问题。这本书系统、结构化地从企业高管视角介绍了教练体系，结合丰富、具体的案例，把教练的核心概念和实践操作有效地衔接起来。看到这本书时，我有种回到了几年前参加吴女士负责的教练项目的感觉。相信该书会帮助没有参加过教练项目的高管建立起一个相对完整的教练框架，并给出具体的实操指南。对于参加过教练项目的高管，该书是一次绝佳的总结和回顾，能够帮助他们查缺补漏。相信该书的出版会为企业高管带领企业转型提供更多帮助，也会助力中国企业的管理模式创新。

曲建强
欧米亚（Omya）中国区总裁、巴斯夫（BASF）化学建材大中华区原董事总经理

管理有着不同的模式，教练型管理是我推崇的一种高管管理模式。拜读了本书，体会作者的总结、归纳及一些观点的诠释后，更加印证了管理模式对企业的重要性。现在非常多的企业面临改革和调整经营模式，加上并购重组、资本属性的变化，使得企业文化也在大幅度变化。该书的高管教练理念和框架向管理者提供了一些指引和类比的机会，这样可以促进高管找到契合当前及未来的管理方式或者优化的方向，融会贯通。我希望每位高管和正在高管成长路上的管理者都可以阅读和分享这本书。

尹 利
宜家（IKEA）全球总部零售系统及业务扩张人力资源负责人

与其说这是一本教练高管的书，不如说这是一本关于高管领导力发展的书。在关于高管如何领导自己、他人、团队及组织变革方面，该书有很多相当深刻的洞见和很实用的工具，值得好好细品。

袁 骏
碧然德（Brita）中国创始人、董事总经理

一个企业领导者往往需要独辟蹊径，走前人没有走过的错综的路。他必须要选择、决定，之后要总结、反思。而这一切都在千头万绪、繁忙紧张中发生。这时，他需要的帮助也许并不来自一个向导，而是一个对话者。对话者往往能够使他获益良多，甚至突然看见。荆棘之路有人对话、陪伴、共情、点醒，这就是教练。

很难想象武林中大师、高手会聚集一起把他们多年的心得绝学公之于众，但你手中的这本书恰恰正是这样一本书。它由当今中国最优秀的一批教练倾心写成，活灵活现地呈现他们在企业高管教练中的故事，既有血有肉，又高屋建瓴，读来令人不忍释卷。

张非凡

教育教练项目负责人、焦点解决思维训练体系创始人

吴雁燕教练是我较早认识并有幸一起工作过的职业高管教练。这本书的出版见证了她作为教练实战派从成长到成熟的不一样的旅程。书中最打动读者的无疑是字里行间透出的她多年来深耕和探究领导力发展的愿景和价值观。她是一名知行合一的高管教练，为人谦卑且友善。我相信，只有到达"知之真切笃实处"，才能活出一个优秀教练的底色，也只有到达"行之明觉精察处"，才能写出这样一本值得每位管理者和职业教练参学的佳作。

张　伟（Meade）

曾任森马、宝洁（P&G）、阿斯利康等全球知名公司人力资源高管、高管教练

恭喜吴雁燕和一批优秀的高管教练共同创作的这本书问世！对于中国本土的企业高管和高管教练，这是一本更好了解高管教练的价值贡献和教练工作实践的珍贵一手经验的提炼和总结。在未来很长一段时间，引入和推广教练文化会成为中国本土企业培养和发展更多优秀高管的越来越重要的赋能手段，这也更需要一大批有实战经验和能力并接地气的高管教练来陪伴、助力企业的管理团队。这部包含了众多高管教练真知灼见的作品，一定会给读者带来授人以渔的赋能作用，值得阅读。

目 录

推荐序一　千秋邈矣独留我，百战归来再读书　/ 17

推荐序二　柏拉图洞穴之外的璀璨世界　/ 25

推荐序三　中国高管教练事业的新基石　/ 30

推荐序四　高管更需要"教练"　/ 32

推荐序五　过往皆为序章，未来可期可创　/ 35

推荐序六　高管教练，在高处与你相遇　/ 40

自　　序　出发与回归　/ 45

第一部分　何为高管教练

导　读　/ 003

01 高管教练：
独家尊享与量体裁衣式领导力发展过程　/ 009

02 高管教练：
脚踏实地与远望星空相交融的领导力发展方法　/ 017

7

03 高管教练：
古今中西合璧又成长空间广阔的领导力发展领域 / 031

04 高管教练：
安全温暖支持与宽广深邃挑战并存的领导力发展空间 / 043

05 高管教练：
领导者自我当责与全系统高价值的领导力发展机制 / 051

  第一，高管教练项目的定位与支点 / 056
  第二，高管教练项目可覆盖的教练议题领域 / 057
  第三，高管教练项目的流程设计与参与者 / 059

06 高管教练：
从非此即彼到兼收并蓄，
从锱铢必较到运筹帷幄的领导力发展路径 / 063

第二部分 高管教练实践

导 读 / 083

07 突破舒适区，勇敢向前向上 / 089
  成长的机遇 / 090
  "破土"前的困扰 / 091
  自信地"播种" / 092
  坚定地"扎根" / 095
  蜕变与未来畅想 / 098
  教练洞见 / 098

自我教练 / 100

08 领导力的"版本升级" / 103

踌躇满志的总经理 / 104

冲在一线的总经理 / 105

受伤恼怒的总经理 / 106

教练式总经理 / 110

教练洞见 / 113

自我教练 / 114

09 领导者的温度 / 117

谁是霍根 / 117

第一次面谈 / 118

为什么需要教练辅导 / 119

第二次面谈 / 120

为什么要关注人 / 122

六个月以后 / 124

教练洞见 / 125

自我教练 / 126

10 内外兼修的觉醒之旅 / 129

老板强势，团队疏离 / 130

外在提升，目标驱动 / 133

内在觉醒，使命驱动 / 136

内外整合，自我实现 / 139

教练洞见 / 143

自我教练 / 144

11 我和教练有个对话 / 147

教练对话：心力交瘁时的加油站 / 148

教练对话：迷茫停滞时的明灯 / 150

教练对话：在中流击水时的定盘星 / 154

教练洞见 / 157

自我教练 / 157

12 寻找人生下半场的意义 / 161

前方迷雾 / 162

教练策略 / 164

拨开迷雾 / 165

再次出发 / 169

教练洞见 / 170

自我教练 / 172

13 自信的光芒 / 173

产前受命，面对挑战 / 173

回看自己，重拾信心 / 177

厘清职责，确定重点 / 179

聚焦目标，制定策略 / 181

回顾展望，持续前行 / 184

教练洞见 / 185

自我教练 / 187

14 艰难时刻，优雅前行 / 189

看见应对模式 / 190

清晰重视什么 / 191

探索发展方向 / 193

找到前行动力 / 194

规划过渡角色 / 196

活出真实鲜活的自我 / 197

感恩蜕变之旅 / 199

教练洞见 / 199

自我教练 / 200

15 相信相信的力量 / 205

缘　起 / 206

卡壳与化解 / 207

客户行动 / 211

教练洞见 / 212

自我教练 / 213

16 第二座山 / 215

初探：山路险峻 / 215

锁定目标：进发第一坡 / 217

解锁瓶颈："审查员"攀上第二坡 / 220

角色换岗："大审查员"登上第三坡 / 222

重构突破：第二座山 / 223

教练洞见 / 224

自我教练 / 225

附录：感知位置平衡工具的使用 / 226

17 想做就做！ / 229

序幕：将信将疑 / 230

承启：好的开始是成功的一半 / 231

探索：两个小鬼在打架 / 232

收获：展翅飞扬 / 236

教练洞见 / 237

自我教练 / 237

18 内圣外王，以内御外 / 239

疲惫的赶路人 / 240

看到前进的方向 / 242

从应对压力入手 / 243

回看职业初心与历程 / 245

价值观练习的突破 / 247

教练洞见 / 249

自我教练 / 249

19 再上"牌桌"——新任高管的信心重塑与角色转型 / 253

突如其来的任命 / 254

寻求教练支持 / 255

走出困顿，再上"牌桌" / 256

坚定信心，留在"牌桌"上 / 259

转换角色，激发团队 / 262

融合智慧，共创未来 / 264

教练洞见 / 266

自我教练 / 267

20 站在"阳台"上看"舞池" / 269

在阳台上看自己 / 270

在阳台上看系统 / 274

走下阳台调整舞姿 / 278

教练洞见 / 279

自我教练 / 280

21 三个比喻，三次纾困 / 283
　　内外双重成长目标 / 284
　　三次身份比喻与重塑 / 286
　　次第绽放 / 288
　　教练洞见 / 290
　　自我教练 / 291

22 无限游戏 / 295
　　乔伊的领导者画像 / 296
　　解　题 / 297
　　跃　升 / 300
　　无　限 / 302
　　教练洞见 / 303
　　自我教练 / 304

23 蝶变，撬动数字化转型 / 305
　　合　约 / 307
　　启　动 / 311
　　破　茧 / 314
　　成　蝶 / 316
　　轻盈飞舞 / 318
　　教练洞见 / 319
　　自我教练 / 320

24 爱上双人舞 / 323
　　痛：乱舞互踩！ / 324
　　惊：谁来领舞？ / 326
　　乐：双人舞训练 / 329

爱：爱上双人舞 / 330

教练洞见 / 332

自我教练 / 333

25 唤醒初心，再次"点燃"创始团队 / 335

初见原始合伙人K / 336

教练目标与方法 / 337

教练洞见 / 346

自我教练 / 348

26 居安思危，以战养兵——团队教练助力企业并购后深度整合 / 351

以战养兵 / 352

深度整合 / 354

教练洞见 / 362

自我教练 / 366

27 解决事，看见人 / 369

内部教练介入 / 370

教练的具体工作 / 372

项目意义 / 375

教练洞见 / 376

自我教练 / 376

28 CEO的真相 / 379

起 / 379

承 / 381

转 / 385

合 / 387

教练洞见 388

自我教练 / 389

29 组织变革中的蓝色交响曲 / 391

案例背景 / 392

面临的挑战 / 393

前期考察 / 394

实施方案 / 395

领导者风格转变 / 400

教练洞见 / 401

自我教练 / 402

附录一：大兄弟反馈法 / 403

附录二：采访内容选摘 / 405

30 走出混沌，共创未来 / 409

看见日常救火模式 / 410

识别业务潜在风险 / 412

清晰方向，拉齐认知 / 414

规划人才发展路径 / 416

项目成果 / 418

教练洞见 / 419

自我教练 / 420

31 家族民企变革之旅——系统、边界与周期 / 421

董事长的诸多烦恼 / 422

调研与反馈 / 423

变革准备 / 426

变革方案设定与实施 / 427

董事长的喜悦 / 428

教练洞见 / 429

自我教练 / 430

32 企业变革干预的阴阳之道 / 431

问题没那么简单 / 432

阴阳相济，全面干预 / 433

心与脑的碰撞 / 434

教练洞见 / 440

自我教练 / 441

后　记　非凡的英雄之旅 / 443

编后记　从成果共创到共生共赢 / 453

致　谢 / 459

推荐序一

千秋邈矣独留我，百战归来再读书[1]

"千秋邈矣独留我，百战归来再读书"是曾国藩为其弟曾国荃写的一副对联，后句"百战归来再读书"较常见。清华大学经济管理学院高管教育中心便引用其勉励前来参加学习的商界精英。而我觉得前句"千秋邈矣独留我"更富深意，故借此名句来谈谈企业高管该读什么样的书。

在每年的岁末，专业杂志和出版社都会请知名意见领袖推荐一些高管必读的书单，涵盖趋势、战略、思维、领导力、投资、科技等领域，也总有些书目会高频出现，即便它们已经问世多年。如吉姆·柯林斯（Jim Collins）的《从优秀到卓越》(Good to Great)，彼得·德鲁克（Peter Drucker）的

---

[1] 各推荐序按作者姓氏拼音排列。

《卓有成效的管理者》(The Effective Executive)，史蒂芬·柯维（Stephen Covey）的《高效能人士的七个习惯》(The 7 Habits of Highly Effective People)，瑞·达利欧（Ray Dalio）的《原则》(Principles)，詹姆斯·M. 库泽斯（James M. Kouzes）、巴里·Z. 波斯纳（Barry Z. Posner）的《领导力：如何在组织中成就卓越》(The Leadership Challenge: How to Make Extraordinary Things Happen in Organizations)，彼得·M. 圣吉（Peter M. Senge）的《第五项修炼》(The Fifth Discipline) 等。这种现象之中必有值得探究的原因。

首先，这些书籍都和领导力有关。尽管企业高管身经百战，能够在商场上存活并发展早已证明他们领导力水平不差，但为什么还需要阅读这些领导力的书籍？是为了激励自己精益求精、追求卓越，还是学习案例，借他山之石以攻玉？我想都不完全是。

我信奉领导力不是一门学术上的课题，不像数学或工程一样可以靠逻辑解题。借用管理学大师亨利·明茨伯格（Henry Mintzberg）的观点：领导力比较像是一门"手艺"，需要体悟，熟能生巧。

以做菜为例，拿着菜谱照做只能烹调出很普通的料理，那些能够领会"糖少许、盐适量"的神厨才能将原材料的本质淋漓尽致地激发并呈现出来。但并不是说只要有天分就能做出神一般的料理或是演奏出神一般的音乐。我听钢琴家陈必先说过，她小时候就有特殊的音感，没学过钢琴，但任何人弹奏七个音，她都能准确无误地重复，所以五岁开始学琴，走上了古典钢琴演奏之路。成年后，她曾对接受学校的教学工作很犹豫，因为会减少她的练琴时间，她认为一个钢琴演奏者每天至少要用六七个小时练习演奏。正是这样的坚持，使得她演绎许多殿堂级古典作品时，能如大师重现。手艺需要一再演练，熟才能巧。

领导力是手艺，实战演练很重要，熟才能巧，才能得到提升。这也是小企业老板的领导力未必如大企业高管的原因。因为尽管胜负结果相似，但经历的商战规模、战役次数，以及使用的战术与工具都不是同一个等级，领会到的经验层次自然也就不同。

那么，读书对高管的领导力会有什么帮助呢？"百战归来再读书"，有人理解这是将实战经验重新整理、咀嚼消化，再反思验证的过程，就好像儒家的"博学、审问、慎思、明辨、笃行"这一套学问的流程。对此，我有一些新的解释。

领导力是一种先验的能力，你只有不断尝试，在实践过程中体悟到底是"盐放多了"还是"糖放多了"。也许有的人很厉害，他有天分，屡试不爽，但前提就是要试，就是要不断地演练，不论是真枪实弹地下场去拼搏，还是在课堂中模拟讨论，都是一种演练。演练后才能熟练，才能从中体悟到真实无虚的经验，培养出日后能做出有效判断的能力。所以，

"百战归来再读书"，读的不是死书，而是有更多的演练，从老师的学术框架中演练，或从同学的分享案例中演练，或从整理自己的经历中演练。

但领导力高下最重要的差距是在曾国藩对联的上联：千秋邈矣独留我。当年曾国荃被削职贬抑在家，心中郁闷，曾国藩提醒他读书不是为了"黄金屋"或是"颜如玉"，而是在历史长河中留下千秋记忆。这种记忆就是你为人类、为社会做了什么贡献。这才是读书的真谛。

过往谈领导力，谈的是技术，谈的是外控，例如：怎么赢得胜利、怎么带好团队、怎么达成绩效、怎么授权、怎么培育下属等。但越来越多的研究显示：领导力的核心问题不在他人，而在领导者自己——领导者自身对社会，对人类的使命、价值和意义的觉察、洞见与实践。换句话说，领导力是要向内求，自我觉察与意义的实践就是领导力发展的天花板。

那么问题来了。领导力演练如果放在学术框架、放在案例讨论、放在自身经验整理上，这是术的演练，透过讲解、讨论、思辨等方法就可以做到。但如果演练放在自身的觉察与反思上，应该怎么做？

这就是需要阅读本书的理由。

高管教练是从运动教练演绎过来的，第一名高管教练也是一名运动教练。1975 年，美国的网球教练 W. 提摩西·加尔韦 (W. Timothy Gallwey) 在电视新闻拍摄的见证下，戏剧化地在20分钟内教会一名女孩打网球,引起了当时美国电话电报公司(AT&T)的注意。于是该公司邀请他到公司给高管讲课。加尔韦说我可不懂得管理或领导,该怎么教呢?AT&T的主办人说,你只要分享如何教会一个完全不懂网球的人打网球的经验就可以。加尔韦真的这么做了,结果他意外地发现这些高管学员学到的并不是打网球,而是如何管理自己的意志和情绪,并将注意力放在部属和团队上,而这正是提升自身领导力的要诀。后来,加尔韦成了一位杰出的高管教练。

无疑,引进教练是提升高管领导力的新途径。但在理念、框架和方法上已经不像当年加尔韦时那么简单。

吴雁燕(Cathleen Wu)教练认真勤学,她同时是国际教练联盟(ICF)认证的大师级教练(MCC),有这样资历的教练至少需要教练演练时数在2500小时以上,我相信她远远不止这些小时数目,她的勤学可以体现在本书的第一部分内容中,请大家细心阅读,在此不赘述。我非常同意她对高管教练这一行为的定义,她说:"高管教练是一个持续性探索、转型与实现的过程。它支持和挑战组织高管砥砺追寻高远宽广的志向、进行锋利深刻的自我觉察与蜕变、为当下与未来的世界和利益相关者持续贡献和创造价值,同时,构建独立、清晰、稳定的内在精神世界。"

这不是将高管教练狭义地定义成一种身份、职业或方法,而是将其提升到如何实现高管领导者的使命、价值、意义的层面。也因为这个定义，对高管教练的资质、要求、境界、能力，她都提出不凡而严谨的见解。我印象最深刻的便是雁燕教练对哈佛大学的罗纳德·海菲兹（Ronald Heifetz）与马蒂·林斯基（Marty Linsky）两位教授提出的"舞池与阳台"（The Dance Floor and The Balcony）概念的引申与诠释。她说高管不仅要在"舞池"中全情投入地做事，也要时不时地抽离出来站在"阳台"上综观全局、检视自己。而高管教练就要有这种能够帮助高管在"舞池"和"阳台"有意识、自由地流动和切换的能力。

雁燕教练认为，要做这样的高管，就不只是能领兵之将，还要是能领将的帅。而高管教练帮助领导者审视自己，同时帮助领导者觉察到解决问题的全局观和策略的适配性，这样的高管教练也需要一些领导力工具和教练能力。比如领导者面临的是技术性挑战还是适应性挑战？高管教练要和高管一起来辨识、厘清环境的复杂度，弄清目前面临的问题属于哪个层级、哪个系统。所以，从本书中，不只高管能看到如何提升自身领导力，高管教练也可以从中体悟到自己教练能力再发展的空间。

本书中有关高管提升领导力的学习框架与途径是雁燕教练多年对教练理念和体系探索实践的心得，既实际又严谨，非常值得参考。有趣的是，我同时也读到了她柔性和空灵的一面，例如书中有她写的几首诗作，其中一首《时光》，容我引述一小段：

时光，
铺陈了一条蜿蜒的道路。
闪闪发亮的，
是行路人的爱、美、真、善，
是渴望、承诺、力量。

这段小诗象征她在教练过程中对客户的信任，相信他们的价值和能力，时间会将这些本质充分地展现，这应该也是她作为高管教练的信念。

我想，这正是对所有高管教练的要求与期许。雁燕教练是走在教练专业发展路上的前沿者与实践家，除了对高管教练的理论阐述和案例解析，她还邀请了 21 位非常资深的教练，其中有我熟悉或景仰的朋友——鲁芳、鲁兰、刘新、郑展望、杜建莉、张蕙丽、邹伟平、范晓燕、胡丝雯、田岚、姚蕾、张申、赵磊、庄磊、熊樱、刘立平、王玮、周晓江、夏小白、曹珑瑛、雨田。他们分别撰写了共计 26 个教练实际案例。这些作者除了详尽地描述其教练理念、个案背景、实施方法，以及他们的见解，还安排了许多教练提问，供读者自我教练。阅读这些案例后，不仅扩展了我对问题思考的角度，同时对情境、对案例、对当事者决策有了更多同理心，无形中体悟到一种新的领导境界，也提升了领导能力。

"千秋邈矣独留我。"企业领导者要成就的是千秋志业，借助教练工作进行一系列的内在功课，于"阳台"处觉察初心、抽离纠缠、审视真相、自我挑战，返"舞池"设定目标、制定战略、引导方向、调适资源、激励团队、共创善果，本书强调"百战归来再读书"的真义也在此。透过本书，我相信商业精英在领导力发展上定会生发出更为深远的理解和实践。

谢谢雁燕邀请我为第一本华人教练高管图书作序，我不揣浅陋，勉而为之。愿此书能成为本土高管领导力的学习典范，后继必有，众志成之。

陈生民

国际教练联盟认证专业级教练（PCC）

清华大学经济管理学院领导力研究中心研究员

癸卯元宵于台北

推荐序二

柏拉图洞穴之外的璀璨世界

柏拉图（Plato）在《理想国》（The Republic）中，通过苏格拉底（Socrates）和格劳孔（Glaukon）的对话讲述了洞穴比喻的故事。一群手脚被捆并无法转身的囚犯生活在黑暗的洞穴中，他们所看到的世界是身后点燃的火堆在他们面前墙上所投射出的他们自己和其他未知事物的影子。偶然间，一个人挣脱了束缚转身逃离洞穴，并看到了洞穴外另外一番截然不同的景象。如果逃离的人是你，接下来你会做什么，以及怎么做？又或者，你会不会逃离？

每次在国际组织与领导力协会（IAOL）和香港大学进行教练主题教学时，我都会讲述这个故事以揭示什么是教练。引申洞穴的意象，我们可以定义出三种角色：遵奉者、觉醒者和铸造者。遵奉者是被动接受或主动选择被束缚的人；觉醒者是挣脱束缚，走出洞穴，看到不同景象，并认定其为真相的人；而铸造者是走出洞穴，继而审视洞穴，并重新设计和建造洞穴的人。真相是否真实是基于人们理解世界的三种不同方式：经验主义、实证主义或建构主义。遵奉者将个人独特的体验视为神明的恩赐，觉醒者运用理性并将自我与真实的联结奉为圭臬，而铸造者则是通过定义本质和意义而超越混沌站上高处。这三种角色可以用来诠释教练过程中的不同目标和分类，并且，作为铸造者的教练才是组织创造价值与铸就长青基业的引领者。

2016年1月14日，我与吴雁燕老师相识于国际组织与领导力协会认证项目。初见时她轻盈自在，淡雅悠然。七年间，我们互师互友，至真至诚，见证了彼此的成长与蜕变。而这一著作也代表了吴老师与众多案例作者教练人生的又一座丰碑。由于社会发展阶段和制度的差异，国内对于教练的理论、研究与实践远远落后于欧美发达国家，仍处于拾人牙慧阶段，鲜有教练实践者能够以独树一帜的视角理解与建构教练。但我拿到吴老师编著的著作后，欣喜地看到了其教练人生所呈现的无与伦比的美。这不仅展示了吴老师作为教练铸造者的风采，更为关键的是，它为国内组织与领导力教练的发展奠定了坚实的基础。即使在作为教练起源的欧美，兼顾教练理论、研究与实践的著作也是屈指可数。本书所呈现的整合性教练框架和鲜活的教练案例，为高级领导者和专业教练构建

推荐序二 | 柏拉图洞穴之外的璀璨世界

了柏拉图洞穴之外的璀璨世界。

从遵奉者、觉醒者到铸造者，绝非可以一蹴而就。既要高屋建瓴审视组织的层次性，也要兼容并包应对社会环境的流动性，掌握层次性与流动性兼具的运筹能力能够构建跨越系统、边界与周期的变革网络，从而能游刃有余地管理适应、转型与创造等不同类型的变革过程。吴老师关于教练框架的阐述，以及参加了国际组织与领导力协会认证项目的部分案例作者在运用组织与领导力教练这一构念的过程中，完美地呈现了这一阶段演化的路径。这既涉及高级领导者及其所在组织的发展与变革，也包含了作为专业教练自身的成长与精进。

阶段演化路径整合了不同组织形式所形成的人类社会在演变过程中所产生的多元价值取向，影响了个体、群体和社会的各个组成要素。但阶段性发展并不代表后续范式一定优于先前范式，因为不同范式所拥有的价值取向匹配组织的不同系统、边界与周期。因此，为了应对组织创造价值与基业长青过程中的多种问题与挑战，范式的层级性和流动性需要同时发展与应用。以不同的组织系统、边界和周期作为情境，领导者与追随者的角色会呈现双重性、动态性和模糊性的特征，也因此更加说明了组织或高级领导者本身并不存在唯一或标准的价值取向；而匹配领导者、追随者和情境的复杂三元关系，更加意味着价值取向具有不确定性。因此，在面对这种复杂的挑战和问题时，以多元、融合与丰盛为核心的组

27

织与领导力教练，与培训、咨询等其他变革方式相比较，无疑具有无可匹敌的优势。

在实践过程中，这种不确定性导致仅对领导者、追随者或者情境等单一维度干预与对话并不能成功实现组织变革的过程。因此，教练在商业环境的界定和实践，必然是从个体教练到团队教练再到组织教练的聚焦路径，这也是本书所采用的教练基础分类框架，为高级领导者和教练提供了清晰的组织与领导力教练全景图。

其中，尤其是对于组织教练的呈现，不仅填补了国内教练案例领域的空白，更为全球的组织教练领域提供了珍宝级的典范，因为欧美发达国家对于组织教练的理论、研究与实践，同样也还处于起步阶段。究其原因，国内自改革开放以来的商业发展机遇和企业的不成熟为组织教练提供了丰厚的实践土壤；而欧美发达国家经济发展的放缓和企业的成熟与规范反而阻碍了组织教练的前行。在过去十多年，我代表国际组织与领导力协会参加国际心理科学联合会（IUPSYS）、国际应用心理学会（IAAP）等机构组织的全球性学术会议时，所投递的组织与领导力教练领域的演讲论文几乎很难遇到同等类型，这是因为欧美是以个体人本为导向的成熟教练框架，虽偏向商业实践，但具有天然的研究缺陷。

所以，吴老师所建立的整合性教练框架以组织教练为中心，牵引团队教练和个人教练的发展，既是提升企业本身健康度的必需品，也是追赶甚至超越欧美发达国家教练水平的有效路径。如果说，在一般教练的世界里人们只看到墙上火堆投射的影子，那么，本书所呈现的正是更为重要的柏拉图洞穴之外的璀璨世界。

侯敬喜

国际组织与领导力协会执行主席

"侯氏组织模型"创立者

2023 年 1 月 14 日于上海

推荐序三

中国高管教练事业的新基石

作为一名从业 40 余年的高管教练,我亲眼看见和切身经历了教练工作为企业、员工和社群所带来的直接而强有力的影响。它帮助高管成为更好的领导者,不仅能提升企业的业务水准,也对员工的敬业度和留任,对创新、协作以及公司的整体文化等各方面有所助益。

本书全方位介绍了中国的高管教练,为领导者和教练更好地理解教练的价值提供了强有力的指导。本书写作流畅,研究深入,凝集了 22 位高管教练在中国教练市场极其精彩的经历与见识。本书还突出了中国教练市场的独特,并且为中国文化背景下的高效领导力提供了绝佳范例。

读者可以通过学习那些展现出商业世界复杂性的案例来了解高管教练的定义、如何实施高管教练,以及高管教练的具体应用场景。正是这种教练理论与实践的结合，为每一位正在寻求更上一层楼的领导者，以及正在寻求更好地服务高管和企业的教练提供了最根本实用的方法。

作为卓越的资源，本书将成为中国高管教练事业的新基石！

马歇尔·戈德史密斯（Marshall Goldsmith）

获评50大管理思想家（Thinkers50）榜单高管教练全球第一畅销书《放手去活》(*The Earned Life*)、《自律力》(*Triggers*)、《习惯力》(*What Got You Here Won't Get You There*) 作者

推荐序四

高管更需要"教练"

首先,祝贺吴雁燕女士及伙伴们共创的新作出版!

虽然目前我还不是高管教练,但我希望将来能成为一名高管教练,而且最好是像吴雁燕这样大师级的高管教练。

离开企业工作岗位后,我一直将自己"定位"为企业顾问,至今已有七年多。本来我认为企业顾问就是帮企业出主意、给建议,加上我比较擅长"说",也善于帮企业老板或者高管出主意、给建议,再加上一些企业老板或者高管也很喜欢我提供的建议,所以我也一直引以为豪。

但是,服务了企业一段时间后,我发现"建议"的作用越来越小。一方面这建议、那建议都是"我"的观点和想法;另一方面,虽然有些建议看上去很有价值,也有其他人或其他组织的成功案例支撑,但"建议"是他人给的,而不是企业老板或者高管自己悟到或想到的，就有点儿像隔靴搔痒，而要把不是自己的东西转化成自己的东西，对不少人来说确实不易。

自从学了一些教练技术并加以应用之后，我发现同样是辅导，效果不同了。教练是通过高质量的对话、提出发人深省的问题，从而发掘被辅导人的潜力、提升被辅导人的自身觉察力和执行力。有一次，我与一名企业老板交流，换作平时，当老板提问对一些事情的看法时，我会直截了当地说出看法或意见，但这一次我尝试了用教练的方式与老板对话，其间我只是反问了老板一个问题，这名老板马上跟我说："钱老师，我懂了。"

你看，实际上这一次我根本就没有提供任何个人看法和意见，但老板却自己悟到了。后续我还追踪了那次交流的效果，由于问题是老板自己想明白的，这件事很快就落实了，而且效果挺好。

自从这件事以后，我学会了更多地以教练的方式来启发、引导企业的老板和高管，让他们自己找到解决问题的办法。

教练就有这样神奇的力量，特别是在帮助被辅导人提升自我觉察和发掘潜力方面。有人以为，只有企业的"高潜人才"或者需要被发展的人员才需要教练，其实真的不是这样。我认为，高管更需要教练。因为，不管是哪家企业，也不管是什么样的问题，其中都必定包含领导力提升的问题。

我之前在做企业人力资源负责人的时候就受到过老板的挑战。老板说，企业里什么问题不跟人力资源相关？你是人力资源负责人，你对发展各级领导的领导力做了多少工作？一些领导不能凝聚人心，一些领导不能激励员工、不能调动员工的积极性，还有一些领导留不住人才，等等，这些不都是领导力问题吗？所以，从我个人的实践或者积累的经验看，教练在中国将大有所为。

在未来，中国会有更多的企业走向世界，需要大批具有卓越领导力的领导者。这些领导者不但能够包容一切不同的人，也能够从不同的人身上找到闪光点、利用好不同人的优势，而且更能够引领一群人、一众企业迈向卓越。就中国的企业而言，要想走向世界，提升领导者的领导力是关键，而高管教练的重要作用就是帮助企业的领导者发展领导力。

所以，可以预见，未来中国将会有更多的领导力教练出现，也将会有更多像马歇尔·戈德史密斯这样卓越的大师级高管教练出现，也正是吴雁燕女士及伙伴们的共同努力，将带动中国高管教练行业的发展！最后，再次祝贺吴雁燕女士及伙伴们共创的新作出版！

钱国新

智领荟会长、道合企服联合创始人

西交利物浦大学访问教授、华东师范大学 MBA 兼职导师

法国里昂商学院全球组织与人力资源创新研究中心副主任

《成长飞轮：如何在专业化的世界中胜出》作者

2023 年 1 月 15 日于上海

推荐序五

过往皆为序章，未来可期可创

技术发展、全球化浪潮和人口统计数据不断变化的交互作用，导致不确定性与日俱增。在这种快速变化的背景之下，问题天天在变，答案也一样瞬息万变，在中国尤其如此。与此同时和与此呼应，在过去的 25 年间，教练行业在全球范围迅速发展。

在 2001 年加入世界贸易组织 (WTO) 之后，中国开始拥抱全球化并加速融入国际秩序。随着跨国公司在中国业务的迅速扩张，它们也推动了高管教练行业在中国的萌芽。从 2008 年前后开始起步，经过 15 年的发展，发源于美国加利福尼亚州的高管教练逐渐在中国崛起，成为一个严肃和具有巨大商业前景的产业，吸引了越来越多人的兴趣和参与。

作为这一行业的重要见证人和推动者之一，我认为通过最近发生和即将发生的几个标志性的事件，可以强烈感受到这一行业的崛起：

1. 2022 年 12 月 9 日—10 日，以历史性规模和水准获得一致好评的亚太教练联盟（Asia Pacific Alliance of Coaches，APAC）2022 国际教练大会聚焦中国，在线举行；

2. 2022 年初，《中国领导力教练》（Leadership Coaching in China）一书由美国菲尔丁大学出版社（Fielding University Press）出版发行；

3. 由国内前沿的顶级高管教练实践者和推广者吴雁燕发起，聚焦高管教练在中国企业的应用，并荟萃了高管教练理论与 26 个真实教练案例的教练专著《成就卓越》一书面世。围绕着高管教练课题，通过其理论和实操案例的结合，本书树立了中国教练行业研究与实践的优秀典范。

在新书出版之际，我向多年紧密合作的伙伴吴雁燕和所有联合作者表示祝贺和感谢，感谢他们基于使命感的努力，通过这个项目对行业发展做出的巨大贡献。同时，我也很荣幸能够受邀作序，参与这一具有重大行业意义的事件。

教练在中国的发展既受益于诸如德勤（Deloitte）、微软（Microsoft）、强生（Johnson-Johnson）、福特（Ford）、罗氏（Roche）、戴尔（Dell）等跨国公司总部发起的教练项目对亚太地区的辐射，也有中国市场本身的独特挑战所驱动的需求。大部分跨国公司在中国都经历过一个共同的挑战，就是人才和组织能力的发展无法支撑可持续的业务增长。在现培养已经来不及满足需求的情况下，寻求外部教练的帮助来支持关键领导者的成长和突破，以及谋求建立以赋能员工为核心的教练文化，就变成一个常见的选择。目前跨国公司的需求约占中国高管教练市场份额的七成。

值得高兴的是，越来越多的本土企业，包括联想、华为、腾讯、阿里、京东、蔚来等，为迎接变革和转型挑战，开始引入教练实践，并探索教练在领导力和绩效提升以及组织和文化转型方面的试验。

正如本书中许多案例所揭示的，在合适的条件下，高管教练的力量是独特、现实、巨大和不可替代的。从畅导力发展公司（MindSpan）过去15年的诸多客户案例来看，教练项目最大的成功因素在于它的流程结构：根据客户面临的真实挑战（甚至是危机）、以行为改变为最终目标的具备发展属性和定制化的项目设计，要求客户上司和人力资源（HR）从目标设定到全过程的支持和参与，征集其他利益相关者的反馈，共同制定明确的项目目标，6~12个月定期的教练会话，教练配合客户建立信任度和匹配度，教练的专业引导技巧和教练会话的安全保密原则。这一整套结构加上客户自身的开放和对行为改变的积极意愿，再加上教练与客户的深度信任，常常会带来不可思议的行为改变和业务结果。一个极具说服力的例子是，得益于一个教练项目的有效干预，一家跨国药企的某创新药销售部门的中国区领导团队把原来认为不可能完成的80亿元人民币的销售指标提高到 90 亿元，最后他们完成了 93.7 亿元，堪称团队绩效的一个奇迹。

虽然对教练的了解度和对教练有效性的认可意识在提高，购买教练服务的公司也越来越多，但比起西方，高管教练在中国市场的渗透率仍然非常低。和日本相似的是，在中国只有不到 1% 的规模企业有投资教练项目的经验；而在成熟度很高的市场，比如澳大利亚、美国和新加坡，这一比例高达 50%~60%，在这些国家，即使是政府部门也会像企业一样购买教练服务。

教练市场在中国最大的机会和挑战均来自本土企业，特别是民企。我预计在未来 8~10 年，本土企业的教练消费将会超过跨国公司，届时教练行业将迎来爆发式增长。影响本土企业引进教练实践的最大障碍不是预算，而是组织的文化和成熟度。文化指的是，组织中盛行的领导风格是威权和控制式，还是更适应 BANI[1] 时代的开放、平等和强调通过团队协作达成绩效；成熟度指的是，能否平衡长期发展和短期利益，是否笃信人的价值和文化的决定性，以及明辨所有投资行为中的价值和价格的区别。

面向未来，我相信外部环境的持续变化给商业世界带来的更多不确定性将进一步重写领导力的定义，并催生更为高涨的

---

[1] BANI：脆弱（Brittle）、焦虑（Anxious）、非线性（Nonlinear）、不可理解（Incomprehensible）的首字母缩写。

高管教练需求。在企业和高管教练社群联手面对全新的领导力挑战的旅程上，我也相信会有越来越多的首席执行官（CEO）会认同我的观点，即"绩效的核心是领导力，领导力的核心是赋能和教练"。

最后，想和读者分享我关于教练与领导力的一些学习经验：

○ 教练的核心是信任和联结。一个优秀的教练首先必须是一个完善的人，比如艾伦·穆拉利（Alan Mulally），马歇尔·戈德史密斯和切丽·卡特-斯柯特（Cherie Carter-Scott）博士。

○ 所有领导力困境的出路都只有向内寻找这一个选项。

○ 职位越高，挑战越是行为层面的。——马歇尔·戈德史密斯

○ 大部分 CEO 的失败不是因为战略或者愿景，而是因为若干细小但致命的缺点。——拉姆·查兰（Ram Charan）

○ 加尔韦说得好，"绩效＝潜能－干扰"，而自我觉察的程度又决定了干扰的大小，所以，自我觉察是领导力绩效的基础。

王戈（Gary Wang）
畅导力发展创始人和 CEO
APAC2022 主席
2023 年 1 月 15 日于上海浦东

推荐序六

高管教练，在高处与你相遇

我认识吴雁燕老师近十年了，那时我们对教练的认识还停留在努力理解和学习西方老师给我们带来的教练理念和技术当中，记得我们曾对教练技术在中国落地的问题有过探讨。时隔多年，收到吴老师编著的本书稿时，我感慨这些年吴老师在教练领域的深耕是如此务实而有深度，而且读着书稿中教练们一篇篇真实的教练案例，我感受到了吴老师正影响着一群优秀的教练走在发展中国教练事业的路上。

吴雁燕老师在我的印象中一直是一位温婉、有内涵的女士，言语不多却很睿智。这些年她在教练领域不断地精进，感觉她一直强调教练要在市场实践中打磨自己，用高管的视角看待教练，从系统的角度看待组织与高管的成长，我非常认同。她是这样想也是这样做的，这为当今依然处于摸索阶段的中国教练行业树立了很好的榜样。

我认为这是一本汇聚目前中国教练实践经验与心得，反映当代中国教练实践探索与思考的作品。作为中国本土的领导力发展教练，透过文字，我似乎感受到了这些教练正通过大量的实践逐步形成自己的教练理念与经验，中国教练行业未来发展需要这样的实践经验和思想的积累与沉淀。

本书是写给高管看的，很有价值。书中不管是关于高管教练的理念诠释，还是每一个教练实践的案例，都值得企业高管思考与学习，也许里面很多的案例正是众多高管曾经或正在面临的境况。书中关于组织变革、团队发展和领导者自我发展的案例，都展示了高管教练在陪伴客户时的教练方法、路径与多维度思维视角。每一篇案例后设置的教练洞见，以及为管理者叩问自我设置的教练问题，都能帮助管理者走出思维惯性，突破自我视角盲区。

作为领导力发展教练，十多年来我与众多企业的高层管理者有着深度的联结，听了很多管理者的故事，也陪伴了很多管理者走过艰难或辉煌的事业旅程，深感企业的高层管理者是一群有着高度使命感、责任感，智慧而又有深厚情感的人。他们经历着各种复杂的挑战，承受着来自外界与内在的各种压力，面临着无法预知的无常，在市场与组织的不断更新迭代中发展自己。他们大都在巨大的压力下成就着组织与自己，体验着与惊涛骇浪搏击的压力与兴奋。我感觉他们就是每个时代具有特殊使命感而又充满智慧的弄潮儿，而高管教练正是陪伴、支持他们的同行者。

就像再优秀的球员都需要有优秀的教练同行一样，每一位优秀的管理者也都需要一位高管教练，让他在成功中找到激情、在复杂中找到平衡、在迷雾中看清方向、在困境中看到希望、在低迷中找到力量、在局限中找到创造……本书中的每一个教练实践案例都是管理者非常熟悉的场景。在案例中，我们可以看到每一位管理者是如何与教练一起走过内心的起伏、突破思维局限，打开更大视野与格局的。透过书中每一位教练的视角，也许管理者们可以自我拓展更大的视角。

根据美国创新领导力中心（CCL）的理论，领导力包含了管理者的三种能力：明确方向的能力、产生协同的能力和激发承诺的能力。每一个领导力维度都可以通过教练的支持获得发展与提升，因为高管教练的优势在于持续地帮助高管在工作实践中不断反思、体验与提升，让他们从知道到做到。

看完书稿，我还发现，这也是一本写给高管教练的书。作为领导力发展教练，我在阅读书中的教练案例时也常常陷入深思：如果是我，我会如何陪伴这样的管理者呢？在本书的第一部分中，吴老师清晰地描述了高管教练的教练理念和思维结构，为后面的各种教练案例提供了很好的指引。我认为这是吴雁燕老师多年高管教练实践的理论结晶。而在第二部分的高管教练实践案例中，我们可以深入地了解教练与高管客户的教练过程，里面有教练工具、教练理念，还有很多根据不同场景进行的教练创新。这些都很值得其他教练借鉴学习。

作为教练，我还体会到了每一篇案例背后教练的内心世界，感受到教练在实践中不断发展自己的职业状态。教练的自身修为和实践经验决定了高管 - 教练关系的质量。卓越的高管教练除了需要熟练的教练技能，还需要其本身对社会环境、市场和组织以及高管思维、精神世界有认识与体验，也需要有广阔的胸襟与视野，有与高层管理者同频共振的情感能力，有纵观全局的系统性思维，还需要在精神品格上有一定的层次。当然这些除了部分是在自我阅历中积累，更多的是通过大量的教练实践逐步发展起来的。在实践中，客户就是最好的老师。我一直认为，客户准备好接受教练时，就已经是客户对教练表达莫大信任的时候，在这份信任里，教练和客户是可以尽情地共舞，创造很多奇迹的。而在这些案例里，我常常能感受到教练与客户的这种共舞的感觉。在目前教练行业缺乏足够的真实案例学习的状态下，本书的出版为教练们理解和学习如何成为一名高管教练提供了很好的帮助。

除了吴雁燕老师，本书多篇案例的作者也是我认识很久的好朋友了，他们都是在教练领域摸爬滚打多年的职业教练，我为他们的无私奉献而感恩。期待未来有更多来自中国教练的高管教练实践案例，这些都是中国教练行业发展的沉淀和积累。

叶世夫

国际教练联盟认证大师级教练，团队教练（ACTC）

美国创新领导力中心领导力发展教练

《教练的修为》作者

2022 年 12 月 24 日于顺德

自 序

出发与回归

我们从未停止探索，

在我们探索之终点，

我们会回到原点处，

并重新认识此境此地。

——托马斯·斯特恩斯·艾略特（Thomas Stearns Eliot）

《四个四重奏》（*Four Quartets*）

一、初心致你

在本书项目组成立之初，虽然有各种其他不同的选择和可能性，但经过几番讨论，我们还是特别愉快地达成了共识，并且在历时数月的创作过程中越来越清晰地笃定，这本由

"卓越·高管教练同修圈"22位高管教练集体共创的中国第一本高管教练理论与实践案例相结合的书，是写给你这样的领导者的——

> 当你出发，去探索万千世界的样貌，
> 同样到达的是心海之深邃；
> 当你入局，去填平世间的不平路，
> 同样塑造的是身手之敏捷；
> 当你仰首，去敬畏广阔星空的浩瀚，
> 同样拓展的是格局之宽广。
>
> 当你扎下马步，稳稳地把持着骇浪中的方向盘，
> 同样颤抖的是内心的羸弱；
> 当你激昂陈词，用热情和希望凝聚众人，
> 同样焦灼的是未明的忐忑；
> 当你举棋谋动，合纵连横于帷幄，
> 同样辗转反侧的是清浊缓急刚柔的进退之尺。

如此的你，是承托起企业组织的脊梁，是暗夜里为团队带去希望和光热的灯塔，是商业世界里一座挺立的高山。这样的你，强大如猎豹，犀利如雄鹰，坚韧如骆驼，敏锐如齐天大圣，也会如小鸟般易惊弓，如独狼般雪夜孤寂，如战斗

后伤痕累累舔舐伤口的狮子王。

麦肯锡咨询公司在其 2019 年发布的文章《卓越 CEO 的思与行》里这样描述："CEO 可能是商界中最强大最受欢迎的头衔，它比其他任何职位都令人兴奋、让人有成就感、具有影响力。与 CEO 角色的光芒万丈相对应的是，担任这一职责必须全身心投入，这条路注定孤独且压力重重。CEO 的一个决策可能成就他的名满天下，亦可使他折翼云端。"

如此的你，值得我们这群高管教练深深尊重和敬佩，值得我们付出持续的专业学习与实践，来诚心支持和陪伴。也许，不论是书中所述的高管教练理论方法，还是所分享的个人领导力、团队领导力与组织领导力高管教练实践案例，你能从阅读和思考中得到启发，能自行梳理清楚思路、找到更有效的领导力发展与组织创新、转型的解决之道，能更深入地探索出内在精神世界丰富多元的空间和生命的真谛；也许，你希望与中意的高管教练进一步接洽讨论，邀请他们近距离为你提供专属教练服务，成为你思维与行动的伙伴、你卓越成就的陪伴者与护航者。

无论如何，经由专业高管教练的协助和你们的自律担当，当你们对了，当你们的事业与你们的生命都对了，借用著名企业家教练张中锋老师在其著作《企业家教练的自我修养》中的话，中国的商业秩序才可以迁善向美，从而正向推动社会生态的发展。这于我们这群高管教练而言，便也是最值得感恩和感叹的荣耀。

二、打破第四面墙

第四面墙是一种戏剧术语，一般适用于传统的三壁镜框式舞台。在三面相对封闭的舞台上，表演人员不和观众进行互动，而是充分集中于舞台，潜心于角色的塑造和表演的过程，以此呈现出更好的视觉体验和艺术效果。如此这般，在舞台朝向观众池座的那一面时，有一道对于观众而言是透明的，但对于演员而言却起着真实隔离作用的"第四面墙"。

打破第四面墙，对演员而言就是要关注到观众的反应，与观众互动，甚至走下舞台变成观众，评论刚才在舞台上表演的角色，包括角色背后的自己。打破第四面墙，对本书而言，就是想模糊作者与读者之间的角色边界，突破一般意义上存在于作者与读者之间的时间与空间差，突破纸质版文字这种表现形式的静态与过去感，也突破一般商业类书籍的严肃感。而是想让思想与情感在读者群和作者群之间彼此互动流淌和映照，想让思想与情感在作者写作时的"过去"、读者阅读时的"现在"，以及我们通过共享的理念与方法将正向能量影响圈的涟漪不断向周围世界扩散的"未来"之三者构建的时间大河里，长长久久地波光粼粼、长长久久地散发生机与活力。

在几个月的创作过程中，作者们不断自我提醒和相互提醒，在书写的过程中"我"有没有固着和"自嗨"于自己的教练位置、习惯和需求？"我"有没有不断换位到领导者需求的视角，去假设他就坐在对面、听"我"讲故事，去体察对他而言为何要写、写的是什么、如何去写、写出来又如何？这个案例超越其特定的背景框架，对更多领导者与组织的普遍意义存在于何处？写作和修改的过程，对教练而言的反思和启发在哪里？如何立刻运用于现实中、每一天为领导者提供的教练服务之中？每一篇案例，从千字提纲到三五千字初稿，再到一改二改三改，文字愈来愈流畅、故事越来越生动鲜活，这一过程中，文章骨架里从没有丢失的是"发现问题—分析问题—解决问题"这一领导者普遍使用的基本而朴素的思维逻辑，以及字里行间所充满的领导力特质中最宝贵的人文温度。

对领导者而言，就如同在高效的高管教练关系中一样，期待你采取积极主动的姿态，不是当观众和读者，而是打破第四面墙，走入每一个案例中，随着主人公和教练的共舞去思考、去感受、去跺脚、去欢呼；也不是做被动的信息接收者，而是把我们在高管教练理论部分和每一篇案例里所提供的教练信念、教练策略、教练工具与方法、教练洞见和自我教练提问等，转化为你、你的团队和组织的可用之法。如此这般，无论你身在何处、无论你于何时阅读和使用本书，我们都能在双向打破了第四面墙而构建的高远又平实的教练空间中，如"众里寻他千百度，蓦然回首，那人却在，灯火阑珊处"所描述般亲切地相遇、相识、相拥和相惜，我们的生命也便有可能与所有人类伙伴的生命联系、交融。

三、回归根与本

《千金要方》《伤寒杂病论》《本草纲目》等中医典籍都主张"人要健康长寿，需得顺势与顺时而为"。顺势，指的是"顺天地间天干地支、节气与物候变化之节奏更迭"；顺时，指的是"顺天时之风吹雁飞、顺地时之物产、顺人时之老幼"。顺势与顺时，在自然界展现出的是地气升腾为云、天气下达为雨的生机盎然；在人体内，呈现出的是上、中、下三焦通畅的生机涌动。

作为一名初级中医爱好者，我有时也会把高管教练比作提升人内在的精神世界与外在的行为表现之双重健康度的工作，健康度可以用轻灵、活泼、矫健、春风化雨、龙腾虎跃、生气勃勃等与生命力绽放有关的状态来描述。那么，为了与领导者和他们的团队、组织共同达致健康和持续健康的状态，除了本书论述的高管教练理论、工具、方法这些器与术，高管教练与组织、领导者该顺的势与时、该遵的道与法是什么呢？或者说，高管教练的根与本，高管教练形而下所深扎和承托之处、形而上的本源与本质是什么呢？

　　我还在实践和探索的路上。也相信，对根与本的实践和探索本身既是根与本的一部分，也是对根与本的渐次回归。将至未至、将满未满、将开未开，永远留有一分空间的感觉，极美。

　　邀请你和我、和我们一起来阅读、实践与探索。

吴雁燕

2023 年 1 月 11 日于上海

第一部分

何为高管教练

文 / 吴雁燕

导　读

文 / 鲁　兰

　　本书是国内第一本专门为领导者撰写的高管教练书（对，没错，就是为你），由一群既有丰富职场管理经验又有大量教练实践积累的高管教练共创而成，旨在通过展示真实的教练场景以及诠释，能够让更多领导者了解并运用教练技术和高管教练的独特力量，实现自己、团队和组织所期望的目标成果或远大志向。

　　本书由两部分组成。第一部分主要讲述高管教练的理论框架和底层逻辑，第二部分展现的是高管教练案例——实践中结出的累累硕果，该部分内容会在后文为你详细介绍，这里重点介绍第一部分内容。

　　第一部分内容是吴雁燕老师的倾心之作。她没有简单沿用传统教练理论的阐述方式，也没有附庸某些教练观点，而是将十多年教练理论学习的深厚积累与教练实践的丰富经验相融合,从中提炼萃取出浓厚的精华,并采用与领导者代表唐焱对话的形式生动鲜活地娓娓道来,使你或者和你一样对高管教练有兴趣的领导者了解:什么是高管教练(what),高管教练是如何做的(how),以及高管教练的价值所在(why)。这也是为你看懂门道、深入理解第二部分精彩纷呈的案例做的贴心铺垫。

什么是高管教练

当今各个国际专业教练机构尚未对高管教练这一过程做出精准统一的定义,而吴雁燕老师则基于十多年在中国市场的大量学习、实践和思考,于2020年给出了如下定义:"高管教练是一个持续性探索、转型与实现的过程。它支持和挑战组织高管砥砺追寻高远宽广的志向、进行锋利深刻的自我觉察与蜕变、为当下与未来的世界和利益相关者持续贡献和创造价值,同时,构建独立、清晰、稳定的内在精神世界。"

这段文字意为,高管教练是一个需要点时间来累积的旅程,不仅关乎领导者思维和认知上的讨论与探索,也关乎因思维洞察和心灵触动而来的行为或行动,以及由此产生的所期待、可衡量的影响与效果。同时更关乎找到内在的"定海神针"后的坚定从容——即使身处波涛汹涌的商海或正面临狂风暴雨的洗礼。相信这样的格局和境界也为你所崇尚或愿意拥有，如果你也想找到自己内心世界的"定海神针"，本书不仅有明晰的路径导引，更有实际案例的示范。

高管教练宏大又精微，它是在社会系统、行业系统、组织系统、团队系统的大背景之下，以领导者个体为专属服务对象的教练活动，可谓是领导者独家尊享的"量体裁衣式"领导力发展过程。而当以组织里的高层领导团队为教练对象时，教练就是高管团队教练。当领导者个人和高层领导者团队的教练主题涉及组织的使命、愿景、战略、文化与价值观、组织变革与转型等方面时，教练又会成为组织教练。

高管教练是如何做的

吴雁燕老师以扎实的教练理论为依托，以数个迷你案例为实景，完整展示高管教练的形式、策略、过程和成果。从中你可以看到：高管教练以系统性定义和解决问题的方法与工具来构筑后台思维框架；以教练式聆听、发问和反馈等专业技术，作为前台操作手法，通过引导和激发领导者自我探索、决策突破和责任担当，使之获得领导力的拓展和升维。简单说，就是高管教练运用教练方法和工具，支持领导者从当下的局限或困顿中抽离出来，用更开阔的视角、更多元的维度来重新审视自己、审视所面对的事情和所在环境，从而获得对自己、对事情和对环境的更新、更丰富的觉察和认知，能够制订突破性的策略，并积极采取行动、打开局面、取得想要的结果。这样讲看似简单，但其中不简单的并非高管教练能娴熟运用各种工具和方法，而是能真正与如你一样的领导者在认知、情感和行为层面的同频共振！这样的同频共振在后面的案例中都有闪现，值得你好好捕捉、感受和品味。

讲到工具，教练技术本身就是集各种理论和学科之所长而建立起来的独特的专业实践。因此，高管教练可以运用的方法和工具极其丰富，在本书第二部分的案例中，你可以看到精彩纷呈的各种花式应用。吴雁燕老师在这里还特地浓墨重彩地介绍了其中的"舞池与阳台"和"纵向领导力"，并邀请你开启沉浸式体验模式，登上你的"阳台"、下到你的"舞池"去感受和体会你独有的风景；在"纵向领导力"的层级里上下照镜子、找位子，并在学习中实践、实践中学习；当然，你还可以在更多案例的熟悉场景里躬身入局，共创、思考和玩味。你会发现，在这些真实的内在体验里，你更能理解高管教练是如何做的。也或许，你还会发现一个不太一样的自己。

高管教练的价值所在

本书第二部分的案例，每一篇都真实地展示了高管教练的价值。吴雁燕老师根据自己十多年的实践经验在第一部分对"高管教练"的定义，在第二部分将得到细致的阐释。

高管教练同样能促进高层领导团队的领导力发展，引领整个组织的持续发展与变革；通过支持组织的使命、愿景与战略的实现，打造具有竞争优势和持续盈利能力、富有社会责任和持续为利益相关者创造价值的基业长青组织；通过支持澄清与塑造组织的文化与价值观，促进组织学习、创新和管理多元化。

犹如教练之于冠军，高管教练独特、关键而又影响深远的价值，已经并将继续在更多的领域和更大的空间充分展现和不断创造。

读到这里，只是对本书第一部分核心内容的简要介绍，后面的正文中则极其丰富地汇集了教练理论阐述、教练技术溯源、实践案例诠释、方法工具介绍、自我教练提问等诸多方面的内容，供你更深入地学习、探索、思考、体会乃至实操。这是吴雁燕老师多年高管教练学习和实践积累的分享，更是她对中国及世界的领导力发展和高管教练事业的满腔热忱。相信，若能沉浸其间，一定能带给你或隽永绵长、或酣畅淋漓、或醍醐灌顶的阅读体验，并真正理解什么是高管教练和高管教练的价值，也真正理解为什么比尔·盖茨（Bill Gates）如此肯定地说："每一个人都需要一位教练！"

01

高管教练：
独家尊享与量体裁衣式领导力发展过程

领导力大约是个既神秘又神奇的事儿吧。

神秘的是： 领导力很难被定义、描述和测量。尽管从二十世纪二三十年代以来，跨越时间与空间，处于不同时代、不同地域、不同社会文化环境、不同经济发展阶段的诸多学者试图用不同语言、不同维度、不同工具来定义和评估它，然而迄今为止，人们尚未能就它到底是什么、如何起作用、如何受限制、好坏对错是非标准、是否可以识别和发展，以及如何识别和发展等达成过一致。

神奇的是： 虽然领导力很难被学者一致定义、描述和衡量，却从未妨碍各色领导者和他们所处、所领导的各种组织有意或无意地实践并发挥着，无论是政府组织、非营利组织还是商业组织，也无论行业和规模如何。有时领导力给领导者及其团队和组织带来的影响是积极的,有时又是负面甚至伤害性的;有时领导者觉得对领导力驾驭得得心应手,有时又备感困惑和焦虑;有时领导力发展与商业成果呈互相促进的正相关关系,有时它们之间又在争夺着注意力和资源。

在神秘与神奇的交织组合之下,古今中外有关领导力理论与实践的书籍、文章早已汗牛充栋,与此同时,还有更多或成功、或失败的领导者正用他们的亲身经历,回望和反思着领导力的是非功过。

如果——如果有这个如果——我们不仅是通过阅尽千书万章来学习领导力,也不仅是经由商场上的经验之战来实操领导力,而是通过一种既有科学性又有艺术性的方法,将二者整合、打通、升华,更将二者与每个个性、背景、经历、能力、需求、价值观与未来志向等特质不同的领导者本人及其所领导的千差万别的团队与组织,与所处的多变莫测的内外部竞争环境、商业任务与挑战,做个性化、独特性的融合,将会如何?

让我们来看看在下面这个案例中,这种融合是如何发生的:

○ 迷你案例

标准化培训 + 个性化一对一教练

在一家国际知名快速消费品公司多年打磨与运行的领导力发

展项目中，参与的领导者会参加全球统一内容与方法的连续五天课堂培训，来学习与公司价值观和战略方向相匹配且与他们所在职级相对应的几项专门领导能力与具体方法。而且，他们在参加课堂培训之前和之后，都会与项目专属的外部领导力教练一对一会谈。

在课堂培训之前进行的教练会谈中，领导者会和教练综合考虑其个人的成长背景、现有领导力风格和发展期望、所带团队的状态、所处业务单元的商业需求与挑战等各维度，讨论出其在五天标准化课堂学习内容之中的学习重点、以怎样的姿态和关系投入到与老师和同学的互动中，以及想展示出怎样的影响力等。在该次会谈的最后 15 分钟，其上级经理将加入进来，听取二人对之前讨论内容的汇报并点评、提醒和提出其他要求与期望。

课堂培训之后，在数次以月度为频率的教练会谈中，领导者和教练将回顾其在课堂上的学习与表现、讨论其领导力测评报告。更重要的是，每次会谈都会围绕一个课堂重点学习主题来讨论领导者在自己特定的业务与管理场景之下，已经在日常工作中做出的尝试、取得的成果和心得、遇到的困难，两人还会反思这些对其领导力成长所带来的启发与洞察，并且设定此次与下一次会谈之间的具体行动计划。

在项目收尾的最后一次教练会谈中，两人还会拉长时间轴，前瞻性地展望领导者未来几年的发展目标、完成目标的内外部衡量标准、可能会遇到的挑战困难和应对原则、所需构建的支持体系。此外，教练还会邀请领导者对自己在整个领导力项目过程中展示出的个人特质、信念和价值观等进行总结和自我认可与欣赏。

"听上去这个过程挺有意思，像是独家尊享的量体裁衣。"

唐焱，一名从未接触过高管教练的潜在教练客户，在我们第一次见面开化学反应会议（chemistry meeting）[1]时，听了我的上述描述后，这样说道。

是的，在我们这本主要写给高管看的作品的第二部分，你所看到的每一篇实战案例都是在各自独特的商业挑战和领导力发展场景之下，发生在各种背景与风格的高管教练与领导者客户之间，高度定制式沟通互动与价值体现的教练过程。你可以看到双方共创和定制出的个性化教练目标和教练策略，所使用的差异化教练方法和工具，还可以领略到进程中各种不同的对话宽度与深度相结合的教练细节，以及客户落地行动中的各色"风景"，更可以感受到人与人之间因彼此真实相处、深度触碰而生发的许多活泼又触动心弦的温暖时刻。

---

[1] 化学反应会议：通常发生在正式的高管教练项目之前，是检核领导者客户与高管教练候选人这两个个体之间是否彼此匹配、高管教练这件事儿与领导者的领导力发展需求之间是否契合的专门会议。

> **迷你案例**

响应业务和组织环境动态变化，随动而动、成效显著的高管教练项目

侯申盛是一家知名外资药企新提拔的某事业部负责人。在第一季度他与我展开高管教练项目合作之初，公司提出的三项教练目标均与支持他成为胜任的事业部负责人有关：一是加速他与新任外籍上级经理之间的磨合与信任，二是强化他与同级别其他高管（他们均比他在这个级别的岗位上待的时间久得多）互动与协作中的影响力水平，三是通过进一步发展他的战略思维来对业务模式的思考有所突破。

从第一季度项目开始到第四季度项目结束，一年中侯申盛经历了整个行业所遭遇的普遍巨幅波动、公司组织结构和业务策略的两次重大调整与转型、上级经理连续换了三个人、同级别其他高管全部换人等一系列变化。这期间，侯申盛不仅迅速赢得了每一任上级经理和同级高管的信任与支持、妥妥地站稳了在变化与动荡之中自己所期望的位置并赢得了所需的施展空间和资源、有温度又果决地完成了数次团队与人员的调整和裁撤，还持续保持着本事业部业绩成果在所有同级别事业部中的最高完成率，进而牵头推进着两个新商业模式变革项目。

在教练项目收尾时，公司给他的评价是："在我们组织经历

的两次转型蜕变中，特别是刚刚结束的第二次，侯申盛的领导力和大局观起到了重大的积极影响。"

回顾近一年的教练过程，侯申盛能取得各方一致认可的积极教练成效和自身领导力的成长与成熟，是因为我和侯申盛共同构建了充满信任、开放、安全，同时对他而言带有适度拉伸感的教练关系基础，也是因为我们将三项教练目标灵活、流动、深入地结合至他和团队、组织——在不同时点面临的各种新的、持续动态变化的，甚至不断升级的挑战与机遇并存的局势之中。我还不时挑战和鼓励他超越事业部负责人角色，主动面对难题，发起组织层面的重大项目。

我们既敞开讨论他面对每种变化时的短期应对策略与技巧、中期组织政治智慧提升重点、长期领导力品牌形象管理和更长期的愿景与使命追寻，也深入地探索他内在的主要心理安全感需求、挑战自我舒适区而追求突破的深层次驱动力，以及他不会放弃坚守的重大价值观底线。同时，我们还清晰地识别出并刻意地善用和传播了变局与挑战之下，他相较于周围人所具备的独特领导力品牌价值点：他对行业的理解、对公司的热爱与长期忠诚，他的行业人脉资源与口碑，他长期以来保持的高绩效交付纪录，他对平衡业务发展与团队培养、平衡短中期绩效达成与中长期文化氛围打造等打心底里散发出来的真诚关注和关切。

每一波扑面而来的浪头都是前所未遇甚至猝不及防的。侯申盛，这位敏捷勇敢的冲浪手，凭借他独特的外在能力优势和内在坚强斗志，有时顺势、有时造势、有时又深深地藏隐入水下，有时刚强有力，有时又温暖柔软，在浪尖上划出了一道道漂亮的弧线。

我相信，等今后再有机会与侯申盛交流时，"兼收并蓄、刚柔并济、富有企业家精神的高级职业经理人"，这几个他为自己设计的长期领导力品牌建设关键词会更加清晰、饱满、鲜活、有力地散发在他冲浪于其中的，我们这个巨变时代的宏大叙事洪流之中，并产生长期的影响力。

"侯申盛这名管理者所面对的情境，在现在的多变和不确定时代挺具有代表性的，你们能探讨到那么多方面，他能取得这么棒的成绩很不容易呀。快和我具体说说教练是怎么做的吧。"唐焱好奇道。

02

高管教练：
脚踏实地与远望星空相交融的领导力发展方法

几乎每一位成功的领导者都与唐焱一样，极其擅长行动与落地，非常迫切地寻求做事的方法与工具，并且希望迅速见到各种领导力举措带来的积极成效。

"如何""怎么做"大约是他们日常工作中，不管是谈话、会议还是商业计划，所花时间、精力和资源最多的东西：

"如何实现业绩倍增目标？"

"怎样缩小与行业老大的差距？"

"如何建立商业护城河？"

"如何制订和落地组织变革方案？"

"如何撬动组织内的各种资源达到共同目标？"

"如何激发团队像我一样富有主人翁精神？"

"怎样留住我们的顶级人才？"

"如何搞好与董事会的关系？"

"怎样对全球总部发挥更大影响力？"

以及：

"怎样兼顾工作与家庭？"

"如何突破天花板，来规划下一个十年的职业发展方向与路径？"

"如何成功完成职位跃迁所要求的各种转型？"

面对领导者客户如此数量繁多且各种各样的"如何"和"怎样"问题，高管教练通常的做法不是着手直接分析问题与解决问题，而是邀请领导者首先放慢速度、退后一步，从不同的业务相关系统及其交界处、从业务与企业的发展生命周期阶段、从短中长期时间轴视角，多维度、立体地重新审视问题与定义问题，同时对领导者自我的内在精神空间和外在领导力行为与品牌进行深入的剖析、觉察、改变和拓展，另外还周全、平衡地识别和满足各种利益相关群体的需求与关切。

在这种工作方法之下，经过通常持续半年、一年甚至更长时间的高管教练项目，并借由领导者本人在一次教练会谈与下一次教练会谈之间，凭自驱和自律而采取的具体行为改变落地、方法试验，以及双方对学习洞察的反思、总结与凝练，领导者可以获得的教练成果包括：由外而内地定义与解决真实问题、发展由内而外的真诚领导力，以及构建积极的人际关系网络。这样的教练成果兼具"借事修人"和"由人成事"的特性，为领导者本人、团队和组织创造了综合、完整和持续的价值。

"听上去这种解决问题的方法很系统，但又比较复杂。能举个例子吗？"讲究务实的唐焱又问道。

系统性定义和解决问题的方法与工具有很多，高管教练通常将它们作为后台思维框架，以教练式聆听、发问和反馈等技术为明线的方法，来引导、激发客户自我探询、决策和当责。在本书第二部分教练实战案例中，你可以看到丰富多样的教练方法与工具是如何结合领导者客户的个性化教练需求而展现出来的。

其中有一种高管教练式思维、感受与行为框架，简单、有趣、有效，又可以顺应对话和问题场景，极具延展性，是我受哈佛大学教授罗纳德·海菲兹与马蒂·林斯基最初提出的"舞池与阳台"概念启发并加以改编的。即在面对问题时，高管教练会邀请领导者把视角和关注点从他们最惯常、最擅长的日常事务性与运营性"舞池"中拉高、抽离出来，超脱混沌，升维到"阳台"上，从高处往下看，也从高处往更高、更远处眺望，以期获得在"舞池"中因为与进行中的人、事、物距离太近而无法获得的视角、感受、洞察、格局、视野和心胸。

工具

舞池与阳台

舞池（The Dance Floor）：

卷起袖子躬身入局，全情投入于每天的各种活动。

阳台（The Balcony）：

1. 站上高处，以及高处的高处；

2. 从高远、广阔、宏大的视角；

3. 观察并反思自己和他人的认知、情感与行为，以及彼此关系；

4. 审视并判断全局、系统和趋势；

5. 徜徉并感知过去、现在和未来的流淌与回溯。

在二者之间自由、有意识地流动和切换。

站在"阳台"往下看，无论领导者面临的问题是什么，他可以首先"审看"全局的状况与动态——在哪里、在怎样的过去与当下的背景中、发生着什么，谁直接参与其中、谁间接参与和受到影响，自己在与哪些人、以哪些不同的角色和关系、用哪些各异的方式做着哪些事，推动因素与阻碍因素分别有哪些，效果和效率如何，与目标的一致性如何，行为与忙碌的感受如何，意义和价值感何在，为自己、他人、组织带来的是怎样的影响。俗话说，"能领兵者，谓之将也；能将将者，谓之帅也"。类似地，是否持有这种整体与全局的阳台视角，区别开的是能够顾全大局排兵布阵的全军统帅和比较厉害的阵前作战的将军。

站在"阳台"上往下看，领导者还可以更清晰地审视"舞池"中，自己与他人所面临问题的复杂性与解决方法和策略之间的适配性。个体和团体都容易陷入思维、行为和情感的惯性运作之中，以已知和熟悉的方式去面对所有问题，而事实却是VUCA[1]正越来越成为当今社会环境和商业世界的常态，很多的已知已经不能甚至会阻碍解决新出现的问题。所以我们有时候会看到愈勤奋却愈感无望、越内卷却越卷错赛道，从而陷入自我怀疑和自我否定的境况。

下文介绍的这个对问题或挑战进行分类的工具是我改

---

1 VUCA：易变性（Volatility）、不确定性（Uncertainty）、复杂性（Complexity）、模糊性（Ambiguity）的首字母缩写。

编并整合自罗纳德·海菲兹、亚历山大·格拉修 (Alexander Grashow) 和马蒂·林斯基三位合著的《适应性领导力实践》(*The Practice of Adaptive Leadership*)，以及比尔·乔伊纳 (Bill Joiner) 与斯蒂芬·约瑟夫斯 (Stephen Josephs) 合著的《领导力阶梯》(*Leadership Agility*) 的相关内容。它可以帮助领导者从一头扎进问题里的"舞池"中抽身出来，先清醒地分析和定位问题，再谈如何规划和落地应对策略。

工具

表 2-1 技术性挑战 vs 适应性挑战

	技术性挑战	适应性挑战
问题定义	清晰	不清晰，需要探索
解决方案	已知	未知，需要学习与探索
所需知识、技能、理论	已有，经过证明	没有现成的，需要新的思维、新的尝试，需要复杂、综合和系统性的思考，有缺陷，需要艰苦地学习
所需信息	可获得、清晰	模糊、不完整，或难以解读
涉及方	少数利益相关方	跨域的多个利益相关方
相关要素数量	一些	大量

续表

	技术性挑战	适应性挑战
要素之间的关系	线性	非线性、生命体似的
要素的变化	小	不断变化
是否要实验	不需要	需要
首次尝试就成功的概率	高	低
时间轴	短期方案可以应对	需要长远考虑（应用短期方案后问题加剧或再次出现）
伴随的感受	得心应手	冲突、压力、挫败感、紧迫感、危机感、失衡感
结果	可知	不可知
工作方法	更勤奋、更努力	更协作、更转型、更跨域
领导力	领导力属于个体"精英"领导者	集体领导力遍布于网络之中

站在"阳台"上，领导者还必须刻意、诚实地"审看"自己：说着什么做着什么，没说什么没做什么，扮演着哪些角色，呈现着怎样的风格与影响力，与他人之间构建着怎样的显性关系或隐性关系，抱持有哪些想法、假设、信念、价值观、需求、担心、恐惧，有哪些强烈与精微的体验与感受。以上种种，哪些是自己有意识做到的，哪些是长期惯性形成的自动模

式，又有哪些是无意识和潜意识的反应。自我觉察是领导者发展与成长的一个重要起点，而阳台视角的自我觉察往往会带给领导者极大的触动与启发。

举个小例子，一位领导者曾经通过这个练习"审看"了数个与团队互动的舞池时刻，才恍然大悟之前他所抱怨的"团队跟不上我"其实是每当重大挑战来临，他就习惯性地自己立即冲在前面，沉浸在解决问题之中，顾不上跟团队沟通他的目标和计划，而这时团队即使有心"跟上"，也完全不知该如何参与进来，只好远远地尾随在后面观望。

进而，当"舞池"中发生的事件意义重大且具有高度复杂性和不确定性时，领导者还需要努力站在二层或更高层的"阳台"上，看更大的组织系统、行业系统和所处社会环境系统，并在政治、经济、技术、社会等方方面面的复杂性、多变性与短中长期的趋势性中，智慧地区分什么是自己和团队、组织所能尽力影响的，什么是可获得的，什么是需要接受、适应的，甚至什么是需要放下和放弃的。

时不时地，领导者还需要站在"阳台"上，往更高远、更浩瀚处的星空远眺，高瞻远瞩，看自己、团队、组织以及行业的大方向、大目标、大愿景，以及最初出发时的初心和所追求的宏大使命，并检视"舞池"中发生的种种和结果与这些大方向是相一致还是相背离。唐代诗人王之涣的诗句"欲穷千里目，更上一层楼"描绘的就是这种意境。

经过这些在"阳台"上的观察与反思，由于视角的高度、宽度、深度与时间轴长度的拓展，以及对于自己和他人人性的深入探索，领导者有时会对初始问题重构或深化，有时头脑会更加清醒和清晰，有时使命与意义感会更加强烈，有时发现对不同系统交界处关键人物与核心事物产生了更深入的触碰与理解。他们最初在舞池里面临问题时可能是充满了张力[1]和对峙感的，此刻经过了阳台时间，关系可能会变得简单而轻盈，继而解决之道可能因找到了明智的撬动点而变得举重若轻。在本书第二部分，张申教练撰写的案例《站在"阳台"上看"舞池"》中（见第20章）描述的就是某集团副总裁彼特和各个核心部门的老大，从各自角色和所在部门的单个"舞池"中抽离出来，共同走上"阳台"，"审看"整个业务和组织的全局与系统之后，获得系统性解决之道的故事。可以说这个故事恰好呼应了王安石的诗句：不畏浮云遮望眼，自缘身在最高层。

当从阳台视角获得了丰富多元的洞察，领导者再重新跳回到"舞池"，脚踏实地地全情投入到解答与回应那一个个"如何"和"怎样"时，制定什么战略、设定什么目标，如何分解战役与战术，如何获取与分配资源，架构、流程、制度如何优化，人员如何配备与发展，效果如何评估和跟进，包括胜率几

---

[1] 张力：此处指一种对外的紧绷、矛盾状态。

何、回报几分，还有意义与价值何在，都会变得更清晰、更轻松和更有章法。他们还会如前文迷你案例中的"冲浪者"侯申盛一样，知道何时乘势而上、何时聚势而强、何时造势引领，又何时含锋避藏。

进而，当领导者在高管教练的提醒、支持与督促下，通过长期的阳台视角刻意练习，可以熟练、深入地在事后进行这些"阳台观察"与反思时，就像经过长期的肌肉训练一样，他们的"阳台肌肉"会被训练到足够强壮有力，且能够自动发力。这种情况下，领导者就有可能做到一边在舞池中全情投入行动，一边又与之保持一定距离，走向"阳台"获得新视角和新洞察，从而又能立即返回到"舞池"中调整舞姿，取得更加有效的成果和构建更加积极的关系。

这种在"舞池"和"阳台"之间清醒而有意识、既可以定时又可以随时游刃有余地切换与流动的能力，以及这种既由外而内地全方位立体审视系统又由内而外地深入剖析自己的能力，显然可以说是一种非凡、高超的领导能力，是脚踏实地与远望星空两种领导力风格的交融呈现。这样的领导者需要发展一种既抽离与超然（detached）于人、事、物之外，同时又与它们息息相连(connected)的认知、情感与行为模式，这底层是一个复杂的认知与心智模式的发展历程。在本书第 6 章的"纵向领导力"部分，我们介绍了一个七阶段的认知与心智模式发展模型，"舞池"和"阳台"能力是"成就者"及以上阶段领导者所具备的能力之一；反之，通过刻意发展"舞池"和"阳台"能力，也可以从一个方面推动领导者的认知与心智模式发展至"成就者"及以上阶段。

埃德加·H. 沙因（Edgar H. Schein），企业文化与组织心理学领域的重要开创者和奠基人之一，曾在1991年提出过一个重要观点，即"能够在行动中反思行动"（being able to reflect on action in action）。看起来，这个观点也是对舞池与阳台能力的另一种简单又生动的描述。

看到这里，关于舞池与阳台，你想到什么？感受到什么？又想做些什么呢？

作为优秀的高管教练，我们希望领导者不仅在有教练支持和陪伴期间可以成长与发展，还希望能够通过持续的自我教练来随时随地自我推动、自我发展。基于这个信念，我们在本书第二部分的26篇案例中，不仅展示、说明一些简单易用的教练工具和方法，也在每篇案例的结尾处提出若干个自我教练问题，为你阅读案例之后的进一步思考与行动提供线索。

自我教练问题

舞池与阳台

1. 舞池与阳台能力最吸引你的地方在哪里？其次是哪里？为什么

是这些呢？

2. 当你构建了强大的舞池与阳台领导能力，会带来哪些短、中、长期影响？

3. 长期这样做之后，你预计会成为一位怎样的领导者？

4. 什么可以帮助和提醒你在两者之间自由流动？

5. 有什么可能会阻碍你做到呢？

6. 你会如何记录、整合、深化和利用阳台视角的洞察？

7. 一位领导者说，在做到于二者之间即时流动之前，我首先为自己刻意设定 7∶3 的舞池时间与阳台时间分配比例。你会怎样分配？你将依据哪些人、事、物的标准和原则来确定分配比例？

8. 除了自己的阳台，你还可以调升到谁的阳台来审时度势？你会如何比较与整合不同阳台的视角与洞察？

9. 除了自己，你还可以跟谁一起探讨阳台视角？同一个项目中的同事？你的团队成员？你的老板？你的客户和合作伙伴？

10. 阳台可以有几层？跳出建筑物，飞升到空中，来一个直升机视角或宇宙飞船视角会如何？然后，你又将怎样从直升机或宇宙飞船中平稳降落到舞池中？

"刚听到阳台视角的时候觉得很厉害，再听到要在舞池与阳台之间即时游走，又感觉这很难呢。"唐焱感慨道。

"然后又听到你提出的这些自我教练问题，尤其是第八个

问题，令我想到这阶段比较困扰的跨部门协作问题。隔壁部门在公司重大项目中总不给力，我们共同的老板又常常袖手旁观不出手干预。我在问自己，是否可以从自己部门的舞池中抽离出来，到隔壁部门的阳台上和老板的阳台上去观察和感受下。"

根据美国创新领导力中心（Center for Creative Leadership，CCL）的研究，在组织中普遍存在五种不同的边界需要领导者去跨越，它们分别是：不同层级之间和职权之间存在着的纵向边界、不同职能之间和专业之间存在着的横向边界、多元与差异化群体之间存在着的组群边界、不同地点之间和物理距离之间存在着的地理边界，以及外部群体之间和外部利益之间存在着的外部边界。对这些边界的有效跨越，考验着领导者综合发挥职权影响力和非职权影响力的功力，也往往是中层管理者与高层领导者、普通高层领导者与卓越高层领导者的分水岭。

在我的高管教练实践中，很多领导者都会遇到跨部门协作和发挥影响力的议题，这属于横向边界的范畴。在讨论和应对时，除了使用美国创新领导力中心提出的跨域领导力三大能力和六项行为[1]，抽离到隔壁部门的阳台上和老板的阳台上去观察和感受，也是非常有效的一种教练策略。相信愿意这么做，除

---

[1] "三大能力"是指区分组织边界、建立共同基础、发现变革机遇；"六项行为"是指明确边界、求同存异、建立联结、共启愿景、交互学习、共创变革。

了使你有可能获得对协作问题的新认知，还能强化你对他人的层次感受、理解与同理能力，而同理心是一种非常宝贵又稀缺，同时带有人文温度和穿透力的领导能力。

类似地，在领导者要成功完成往更高阶职位的跃升与转型时，常常需要得到高管教练的支持。我在做这样的项目时发现，舞池与阳台能力往往是可以帮助领导者顺利跨越纵向边界的必修功课。虽然人们说"在其位、谋其政"，然而职位高度本身的变化并不必然自动地带来领导者格局与能力的变化。因此，需要他们在职位跃迁的短时间之内就有意识地不断站上"新阳台"，用新的视角高度与宽度来观察"新舞池"中的各种人、事、物局势的变化，进而决策在"新舞池"中如何聪明地舞动，从而取得速赢、稳住位置，进而为实现更高远的志向排兵布阵。

03

高管教练：
古今中西合璧又成长空间广阔的领导力发展领域

"说到教练策略和必修功课，我更好奇高管教练这个行业了。以前没怎么听说过，这是一份怎样的工作？"唐焱追问。

让我们先简单说说教练(coaching)的起源和发展。在西方史中，教练最早可追溯到公元前460年以古希腊哲学家苏格拉底的名字命名的苏格拉底教学法。它是一种诘问形式，以提出和回答问题为基础，来激励批判性思维和启发思想，其核心旨在帮助个人或团体发现他们对于某些话题所持有的信仰。美国教育家克里斯托弗·菲利普斯（Christopher Phillips）曾说："苏格拉底教学法是一种点亮自己的光芒去寻找真理的方法。"

古今中外很多著名的论述和理念对普遍意义上的教练和高管教练(executive coaching)这个新兴的领导力发展领域起到

了启发作用。比如：

古代先贤孔子曰："吾有知乎哉？无知也。有鄙夫问于我，空空如也。我叩其两端而竭焉。"

《管子·心术上第三十六》："毋代马走，使尽其力；毋代鸟飞，使弊其羽翼。"

陆王心学之集大成者王阳明："圣人之学，心学也，学以求尽其心而已。"

诗人、作家和社会活动家泰戈尔（Tagore）："教育的目的是应当向人类传送生命的气息。"

教育学家雅斯贝尔斯（Jaspers）："教育的本质就是一棵树摇动另一棵树，一朵云推动另一朵云，一个灵魂唤醒另一个灵魂。"

天文学家、物理学家和"现代科学之父"伽利略（Galileo）："你无法教会任何人任何东西，你能做的只是帮助他发现藏于他内心的东西。"

"现代管理学之父"彼得·F. 德鲁克（Peter F. Drucker）说："我怎么可能比我的客户更懂他们的公司和行业，我只是通过提问，让他们自己找到问题的答案。"

现代运动与体育界的共识："教练不必是冠军，但冠军不能没有教练。"

托马斯·伦纳德（Thomas Leonard）被称为"现代商业教练之父"，他虽然拥有毫不相干的会计师背景，但他率先认识到教练是一种可以有效助人（包括普通人）实现惊人成就的方法。托马斯于1991年建立了第一所教练学校，并在1995年创建了首家服务于教练行业的全球职业协会，即国际教练联盟。它设定了专业教练的核心能力和道德规范要求，并建立了专业教练的三级认证体系，同时也为培养专业教练的培训课程设定了标准，并对课程进行鉴定。所有这些，都是为了确保教练行业行事标准的一致和高品质地持续发展。同时，全球范围内其他具有一定影响力的教练行业协会还有欧洲导师与教练协会（European Mentoring & Coaching Council，EMCC）、国际教练协会（International Association of Coaching，IAC）、全球商业教练协会（Worldwide Association of Business Coaches，WABC）等。

教练之所以成为非常具有吸引力且能带来显著积极效果的领域，其原因之一在于它是集各种理论和学科之所长而建立起来的独特专业实践。在教练参考和吸纳的理论中，尤其以哲学（如对普遍和基础存在性问题的研究）、心理学（如心理动力学、人本心理学、发展心理学）、精神灵性（如对人的整体性和幸福的关注）、管理学理论（如系统理论、组织发展理论）、成人学习理论（如体验式学习、转化学习理论）、神经科学等为主。

截至目前，教练行业在美国发展势头最好，其次为英国、日本、加拿大、澳大利亚、新加坡和新西兰，在全球各国推广开来得十分迅速。在中国，教练最初是应满足一些欧美企业对在华管理层的教练需求而产生，并在近十几年得到迅猛发展。

在商业界，高管教练和企业教练得到了越来越多的关注和认可。许多企业都将教练视为其领导力发展计划中必不可少的一环。据国际教练联盟早在 2001 年做的全球企业调查研究，相较于其他领导力发展手段，教练对领导者培养和发展有着最高、最有效的积极影响，教练投资所得的投资回报率（ROI）平均是投入成本的六倍之多。2020 年，国际教练联盟又在其全球教练研究报告中称，超过 33% 的全球财富 500 强公司将高管教练作为一种标准的领导力发展方法。

多年来，国内外很多企业开始推广和建立教练型文化，从公司最高层到一线主管，普遍将教练作为其领导和管理方式之一，可以促进提升员工绩效、敬业度和创新力，并最终实现团队和组织的绩效达标与持续发展。

定义

国际教练联盟对教练的定义

专业教练作为一个长期伙伴，旨在帮助客户成为生活和事业上的赢家。教练帮助客户提升个人表现，提高生活质量。

经过专业训练的教练聆听、观察，并按不同客户的需求定制不同教练方式。他们激发客户自身寻求解决办法和对策的能力，因为他们相信客户是生来就富有创意与智慧的。教练的职责则是提供支持，增强客户已有的技能、资源和创造力。

教练活动是一种教练和客户之间一对一或一对多的持续多次的对话，通过帮助客户分清重点、澄清价值观、明确真正的目标、制订行动计划并克服行动中的障碍，帮助客户专注于实现目标和成就丰盛的人生。

从这个定义中，我们可以看到关于教练的几个关键词：长期、伙伴关系、提升与提高、定制、激发客户自身潜力、相信、目标、行动。同时，我们也可以从定义中感知到教练活动中蕴含的正向与积极的能量。在各方面变化日益加剧、可能性与不确定性交织的时代背景下，这种正向与积极的能量对个体和社会均具有促稳定和促发展的意味。

对于高管教练这一过程，我们目前还没有看到国际教练联盟或其他教练认证机构对它的定义，而我基于十多年来在中国市场学习与实践高管教练的经验与思考，将其定义如下。

定义

对高管教练的定义

吴雁燕，2020 年 9 月 23 日

高管教练是一个持续性探索、转型与实现的过程。它支持和挑战组织高管砥砺追寻高远宽广的志向、进行锋利深刻的自我觉察与蜕变、为当下与未来的世界和利益相关者持续贡献和创造价值，同时，构建独立、清晰、稳定的内在精神世界。

市场营销领域有一种说法，高水平的竞争不是价格的竞争，不是产品和服务的竞争，也不是品牌的竞争，而是规则的竞争，进而是规则制定权的竞争。同理，在高管教练领域，在所谓的国际性机构尚未能给出明确定义的时候，恰恰给到了现代中国的高管教练自信地去定义它、宣告它和引领它的极好空间。

从我的定义中，你可以看到：

高管教练不是几个小时、几天就可以完成的简单事件，是一个需要长时间累积的过程；在过程之中，高管教练与高管还会一同往复游走。有时去高远前瞻未来的愿景与使命，有时驻足于回应当下的任务与挑战，有时回望和盘点过去的资源与力量；过去影响着现在，现在改变着未来，而未来也指引着过去与现在。

高管教练不仅关乎思维上的讨论与探索，也关乎双方心、脑、体全方位的承诺与投入，尤其是需要高管把教练对话中产生的思维洞察和心灵触动转化为现实世界中的行为与行动，进而为周围组织和团队带来切实可感、可见和可衡量的影响与效果，甚而为更大系统范畴的当下与未来世界贡献更善、更美、更具有力量的价值。

高管教练和高管共同工作于"冰山"之上，同时又深深地潜入"海底"，探索丰富、广博、美妙，有时又令人感觉黑暗、丑陋、脆弱的内在精神世界。通过勇敢、真实和智慧地面对自我、欣赏自我、接纳自我和突破自我，高管往往可以在经历海面上波涛汹涌和狂风雷暴的洗礼时，因为找到了内在的"定海神针"而站立得更稳、更坚定、更从容，并且为周围大大小小的其他"冰山伙伴"营造一个更安稳、确定和温暖的生存发展空间。

迷你案例

自充电手电筒

李想服务于一家外资房地产公司，公司与其他许多同行企业一样，在国家宏观政策调整的大背景之下，积极又艰难地谋求转型和发展。李想作为目前中国管理团队中为数不多的本土人才，又负责着业务转型链条中的最前端，他显然被公司总部、中国管理团队和广大员工寄予着高期望。

高期望意味着他对外展示出来的状态要更笃定、从容和自信，思维和行动要更敏捷、大胆甚至激进，决策要更成熟、果决，同时保持周全。不过，行业友商的各种动态与操作、公司组织结构和管理团队的不时变化也给李想带来周边人际关系网络中一些隐隐约约的干扰或苛责，增加了同时满足那么多高期望的难度。"一定要做对""不能出错""不要张扬"之类的外在和内在声音有时会冒出来阻挡在路上，使得李想的脚步变得迟疑、阻滞甚至偶尔的后退。

在教练进程中，教练逐渐且次第地引导他面向外部世界，李想与集团高层和中国管理团队伙伴展开了更充分与主动的沟通，对集团 2030 年愿景进行了更深刻与全面的理解与内化，对组织内外部业务局势和人际网络进行了更充分的研判，也对自己现有领导力风格与形象在他人眼中的实际感知进行了反思与检讨。同时，反观内在精神世界，李想探讨了生命中各个重要维度值得他钦佩的榜样人物的特质，展望了未来 10～20 年职业与人生的美好远景，还对内心价值观底色和安全感需求进行了盘点。

通过所有这些对外与对内的探索与实践，李想找到了"领导自我"方面让自己的内在底盘踏实下来的几根支柱，确定了"领导团队"和"领导业务"方面要完成的角色转化：从"演员"到"导演"再到"编剧"，以及组织转型阶段他在中国管理团队和整个组织中的自我价值定位：从做一只自充电的手电筒开始，慢慢地再跟管理团队一起摸索和构建公司，甚至成为行业发展的探照灯。

这只"手电筒"虽然只能照亮暗夜中前方的几米路，却能在自己和大家都深一脚浅一脚往前赶路的时候，让众人感知到那光柱照向的方向是稳定和可靠的，那光亮中有一份新的颜色与希望，其中倾注着李想对行业、组织和同事的情怀、承诺与温度。

像李想一样，当更充分地激活领导者的全方位生命力，尤其是内在精神世界更清澈敞亮时，无论绽放出的光亮大还是小，气韵都是从容和缓又具有穿透力的。

另外需要说明的是，高管教练并不是"高管"与"教练"这两个词的简单叠加，而是在社会系统、行业系统、组织系统、团队系统的大背景之下，以高管个体为服务对象的教练活动。这意味着高管教练活动的复杂性和难度相对于个人教练被大大提高。

一是因为我们需要同时兼顾和平衡高管个体的发展意愿与团队、组织、行业这几个不同圈层系统的发展需求。之前提到的五种组织边界就是不同圈层系统在现实中展现的一种形式，我们后文谈到的各种常见高管教练主题也是以组织系统的不同层级来梳理和分类的。

二是因为高管在教练项目期间和之后很长时间的所思、所感、所为既会向各个圈层发挥多种直接或间接影响力，也同时会受到多圈层系统的直接或间接影响。我们可以想象几块石子投入湖水的画面，每一块石子激起的涟漪一圈圈扩散开来，越里圈越厚实，越外圈越薄浅；而不同石子激起的涟漪又会互相影响，最终涟漪和石子都会逐渐消失在浩渺的湖体中，除非更多的石子不断被投入。这意味着教练和高管，均需要建立起对系统和具体情境很强的觉察与关联意识，以及做出合乎局势的决策。

> 迷你案例

拉扯与平衡

杨奕是一家快速消费品公司的中国区总经理。作为在该行业深耕多年的业务老手，她最大的挑战不在生意上面，而在于中国公司是外资与本土的合资企业，股权双方对权力与利益有明争暗斗。

用她自己的说法，本以为以简单、直接，甚至带点儿单纯的个性和纯粹为生意好的出发点，她把精力聚焦在团队培养和生意拓展上就差不多了。但是，总经理职位本身的劳动合同签署于外方公司、股东双方股权比例不相上下，以及双方母公司文化差异巨大的事实，将她或者说任何一位担任这个总经理职位的人，拉扯入了大大小小各种矛盾的旋涡之中。

由于合资企业系统的复杂性，我在教练过程中先后访谈过她的二十多位上下左右利益相关人，这个人数比一般的高管教练项目高出很多；而在收到的一百多条对她的领导力优势评价与发展建议的反馈中，无论是利益相关人的言语表达，还是非言语的情感流露和未表之意，彼此间差异程度之大也是我在其他项目中没有遇到过的。

经过一年的高管教练项目，在个人沟通风格和方式上，杨奕由单一模式转变为因人、因事、因场景而变的多面切换模式；在中国管理团队建设上，由微观管理转变为授权与微观细致相结合；在业务发展上，更多展现出了战略性思考的全面前瞻与战术打法灵活敏捷相交融；在与双方高层的人际关系建立和维护上，她也更积极主动了。

回到对这家合资公司总经理的定位和评价时，杨奕目前采取的策略是：以努力交付业务发展各项指标为基础底线，并主动担当股东双方沟通与协作的桥梁和润滑剂；至于双方对她的任职评价，经过很多内在纠结和对组织系统动力的反复权衡，她放低了职场多年来在其他公司时尽力追求并引以为傲的"超越期望"和"卓越"标准线，将"获得'达到要求'即可"设定为自己与角色的平衡性目标。

这个"达到要求"是否是种"妥协"呢?杨奕承认是的。同时她也确定,这是在复杂组织系统中一种明智和可行的"妥协"。

举杨奕这个例子是想呈现高管教练活动的高复杂度和高难度,同时也不希望由此就高管教练活动的价值带给读者误解。事实上,高复杂度和高难度也恰恰说明了高管教练可以为高管个体、团队、组织甚至社会创造高价值。在本书第二部分收录的每一个案例中,我们都向读者展示了这些价值。

高管教练是一个充满机会和成长空间的领域,具有深远意义但不容易做到,同时特别值得现代中国市场上各行各业、各种生命周期阶段的组织、各个层次的领导者和高管教练携手共创。换言之,虽然目前的教练培训和认证体系来自西方,但我们因为身处于巨大中国市场的百年未遇大变局之中,得天时地利人和,而有机会在实践中追赶和超越。

04

高管教练：
安全温暖支持与宽广深邃挑战并存的领导力发展空间

"那么，在复杂的多系统背景影响之下，高管教练是如何扮演好与领导者共创的角色的？"今天的唐焱像极了一名在新知领域的好奇寻宝人，不断反向激发作为高管教练的我思考。

谈及角色，我想先说说另一个概念：教练空间。正是在高管教练和领导者共同构建与培育的教练空间之中，二者扮演着各自的角色、建立着彼此的关系，同时在共创促进教练过程的演进、教练成果与价值生发。

"说到空间里可以发生这么多事儿，我想到了房子。"唐焱接话道。
"你希望是什么样的房子？"

"就如身处当下的初冬，我希望这是个阳光房，感受得到温暖，看得到风景，又阻隔得了风雪。"此刻的唐焱变得更加活跃，开始跟我共创了起来。

是的，相互尊重、信任、安全、坦率、真诚、融洽、放松、自由、亲和、友善、同频、欣赏、认可、鼓励……这些如阳光般给人温暖、包容、佑护感的特质是高管教练空间所需具备的基本元素。在组织中，尤其是商业组织中，由于要生存、要盈利、要竞争、要速度等商业特质的驱使，这些元素在领导者日常的工作环境中常常是稀缺的。而这种日常的稀缺突显了温暖、安全、支持的高管教练空间的珍贵。与之相反，若双方尚没有充分磨合好，空间中则可能充斥着试探、疏离、评判、防御、不悦、怯懦等会给双方带来紧绷和张力的东西。

同时，由于领导者往往暴露于巨型聚光灯之下，来自团队、组织、行业等各圈层系统的各种不同，甚至相互冲突的期望、要求和人际动力，以光束的形式聚焦于他们身上，这其中有暖色的推动力也有冷色的阻碍力。所以，这个教练空间还需要足够开放、高远、宽广和久远，才有可能激发出领导者更多方位、深层次的潜力和创造力，使他能够在受到各系统圈层影响的同时，还能够向各圈层系统散发足够强大、有力和深远的影响。如果教练空间缺乏这些宽广性特质，双方体验到的就会是平淡、乏味，或者束缚、纠缠，甚至压抑。

人性底层中追寻确定、安全、一致、合理的需求会给人们的思维、行为与情感带来惯性、盲区，有时这种自我保护会演变成自我设限和僵化，过于忙碌的日程也令人难以慢下来、停下检视和复盘。要克服这些阻碍人们深度探索、改变甚至冒险尝试的力量，教练空间还需要是直接、深刻、犀利、挑战与可以拉伸的，而非流于肤浅。欧洲工商管理学院 (INSEAD) 领导力发展和组织变革领域的杰出教授，同时也是最早把心理动力学应用于领导力与组织发展领域的资深实践者曼弗雷德·凯茨·德·弗里斯 (Manfred Kets de Vries) 曾这样自我质问："如果我对他不够直接，甚至拐弯抹角、虚与委蛇，那我和围绕在他身边的人又有什么区别？"在这样的挑战空间中，双方均可能有时感觉不舒服和不自在。然而细细去体味，就能感觉到新的种子被种下，以及新幼苗在数分钟、数日、数月甚至数年之后破土而出的那份希望与力量感。

"啊，"唐焱感叹道，"现在我想要的是上海八万人体育场那样的空间啦！平面空间大到可以自由充分跑动，立体空间高到没有屋顶设限，运动场和看台席就像舞池和阳台，有主场队员的尊享休息和练习场，还有更衣室那样的个人私密空间。"

哈哈，唐焱说到体育场，让我想到了运动员和教练。领导者和高管教练与运动员和体育教练,这两对关系之间还真有些相似呢。

领导者和高管教练二人之间建立的是生发于信任的安全、宽广、深邃的教练空间,二人是伙伴与同盟关系。领导者如运动员一样,是上场比赛受众人瞩目和期待的选手,教练是场边支持与成就他的伙伴。

作为伙伴,高管教练有时走在领导者的身后,扮演的是激发者、支持者、鼓励者的角色。

教练激发领导者,探询由外而内与由内而外两个方向的成长与发展动力,提升由过去到现在再到未来三个时间维度相互交织的成长与发展意愿。教练支持领导者,盘点和善用优势、设定高远又具有挑战性的目标、采取切实可见的落地行动,去排除障碍、推动进程,建立和强化与周围各个系统圈层中关键利益相关者的互动关系。教练会为领导者取得的进展喝彩,也会为他冒的险和踩的坑担心,并鼓励他走出困境,让领导者感觉到自己被看见、被听见、被理解、被珍视。需要的时候,教练还可以为领导者推荐学习机会与人脉资源,分享商业与业务经验和知识,传授领导力与组织发展原则和方法等。

有时,高管教练与领导者并肩而行,做思维伙伴、干净的镜子、深海的潜水搭档。

作为思维伙伴,教练通过观察、聆听和提问,来洞察领导者的思维模式、语言模式、情感模式和行为模式，以及所持有的世界观，通过双方共同展开的批判性和创新颠覆性思维，识别、改变领导者持有的落伍、局限的低效部分；作为思维伙伴，两人运用头脑风暴等方式，共同生成演进更多、更好的新思维模式和行动策略；作为思维伙伴，两人交换对领导者所处各圈层系统的文化、权力、利益、需求等的观察、分析与见解，在尊重和敬畏的基础上商议如何拓展领导者的心胸与视野，提升其在组织政治智慧方面意识的主动性和言行的灵活性；作为思维伙伴，教练鼓励领导者成为其自身、团队、组织与行业的萃取者，萃取经验、洞察与智慧，再提炼、凝萃各种成功或失败的试验与体验。

作为干净的镜子，教练以客观、诚实、坦率的姿态，直言相告，既向领导者提供鼓励、欣赏和有助于提升自信的反馈，也提供直接、深刻、更具挑战性的观察反馈，或者领导者自己看不到或不愿、不敢去看的盲点，以及他自己看走眼——要么高估要么低估的误区。忠言逆耳，尽管有时领导者在当下会不悦、不适，出现辩解、抵触、排斥等行为，教练的观察和反馈也有可能存在偏颇，但教练通常依然会在检查自己的正向意图之后直接地给出以上反馈。且由于领导者日常在组织内外也常常会收到很多或愉悦或不爽的反馈和评价，因而从某种程度上讲，高管教练与他之间的这种镜子式互动，既是与日常情况相类似的一种平行活动，也提供了一个安全的试验场，令领导者

成就卓越

学习如何更得体地接受和回应这些反馈。

美人的镜子

鲁米（Rumi）

你不知道要找一个礼物送给你

是多么的困难。似乎没有一样合适。

给金矿送金块或给海洋送水，有什么意义呢。

我能想到的，都像把香料带去东方。

将我的心和灵魂献给你也没用，

因为这两样你都已经有了。

所以我送你一面镜子。让你

望着自己，想起我。[1]

作为深海的潜水搭档，教练和领导者手拉手潜入冰山之下的深水区，探索和面对长期以来赋能或者限制领导者的信念、假设、价值观、需求、渴望、担心、恐惧、遗憾等。当教练借助适当的教练工具，促进领导者识别、看清和认领了

---

1 [波斯]贾拉勒丁·鲁米：《火：鲁米抒情诗》，黄灿然译，北京，北京联合出版公司，2019。

这些沉寂很久却最具有真实性的力量，领导者往往选择将它们更有意识、更有建设性地发展为内在独特的"定海神针"，同时更有意识、更有建设性地将它们展现于水面之上，通过言行将自己的领导力风范和影响力辐射于广大的外部世界。

还有些时刻，高管教练走在领导者的小半步之前，做联结器和挑战者。

"联结器"与领导者一起，配合他维护强化组织内外的各个利益相关方，尤其是项目发起人等关键人物的伙伴关系，从教练目标设定、资源匹配、行动计划的制订与实施、成果与进展的追踪评估、鼓励与认可等各个维度，共同构建对领导者支持与监督并重的大支持系统。

挑战者则促动领导者构建从个体领导力到团队领导力再到组织领导力的三维领导力意识与能力，发现并弥补其中的重大缺失，平衡地满足和达到个人、团队与组织的需求和目标；挑战者激发领导者探索新的方向和可能性，从完全不同的角度和不同的"阳台"思考问题，敢于承担更多风险，面对挫败和困难时保持坚韧与毅力；挑战者揭示领导者的行为、风格、价值观、理想等与组织之间的不一致，以及与自己承诺之间的不一致；挑战者质疑领导者有时会出现的进步缓慢、回避解决问题和阻碍的现象。当然，成为挑战者的高管教练，自身也必须树立知行合一、言出必行、富有勇气、敢于创新冒险的榜样形象。

在高管教练与领导者互为伙伴而可以扮演的这么多角色之下，还有一个由高管教练的职业身份与信念所决定的底层角色——托举者。高管教练以成就领导者的成就与发展作为自己的价值定位，以领导者的背景和需求作为自己给出真诚关注与诚挚关心的聚焦点，以服务和支持领导者达到目标取得成功作为自己的初心与意图。同时，高管教练以坚持行业职业道德操守与专业要求（比如保守秘密与信守承诺）作为自己的行为标准。

05

高管教练：
领导者自我当责与全系统高价值的领导力发展机制

"话说，我们聊了这么多高管教练，这件事要切实取得成功和创造价值的话，除了教练这方的努力，我们发现另一个关键的成功要素在于伙伴关系的另一方，也就是领导者本人。这个观点来自我们对很多成功案例和不成功案例的总结与反思。"

"哦，对我也有要求？"在我话锋转向之后，唐焱也跟着沉思起来。

是呀，这个道理就跟当你想要充分施展出自己的领导力时，也会对所带领的团队、所协作的同事、所配合的老板，以及所处其中的组织系统有所期待一样。很多实证调研的结果显示，在富有成效的高管教练关系和项目中，领导者本人能发挥影响的比重甚至会超过高管教练所能影响的比重。世界著名的领导力意见领袖和"高管教练第一人"马歇尔·戈德史密斯博士常用勇气、谦逊、自律这几个关键词描述他最乐意支持其由成功走向更加成功的领导者。

结合马歇尔的标准,我常从以下五个维度来描绘理想高管教练关系中的领导者画像,或者用来评估领导者是否可受教练:

自我认知: 领导者对自己的特质、优势与不足等各方面有自知之明,真实且自信,既不过于高估,也不过于低估自己,同时还乐意继续提升、拓展和深化自我认知的方方面面。

自我激励: 领导者乐观积极,主动进取,愿意探索和强化内在动机与驱动力,进而改变、成长、发展与突破;主动设立和追寻积极、高远的成功愿景和未来畅想,而非仅依靠外界的推动或拉动,或随波逐流于追逐短期蝇头小利。

自我发展: 领导者承认自己并不完美,不满足或停滞于过往的成就,也不黏着于曾经的经验和成功路径,其致力于持续的自我学习和发展,具备开放、敏锐、灵活的学习能力,展现出主动实践、反思复盘、抽象概括、建构意义等具体的学习与发展行为。

自我管理: 领导者能清醒、有意识地做出建设性选择和决定,情绪稳定,处事成熟,能够积极走出舒适区尝试新思维新做法,而非经常采取习惯性的反应或常处于"自动驾驶"模式。

自我当责与自律： 领导者富有责任感、当责心、主人翁意识，言出必行、有承诺有担当，勇于冒险和挑战自我，能坚持、有韧性。很多时候，最核心的教练成果、最深刻的教练洞察、最重大的教练改变并不是发生在领导者与高管教练两人对话的时候，而是对话之外——领导者切实当责的行动时间里。

时光

吴雁燕，2019 年 5 月 1 日

时光，
铺陈了一条蜿蜒的道路。
闪闪发亮的，
是行路人的爱、美、真、善，
是渴望、承诺、力量。

来路，
心的神奇；
未来路，
尚更可期。

"这下更清晰了,有了领导者和高管教练双方的协力,以及你一直提到的各系统圈层的支持,高管教练这件事儿才玩得转。那么,当这些都准备好以后,高管教练这种领导力发展方法具体可以用在什么场景之下?它的价值如何体现?"唐燚可真是个不依不饶的主儿呀。

"你确定自己准备好了吗?这里有我写给一位中德合资企业的中国董事总经理的邮件,是完成第一次教练会谈之后我追加给他的问题。你感受一下,如果你是他,会做何感想,以及怎么回应?"

迷你案例

第一次教练会谈后的邮件追问

袁总,见字好!

这几天我回顾了星期一我们的第一次教练会谈。在听你大段描述现状的时候感受到了你的开放与真实,在此再次感谢你的信任!同时,限于时间,好多部分还没有深入探讨下去。所以,我想到以下三个问题供你继续思考之用:

1. 如果你是由中方而不是德方派送的总经理,会有哪些与现在不同的心态与做法?

2. "不让自己的压力和焦虑被团队看出来。"你目前采取这种做法背后的假设是什么？如果在一定程度上向他们袒露了你的压力，会发生什么？

3. 当说到时不时会冒出来的"再过几年提前退休回乡"的念头，你用了"逃避去深想"这个说法。你逃避的是什么？那个深想之处可能会有什么？

这三个问题分别探讨的是"你与组织系统""你与团队"和"你与自己"这三个不同的视角。期待下一次听到你的感想与见解，也乐意到时互动探讨。

顺祝夏安！

唐焱思索了一会儿，说："这几个问题字面上看起来普通，但若是要好好回答，是需要兼具真实、勇气与智慧的呀。"

回到唐焱之前关于高管教练价值的提问，在通常由组织发起和付费的高管教练项目中，组织和领导者本人都非常关注项目的实际作用与价值。其实每家公司和每名领导者的背景与需求都非常独特，对价值是什么、如何衡量价值等这些问题的回答并没有标准答案。同理，在本书的每一个案例之中，你也会看到如璀璨的钻石般各种不同维度、不同深度，同时令人印象深刻的价值展现。

当然，我们完全可以架构一个思考并解答这个问题的框架。也就是说，除了高管教练的功力与经验所产生的影响、高管所在组织的文化土壤和发展阶段所产生的影响，高管教练的价值交付和呈现还来自以下三方面的交融与共同作用。

第一，高管教练项目的定位与支点

高管教练项目定位于支持领导者从优秀走向卓越，既个性化又情境化，既促进他们格局、境界与认知的升维，又促进他们设定并达成对个人和组织均富有意义的挑战性目标与成功愿景，还促进他们的行为从知道到做到再到持续高效地做到，进而促进他们实现个人"由内而外"与"由外而内"相交织的螺旋式上升。

高管教练项目以领导者的个体发展为切入点，既通过个体的发展和转型向组织系统散发更大影响力，同时，又因为他们所处组织位置的特殊性——这也是个关键和具有高回报率的杠杆点——可以同时撬动个人、团队和组织这三个圈层系统的整体发展。

以上，我们强调了领导者本人的可受教练性，就是因为他们是教练项目是否能产出价值，以及产出多大价值的支点与核心成功因素。

第二，高管教练项目可覆盖的教练议题领域

在本书第二部分中，有一篇熊樱教练撰写的家族民企变革之旅案例，其中提到了伯克-利特温组织绩效与变革模型（见第31章）。这个模型上半部分的三大因素（使命和战略、领导力、组织文化）被称为转型性组织要素，因为模型创建者严谨地研究分析了组织系统各圈层各类要素的相对重要性，发现它们三个对组织绩效和发展变革起着四两拨千斤的作用。国际组织与领导力协会有一个"企业系统模型"，同样突出强调了这三大组织要素。

而这三大转型性要素也是最常触及和覆盖的三大类重要的教练议题领域，无论是高管一对一教练，还是以组织高级领导团队为教练对象的高管团队教练，都不可避免地涉及。

1. 发展高级领导团队的团队领导力和领导者成员的个人领导力：通过构建卓越的高级领导团队——组织中最重要的发动机与火车头，引领整个组织的持续发展与变革。

2. 阐明、创建和实施、实现组织的使命、愿景与战略：通过超越仅关注短期绩效的思维，来将组织打造成具有战略竞争优势和持续盈利能力，同时富有社会责任和持续为各类利益相关方创造价值的基业长青组织。

3. 澄清、塑造组织的文化与价值观：通过组织价值观的澄清和切实落地实施，营造适宜的组织氛围，促进组织学习、

创新和管理多元化。

无论从组织内还是组织外的视角看,无论从短、中期还是从长期的时间轴看,这三大类教练议题领域无疑具有极其关键又广阔的价值创造机会与空间。

我根据自己十多年的实践经验,把高管一对一教练和高管团队教练的常见教练议题领域依组织系统的圈层拆解,分成个人领导力、人际领导力、团队领导力和组织领导力四个层次,其中每一个议题可产生的影响都远超越领导者个体,全面促进领导者发展和价值呈现。

个体领导力:
1. 组织内职位与角色转型
2. 跨组织空降转型
3. 高管气场与风范
4. 领导力风格与品牌
5. 发展纵向领导力/升维认知与心智格局
6. 商业头脑与业务敏锐度
7. 情绪、压力与韧性管理/情商
8. 发展自信与威信
9. 发展混沌与不确定下的选择与控制感
10. 工作—生活平衡/精力管理
11. 职业发展与进阶
12. 女性领导力

组织领导力:
1. 数字化与数字化领导力
2. 全球化与全球化领导力
3. 组织转型与变革领导力
4. 战略性思维与战略领导力
5. 创新思维与创新领导力
6. 企业家精神
7. 包容与多元领导力
8. 愿景与使命驱动领导力
9. 组织能力与组织健康

人际领导力:
1. 人际网络与利益相关者管理
2. 组织政治智慧
3. 跨文化有效性
4. 沟通风格与影响力有效性
5. 人际敏锐度

团队领导力:
1. 建设高绩效和高价值创造团队
2. 虚拟团队领导力
3. 跨域领导力
4. 战略分解与战役落地
5. 团队价值创造定位与方式
6. 团队创新与内部敏捷创业

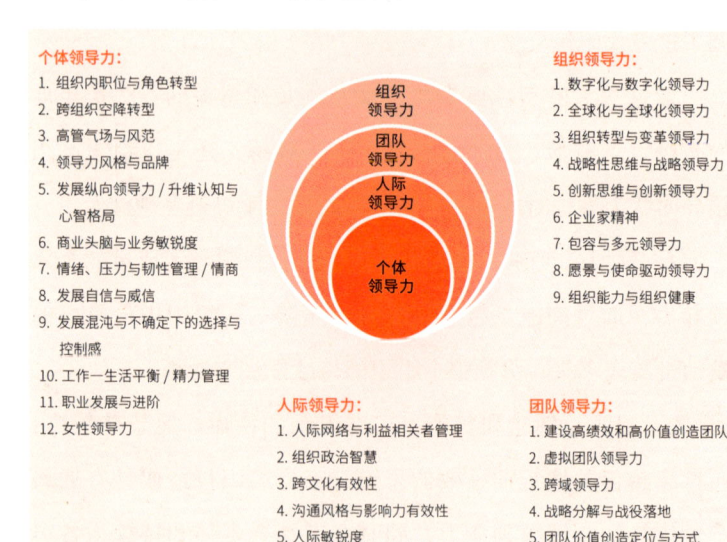

图 5-1　一对一高管教练常见议题

1. 强化成员间了解、融合、互信与互依；
2. 确定、更新组织愿景、使命与价值观；
3. 诊断并全面提高团队有效性；
4. 提高个体成员和团队整体的认知与心智格局；
5. 诊断并全面提高组织健康度；
6. 创立新业务单元，开拓新业务市场；
7. 扭转业务绩效表现；
8. 融合收购企业；
9. 促进创新、变革与转型；
10. 协同多元业务单元；
11. 走向全球化。

图 5-2 高级领导团队引入团队教练的常见场景

第三，高管教练项目的流程设计与参与者

项目流程在价值产出的过程中起着穿针引线、承前启后的作用，不容轻视。一个有效的高管教练项目需要在项目前、中、后期根据每个组织和每位领导者的个性化背景与需求，确保全流程的精准设计、落地实施和跟踪调整。举例来说，本书第二部分多篇案例中提到的"四方会谈"就是项目流程中的重要环节之一。它指的是在项目中由领导者本人、他的上级领导、人力资源负责人和高管教练四方共同参与的一种会议机制，在项目期初、期中和期末分别举行三次，目的是在教练目标、教练工作计划、教练基本原则、教练进程、教练成果交付和价值呈现等各方面持续获得四方的共同参与、

共同承诺、共同支持和共同监督。

同时，在项目全流程中，从教练目标领域设定到阶段和整体的复盘与反馈，为确保高价值产出，通常也会积极引入和动态平衡组织各系统圈层中各种利益相关方的多元观点与需求，以获得全方位视角，而非顾此失彼或产生意料之外的重大缺漏。领导者的上级经理、同级、下属，以及负责领导力和组织发展的人力资源负责人属于最经常被引入的利益相关方，有的项目还会依组织结构和高管职位而将范围延展到董事会、投资人、外部客户与合作方等。当领导者为企业创始人时，搜集和整合核心家族成员的需求也常常纳入项目范围。

好了，唐焱，当我们双方均诚意正心，且配有流程与机制保障之后，我想邀请你与我一起朗读并感知下面这段我写给客户和自己的沉思与自问。

沉思与自问

吴雁燕，2020 年 6 月 16 日

我与客户在人生轨迹并线同行的这一段，
如何能够在彼此生命中留下深远、持久的烙印，
并借此如涟漪一般扩展到更多的人、
联结到宇宙万事万物？

我们又如何，

放下对如上这些的追寻，

在当下，

随流而安？

06

高管教练：
从非此即彼到兼收并蓄，从锱铢必较到运筹帷幄的领导力发展路径

这个部分我把它称为彩蛋，因为它虽然未必是每一个高管教练项目中都会涉及的部分，然而掌握了这种领导力发展路径的领导者和高管教练显然会在面对变幻莫测和迅猛发展的商业世界时，更有适应力、转型力和创造力。

唐焱，你一定知道经济学家帕累托（Pareto）提出的著名的"帕累托20/80法则"吧。它是说，在任何事物中，最重要、起决定性作用的往往只占20%，其他80%是次要、非决定性的。运用在企业管理中，我们常说是20%的大客户贡献了大部分业务份额，是20%的核心员工做出了最重要的绩效产出。然而，当我询问很多领导者他们把时间、精力和资源都放在哪里，尤其是讨论前文"舞池与阳台"中提到的"技术性挑战"与"适应性挑战"时，很多人承认说，虽然知道放在关键的适

应性挑战上是更必要和紧迫的，然而自己却有意无意地把时间和各种资源用在了解决非决定性的技术性挑战上。

当我追问造成这一现象的原因时，他们虽然有各种不同的理由，但有一种是比较突出和常见的："我其实不太知道该如何去应对适应性挑战，因为它们是前所未遇的新问题，它们的复杂性、系统性和非线性超越了过往的经验，也找不到可以参考的做法，于是选择让自己忙碌于有经验、有把握的已知技术性挑战上，有点儿像把头埋入沙中的鸵鸟。"

"然后会发现待解决的适应性挑战并不会因为自己的视而不见而消失，而是越来越多地挡在发展的路上，变得若不跨越就难以成功甚至导致翻车和失败。"唐焱一边点头一边不由得接话道："很多巨人企业一夜之间的坍塌会不会也有一部分这方面的原因呢？因为这个世界在技术、经济、社会和政治等各方面越来越全方位地加速变化和动荡，波谲云诡中越来越多的适应性挑战，容不得企业和领导者仅是以解决技术性挑战的方式去面对或者干脆逃避。"

唐焱你很会举一反三，体现出了一种前面提到的可受教练的领导者所具有的敏捷、灵活的学习能力，我们把这种学习能力称为应对适应性挑战时需要具备的敏捷学习力。它指的是，即使面对复杂未知的领域与问题，领导者也可以凭借开放与接纳的心胸、强烈的好奇心与探究心、极度开阔且大胆创新的思维，以及克服困难与挑战的意志力，抓住宝贵的时间窗口，迅速梳理出未知中的已知、复杂中的模式或规律，制定出一个或若干个突破常规的创新性应对思路，并小步行动与试点，然后将从中反思学习到的规律、趋势和关系敏捷迅速地运用到下一步骤或下一个试点之中，然后再反思学习、再敏捷运用和迭代。如此这般，领导者一步步以清醒、积极主动和百折不挠的姿态，在快速变化的复杂新环境中，在从未遇到、从未做过的事情上，采取明智、创造性和有效的决策与行动，才能够取得积极成效。

在社会环境变化快、规模大和复杂度高的组织中，仅领导者具备敏捷学习力显然是不够的，还需要将敏捷学习力打造成一种组织能力。以后有机会时我们再探讨这个部分。

同时，为了有效应对适应性挑战，领导者仅具备敏捷学习力还远不够，还需要刻意发展自己的其他底层认知与思维能力，比如兼收并蓄思维、高瞻远瞩思维。

古罗马神话中有一位叫作雅努斯（Janus）的双面神，他的头颅上长着两张冲向相反方向的脸，分别代表过去与未来、苍老与年轻、死亡与出生、忧虑与希望、黑暗与光明。

双面神的两张面庞是非常自然地连接在一起的。能够如这般同时理解、抱持并自然融合对立面的思维模式，被称为"兼收并蓄思维"（Janusian Thinking）。而整合对立面也是爱因斯

坦（Einstein）形成相对论的基础思想之一，他曾说："我一生中最快乐之时，就是设想一个物体能同时运动和静止的时候。"[1]

在组织环境下同样存在着诸多情况，需要领导者将同一时间内不同、相反、矛盾或相悖的想法整合起来，从而创造出看待并应对世界与商业挑战的全新方式，进而持续创造组织和利益相关者价值。这些情况若处理不当，领导者和组织就会陷入非此即彼、优柔寡断、难以抉择的困局中，并失去宝贵的时间窗口；或者，他们会固着于过往的经验和成功路径，做出不适

---

[1] 爱因斯坦曾设想一个场景，两个相同的物体同时从高处往下掉，在往下掉的过程中，它们既是运动的又是静止的。相对于地面，它们是运动的；而相对于彼此，它们是静止的。运动与静止在一般人的经验中是不可能同时存在的相反状态，而在爱因斯坦设计的这个场景之下，运动与静止是同时存在的。

合当前环境的决定。举例来说,需要领导者应对的充满矛盾与悖论的场景有:如何兼顾短期业绩与长期利益、如何平衡集权与分权、如何既鼓励竞争又激发协作、如何既创造张力又营造和谐氛围、如何驾驭全球化和逆全球化并存的商业环境等。

具备兼收并蓄思维的领导者深知,矛盾和悖论并不能彻底解决,但可以在一定的时间内得到管理和调和。他们会基于对现在和未来一定时间内社会和商业环境的充分扫描与评估,并基于组织发展策略,来取得对矛盾的动态平衡,既发挥矛盾体双方的优势,又规避各自不足。举例来说,我们观察到很多大型跨国企业常以 2～3 年为一个周期,不断在总部集权与地方分权之间来回切换,既是在提高对环境的适应性,也是为了保持企业的盈利与增长。

当说到第三种底层思维能力——高瞻远瞩思维时,我先来分享国际组织与领导力协会对组织变革所划分的三种类型。

1. **适应性变革:** 通过解决问题的方式管理组织当前所面对的问题与挑战,具有快速性、短期性和当下性等特征,聚焦于职能与架构、流程与制度、人才管理机制等适应性组织要素的变革。
2. **转型性变革:** 通过调整或规划组织要素之间的一致性与权变性的方式,管理组织未来所面对的问题与挑战,具有延迟性、长期性和未来性等特征,聚焦于高级领导团队，价值观与文化，使命、愿景与战略等转型性组织要素的变革。
3. **创造性变革**：通过解构社会环境与组织之间关系的方式建构不同的组织模式，具有周期性、存在性和非线性等特征，聚焦了社会环境与组织等大系统的变革。

我们能看到这种分类模式主要依据的是变革复杂度、变革时间轴长度和实施变革的目标要素。具备高瞻远瞩思维指的是领导者和组织能够同时从微观、中观和宏观，从不同高度、不同层面、不同视角判断和预测组织内外部时势的变化，设立宏大的未来愿景，确定变革类型，并制定落实更具统合性、相互渗透性，也更成熟的变革战略与战术，从而大幅提高变革的成功率。这种高瞻远瞩的过程非常具有挑战性，因为它需要平衡各方不同的利益，需要兼顾长短期目标与焦点，需要做出艰难又重大的决定，需要通过有效沟通和影响力来赢得各方共识与承诺。

"联想到我们在组织中面临的很多难解之题，要是能拥有这三种底层思维能力就相当高级了。"唐焱不禁感叹道。

就知道你会对发展这些思维能力超有兴趣。不过，这里我想先引用罗纳德·海菲兹的一句"警示"，以便我们做好发展底层认知与思维能力之前的"心理建设"——"应对适应性挑战的难处在于,要解决它们,人们需要改变的是自己"。

这是因为我们常常采用的知识、技能、技巧与工具,仅能够帮助我们知道得更多,然后在已知的稳定社会环境与组织形态之下,去更快、更好、更省地提高解决已知技术性挑战的能力和效率。而适应性挑战则要求领导者突破、升维他们固有的认知与心智模式,只有认知与心智水平发展到足够复杂、系统、战略、前瞻及互依,才有可能提高解决未知劣构问题[1]的能力和行动有效性,才有可能增强对变化与未知世界里潜在趋势、机会和威胁的敏锐性与警戒度,才有可能增强创造力、增强建构和完成高远且宏大的愿景与使命的能力。领导者突破和升维他们固有的认知与心智模式是人们常说的"突破舒适区"的一种高维版本。在过程中,领导者会经历内心情感的剧烈波动和思想认知的矛盾冲突,这也是为什么罗纳德·海菲兹提前给我们做出了"警示"。

美国创新领导力中心的学者尼克·皮特里(Nick Petrie)把上文中适用于解决技术性挑战的能力称为横向领导力,把适用于解决适应性挑战的能力称为纵向领导力,并且用"往既定大小的杯子里注入更多的水"与"首先从长宽高三个维度全面扩展杯子的容积"两个比喻来区分二者在领导力发展

---

[1] 劣构问题:难以描述问题是什么、难以确定解决问题的路径是什么、难以判断问题解决之后的结果是什么,然而仍然必须要去解决的问题。情况与之相反的被称为良构问题。

过程中所起的不同作用和所遵循的不同发展路径。爱因斯坦曾说，"我们不能用制造问题时的思考模式与意识水平来解决问题"，他所呼吁的也正是"要去发展纵向领导力"。

自 20 世纪 30 年代以来，发展心理学分支之下的自我发展（ego development）领域，也就是研究人类认知与心智模式一般发展规律的领域，吸引了大量心理学家投入其中，包括我们熟悉的让·皮亚杰（Jean Piaget）、劳伦斯·科尔伯格（Lawrence Kohlberg）、亚伯拉罕·马斯洛（Abraham Maslow）、爱利克·埃里克森（Erik Erikson）、罗伯特·凯根（Robert Kegan）等。其中有一位叫简·洛文杰(Jane Loevinger)的女士，是将研究成果引入到商业组织里加以应用的先锋人物。追随她的步伐，比尔·托伯特（Bill Torbert）、美国创新领导力中心，以及国际组织与领导力协会纷纷采用类似的研究方法和发展阶段序列划分法，研究领导者的纵向领导力发展阶段。

根据国际组织与领导力协会的研究成果，领导者个体的纵向领导力发展阶段依据认知、情感与行为的成熟度，从前期至后期分成了七个阶段，分别是投机者、遵从者、运筹者、成就者、重构者、转型者与整合者。[1]

表 6-1 对其中七个阶段的典型描述摘抄并整合于国际组织

---

[1] 2022 年该机构依据 2012—2021 年的研究数据将阶段划分扩展为九个，也就是在投机者之前增加了冲动者，在整合者之后增加了创造者。

与领导力协会、美国创新领导力中心和比尔·托伯特的公开研究和教学资料，供读者初步理解之用：

工具

表 6-1　纵向领导力发展的七个阶段

发展阶段	简要描述	主要认知和行为特点
VII. 整合者	探索世界的本质和意义	天人合一，整合视角，万物相连；拥抱各种复杂的人性，兼收并蓄；看到并联结自身与世界的光明和黑暗、秩序和混沌；关注对人类社会的长期影响、创造社会认同（身份认同、信仰认同等），领导社会性变革；打破世俗思想和行为的范式；探索自我、世界、自然、时间、空间、现实与虚幻等的本质与关系，关注人类与环境是如何时时刻刻重新定义彼此的；关注思维、情感、行动与外部世界之间相互影响、相互作用的过程；关注意识重于关注原则、行动及结果；关注追求精神世界的自由；可能脱离世俗世界。
VI. 转型者	理解并促进自我、他人、社会及世界之间的关系	具有系统意识、辩证思维，树立独特甚至具有颠覆性的市场利基和地位；强调协作与多赢，致力于在错综复杂的行业和社会网络中建立新型相互关系；撬动更大系统或多个跨域系统，进行具有创造性和转型性的变革与突破；善用多系统和长周期视角洞察趋势，运筹帷幄，顺势而为，抓住特殊的历史机遇；具备自我突破和革新能力，时常修正自己的信念、价值观、想法和行为；重视自我个性、成长、自我实现和使命召唤，内在笃定和自我掌控感强，刚柔并济，春风化雨；意识到和接纳自己与他人的光明面与阴暗面、知晓善与恶并存；勇于揭示张力，善于处理矛盾与悖论，将困境和矛盾转化为生成性体验和转型机会；可能高度追求和迷恋权力，过于自大和自我膨胀。

(续表)

发展阶段	简要描述	主要认知和行为特点
V. 重构者	以自己独特的方式理解世界	不断审视自己，跟随自己的内心，同时积极听取反馈；拥有自知之明和独立主张；富有好奇心、敏锐度、创意和想象力；敢于质疑权威，打破常规和传统；被变化、复杂性、不确定性和新的可能性吸引；寻求意义，充满希望和期待，较少规避风险；善于畅想和生动描绘愿景、重构目标与路径，并产生创新性影响；认识到每件事、每个理念都是相对的，取决于个人的背景与立场；具备同理心，包容差异和多元性；善于跨域协作、具备双赢理念；可能变得特立独行，感觉孤独；可能因质疑权威和规则等而得罪他人或受到排斥；可能因为兼顾差异性而情绪波动、优柔寡断，想得多做得少，行动力弱。
IV. 成就者	致力于实现目标和创造价值	以结果和有效性为导向；目标明确，有主见、自信、果断、雷厉风行，强调务实落地、注重交付；利用团队完成工作，强强联手；具战略意识、关注中长期目标、未雨绸缪，持续追求更大成就；从大局和长远目标出发，灵活使用各种方式与路径(白猫黑猫)；争分夺秒、多任务并行；有责任心、说到做到；愈战愈勇，斗志昂扬；可能因过度努力而失去平衡；可能看不到自己的缺点，可能不屑于放慢节奏做反思；自我加压，没有达到目标时可能会愧疚和自责；可能会抑制创新思维、缺乏对未来的想象。
III. 运筹者	注重专业和逻辑	以专业视角/科学精神看世界；尊重、相信本领域权威；注重数据、逻辑、道理、步骤等细节和局部，有工匠精神；思维清晰，业务能手、技术精通，喜欢和善于解决具体问题；追根究底，钻研精神；希望脱颖而出、好胜，对人对己均严格要求和挑剔；追求高效率，注重品质与精确，完美主义；可能因教条主义而固执己见，认为和需要自己是"对"的(总有理、"杠精"、文人相轻)；用自己的标准与想法评估和要求他人，同理心和包容性弱，对专业性不够强的人缺乏尊重；觉得没必要，也难以与他人进行人际探索、谈论个人问题和关系、披露感受和脆弱。

(续表)

发展阶段	简要描述	主要认知和行为特点
II. 遵从者	寻求归属感、认可和尊重	忠于和迎合群体、努力达到群体标准与规范，具集体荣耀感；希望融入群体和被接纳，追求归属、认可、尊重、安全，在群体中寻找自我；遵守规则、顺从，按章办事，偏好常规和重复性工作；避免内在和外在冲突，追求和谐相处；不露锋芒、随和圆融、八面玲珑，常讲套话；注重礼节和仪表仪容；可能压抑自我需求，成为其他人想看到的形象；缺少主见，难以独立决策；区分"我们"和"他们"。
I. 投机者	想方设法为自己获益	以自我为中心；以当下和短期利益为导向，善于抓住并利用运气和机会；精明，灵活机动，善于见机行事和临场发挥，善于应对紧急情况；不喜欢受规则约束，富有冒险精神；打破和利用规则；利用和操纵他人；想法简单、片面，非黑即白，看不到全貌；推卸责任，以牙还牙；认为"我要赢""成王败寇"。

需要说明的是，对发展阶段由后期至前期的次第展开，并不暗示或意味后期相较于前期一定是高明或高级的，因为每个阶段都有其独特优势，也因此适配于各种不同的环境与任务需求。比如，创业型领导者要获得早期的创业成功，必须具备和充分发挥投机者阶段的积极特征与行为，而非仅仅依靠重构者及以上阶段的高远宏大志向。再比如，大型成熟企业中的高级职业经理人的理想阶段画像是成就者，但当遇到他极其擅长且解决问题时间窗口比较短的具体专业或技术性挑战时，迅速向前期流动到运筹者则是更明智的选择。因此，真正具有威力的不是发展阶段的层级性上升，而是不同阶段的恰当组合或情境式流动与适应性。

与此同时，纵向阶段越后期，就有越多的思维及行为模式可供选择，而有了更多的选择和腾挪空间，就更有可能在VUCA时代有效应对适应性挑战。更进一步讲，团队领导者的纵向发展阶段是一个团队的发展上限和瓶颈，高级领导团队的整体纵向发展阶段是一个组织的发展上限和瓶颈。所以，去拓展和发展纵向领导力阶段，也是每一位领导者和每一个高级领导团队在团队和组织到达一定阶段或规模、在环境和业务到达一定复杂性与多变性之后，必须面临的选择。如前文所述，这些选择通常意味着令人不舒服的"突破舒适区"的决定和发展过程。

在本书第二部分的教练案例中，有多篇案例的作者提到在教练过程中运用了纵向领导力方法来支持领导者的发展与蜕变。唐焱，我也期待我们展开高管教练合作项目之后，对你的纵向领导力发展进行全方位讨论和行动，其中包括你在哪里、为什么要发展、要发展到哪里、如何发展等。比如，我会跟你一起更详细地梳理每个阶段的典型特征与行为，来具体分析测评你现在的发展阶段处于哪个位置；根据你所处的当下及未来行业、组织与业务环境，还有你自己追寻的未来人生志向和内在精神世界，一起讨论决定你需要及想要升级到更后期阶段，还是巩固和成熟现有阶段，抑或是刻意流动到某个早期阶段。到时，我们也还会更具体展开讨论，关于在每个阶段特征与行为表现背后起驱动作用的多个发展变量和适合你的发展切入口,关于组合拳式的多元发展策略与手段,关于与你的组织、业务实际场景相契合的发展行动计划等。

著名投资人张磊在他的《价值》一书中有一句金句:"凡盛衰在格局,格局大虽远亦至,格局小虽近亦阻。"纵向领导力就是一条提升领导者从锱铢必较的小格局到运筹帷幄的大格局的路径。若想要具备前文提到的可以游刃有余地应对适应性挑战的敏捷学习力,具备兼收并蓄思维和高瞻远瞩思维,领导者的格局阶段至少需要发展到重构者及转型者。

纵向领导力向你展现了发展与改变的更多可能,但如同前文中所引用的罗纳德·海菲兹的"警示",改变自己不是一条容易的道路,需要我们共同付出时间、耐心、毅力、勇气和智慧。

若你真的做出了发展与改变的选择与郑重承诺,你会体验到它是我们的世界观从简单到复杂、从现象到本质、从局部到系统、从静态到动态、从以自我为中心到以社会为中心再到以世界为中心的美妙与痛苦兼有的蜕变之旅。在旅途之中,我们与世界的关系可能从适应发展到转型,甚至再演变到创造;在旅途之中,我们会以与以往不同的内容和形式影响甚至改变着世界,会为这个世界留下不同的东西。这些,正是纵向领导力的迷人之处。

未选择的路（节选）

罗伯特·弗罗斯特（Robert Frost）

一片树林里分出两条路，

而我选了人迹更少的一条，

从此决定了我一生的道路。[1]

谈了这么多，唐焱，我们再一起回顾下第一部分涉及的六章内容吧。

1. 高管教练：独家尊享与量体裁衣式的领导力发展过程

2. 高管教练：脚踏实地与远望星空相交融的领导力发展方法

　　a) 舞池与阳台

3. 高管教练：古今中西合璧又成长空间广阔的领导力发展领域

　　a) 教练行业的发展简介

　　b) 高管教练的定义

4. 高管教练：安全温暖支持与宽广深邃挑战并存的领导力发展空间

---

[1]《外国诗 2》，顾子欣译，北京：外国文学出版社，1984。

a) 高管教练空间的不同特质

   b) 高管教练的多重角色

5. 高管教练：领导者自我当责与全系统高价值的领导力发展机制

   a) 领导者的自我驱动与当责

   b) 高管教练的价值体现

6. 高管教练：从非此即彼到兼收并蓄，从锱铢必较到运筹帷幄的领导力发展路径

   a) 三项底层思维能力

   b) 纵向领导力

"从回顾中，我看到了高管教练在领导者发展领导力的方方面面所可以发挥的重要价值（why）、它到底是怎么一回事(what)，以及所使用的一些具体方法和理念（how）。"唐焱用高效领导者所普遍认同的思维框架，简洁又精准地总结道，"同时，我还注意到，你作为一名高管教练，是理性与感性相交织、高远与务实相融合的教练风格。"

谢谢你的鼓励呢。那么，你还有更多的好奇心通过阅读后续26篇高管教练实践案例，以及边阅读边主动打破第四面墙来躬身入局，学习、思考和实践高管教练这件事吗？

"必须有呀！迫不及待啦！"唐焱兴奋地回应道。

作者简介

吴雁燕

超过35年跨职能、跨行业工作经验，终身工作与终身学习的倡导者和实践者。

MBA，国际教练联盟认证大师级教练，马歇尔·戈德史密斯教练流程认证高管教练。

国内富于使命感、具有丰富实战经验和专业资质、备受客户认可的中英文双语头部高管教练，高管团队教练、高管教练导师。

十多年来专注于服务众多本土企业和知名跨国公司的亚太区、中国区高管与高管团队，并获得客户长期一致的认可与尊重。客户公司横跨医药、金融、化工、消费品、工业品、高科技、互联网、专业服务、汽车、房地产及传媒等行业。

50大管理思想家榜单"全球领先教练奖"2019年获奖者。

著有《教练我！你的个人董事会：来自世界上伟大教练们的领导力建议》(*Coach Me! Your Personal Board of Directors: Leadership Advice from the World's Greatest Coaches*)（合著）、《战略性变革：领导力致胜》（合著）。

联系作者：13916007939

第二部分

高管教练实践

导　读

文 / 胡丝雯

　　本书的第一部分为你讲述了何为高管教练。接下来，我们将为你展示高管教练根据自己的真实经历改写的实践案例，共计 26 篇。为了帮助你更好地阅读，我们将所有案例分成了以下三类。

第一类：个体领导力教练

　　高处不胜寒，一个"高"字道尽了高管的不易和艰难。在企业里，他们身居要职、责任重大；同时作为普通人，他们也有自己的盲点和欲求，而且常常会找不到合适的排解方法。盲点有时候会变成困局，欲求又让他们不能自已。所以真实场景里的高管非常需要教练的支持、陪伴和挑战。其中：

《突破舒适区，勇敢向前向上》《领导力的"版本升级"》《领导者的温度》《内外兼修的觉醒之旅》《自信的光芒》等案例，讲述的都是高管个人如何突破思维和格局上的限制，从而更上一层楼的。

《寻找人生下半场的意义》《艰难时刻，优雅前行》等案例描绘的则是进入中年期的高管如何重新审视自己和职业生涯，适当做出调整，然后内心笃定地继续前行。其他案例也都精彩纷呈，在此就不一一"剧透"了。

有意思的是，教练对话空间里的高管不再仅仅是那个成就导向、只看结果的人，也不再像平常经常展现的那般挑剔和傲慢了。当他们卸下防御的面具，能够坦然面对内在真实自我的时候，就已不再仅仅是高管这个头衔所赋予的角色定位，而是一个个真实绽放的生命。

第二类：团队领导力教练

高管教练的内容，除了高管本人，时常涉及的还有其周围的人（包括家人和团队）。仔细观察并解构高管和周围人的关系时，我们会发现很多高管和团队的现实障碍、没被充分运用的资源，甚至那些被掩盖了的真相。而教练就是那个最不害怕去披露"皇帝的新衣"的吹哨人。

《爱上双人舞》写的是一个家族企业里夫妻创始人彼此

"看见"和定位的故事；

《唤醒初心，再次"点燃"创始团队》讲的是通过让团队照见使命初心，而重新点燃并激发团队的效能；

《居安思危，以战养兵》描述的是团队看见并厘清当前面临的混沌，从而做出转变，朝着高绩效团队进发……

越来越多的组织慢慢开始采用一对一高管教练和团队教练的组合模式，为自己打造并发展高绩效团队。

第三类：组织领导力教练

伴随着一对一教练和团队教练引入组织的还有教练文化。本质上，那是一种在组织内培养起来的对人的尊重——组织成员是人，而不是机器。当组织不再把人作为工具或手段的时候，组织效能就有了持续发展的空间。

《解决事，看见人》描述的正是教练文化在组织中实际应用的真实场景；

《CEO的真相》《组织变革中的蓝色交响曲》讲述的是教练如何巧妙地通过影响高管的思维、格局来同时影响组织的；

有时候客户往往希望教练身兼顾问的角色，《走出混沌，共创未来》《家族民企变革之旅》《企业变革干预的阴阳之道》描述的都是如何将教练技术与顾问服务相融合，通过组合拳的多重功能来满足客户需求的案例。总之，高管教练正逐步融合管理学（组织发展、领导力发展等）和心理学（个体发展理论、团体动力学等）等专业理论和实践，为组织的健康乃至基业长青提供多元、灵活、高效的支持或干预。

如何用好这一部分内容

首先，为了让你有一些教练实践的真实体验，我们在每一篇案例末尾都列举了数个适合自我教练的问题。你可以在阅读完一篇案例后稍作停顿，按照作者自序里的建议，就像从观众的角度打破第四面墙，思考并回答：

1. 如果你是案例中的教练对象（高管），你的感受是什么？
2. 这个案例让你学到了什么？
3. 在回答文末那几个自我教练的问题时，你又获得了哪些新的自我了解？

其次，每篇案例的作者也都分享了自己的教练洞见、教练策略和用到的教练工具，以尽可能地帮助你了解教练是如何起作用的。

一场美妙的教练活动中，客户不仅有被深深理解和被看见的触动，更有被无条件接纳和懂得的感动。亲爱的读者，我们期待你在阅读的同时，也能感受到这样一份独特和美好！

注：为遵守教练行业的职业道德操守，尤其是保密原则，本书中的所有教练案例均已"脱敏"处理。有的是改写了领导者和组织的名称、行业、所在地，有的是改编了教练内容，还有的是整合串写了多个案例。我们希望这些脱敏处理并不影响你感知真实世界中高管教练的丰富多彩和趣味性。

07

突破舒适区，勇敢向前向上

文/鲁 芳

不求完美，只求完成。

——谢丽尔·桑德伯格（Sheryl Sandberg），
脸谱网（Facebook）董事会第一位女性董事

无论男女都值得拥有独立而完整的人格，也都需要自我实现，这是生理与心理、事业与情感、物质与精神的积累过程，需要慢慢地成长起来。如同一棵树，从一粒种子开始，渐渐拥有发达的根、茁壮的干、茂盛的枝叶、累累的果实。春夏秋冬中，它有不同的姿态；百年岁月里，它有不同的承载，但成长是它永恒的追求。

成长的机遇

G集团公司（以下简称"G公司"）是一家总部位于欧洲的私人控股公司，名列福布斯全球品牌价值百强榜。最近三年，由于受到新冠疫情的影响，G公司全球很多员工不得不实施远程办公，员工正在经历一种新的工作状态——减少了面对面接触，增加了更多在线会议和远程工作，这对组织和团队来说是一个新的挑战。在此背景下，集团公司希望借助教练为管理者创造一个安全的心理空间，帮助管理者转变思维方式，建立新的行为，并以此支持他们的个人成长和领导力发展。2021年，G公司在全球范围内选拔了25位领导者参与一对一教练项目，期望利用教练方式，最大化地支持他们想要达到的目标。

琳达是25位参与教练项目的领导者之一，她是G集团亚太子公司的一位女性高管。在选择符合自己需求的教练的环节，琳达最终选择了我作为她的教练。由于我在中国，而琳达在海外，所以我们在六个月的教练期间通过远程视频的方式进行了12次一对一教练。

第一次会谈里，我好奇地问琳达为什么选择我。她莞尔一笑，回答说："因为我觉得你的职业经历与我既有相似之处，又有不同的地方，我们又同是女性，感觉你的职业经历和教练经验能够支持到我，看见你显露出来的既亲和又自信坚定的状态也吸引了我。而我现在正面临着一个重要的职业发展选择，需要他人的支持。"

在第一次会谈中，琳达向我介绍了她自己的情况：45岁，进G公司才两年多时间，现在主要负责亚太区销售战略的支持及本国销售战略企划和支持的工作。在进入G公司之前，她在其他公司已经有20年的市场营销经验了，因为希望能在一个更大的全球性公司进一步发展，所以两年前她选择了G公司。琳达有两个小孩，一个14岁男孩，一个11岁女孩，她在工作和生活中努力维持着平衡。这个教练项目是其主动报名申请的，因为现在她面临着职业发展的一个重要选择，正处于犹豫纠结的状态中，希望通过教练能帮助和启发自己做出选择。我问她："对教练成果的期待是什么？"她说："我在做出选择的时候感到不再犹豫并有信心的话，就达到了期待。"

"破土"前的困扰

在第二次教练会谈中，琳达详谈了面临的问题和选择。公司最近有内部职位开放给员工，其中有一个职位是渠道销售总监，她心动了想去应聘。但是她很犹豫，困扰她的有三个原因：第一，她有市场营销的丰富经验，但是没有销售的经验，凭借现有的经验，她担心不能被选上；第二，她刚进公司才两年，如果被选中的话，就要去带领一个不熟悉的部门团队，自己又不熟悉销售业务，怕不能带好销售团队；第三，她家里有两个孩子，负责新业务和管理新团队势必会占用更多的时间和精力，怕难以平衡好工作和生活。

我静静地倾听琳达的描述，虽然隔着屏幕，但我仍然给我一种"事业型女性领导者"的感觉。表面看起来，她带来的是当前面临的职业发展道路的选择问题，背后我"听见"的是面对是否要踏出自己的工作"舒适区"，勇敢向前一步拓展新的发展领域和能力边界时，能否找到自信心的问题。我们确立了开始的教练合约是帮助她增强信心，从而做出选择。

围绕这个合约，我设计了教练的策略，即从不同的视角出发，启发琳达放开纠结和犹豫的心态，突破那三个困扰的问题。教练过程分别从三个不同的维度——根据时间轴的未来愿景、现在已有的优势、他人的反馈，让琳达打开思路。第一步，看见她内心真正想要实现的目标；第二步，清晰她的优势所在；第三步，从周围人那里获得反馈和支持的能量资源。这样一步步帮助她充满信心地主动选择内心想要的。

自信地"播种"

第二次会谈，我问琳达："什么是你职业上向往的未来模样？"她沉思了一下说："我希望自己能从45岁一直工作到65岁，能在大型跨国公司中担任重要的职位，作为女性发挥更大的影响力。"我很好奇地问她:"为什么你想要一直工作到65岁呢?"她说:"工作能给我带来成就感和充实感,让我不断地学习和成长,实现自己的价值。男性领导者可以工作到65岁,我想女性一样可以啊。""那65岁以后呢?"我继续追问。她说:"退休以后,我想继续做些能对别人产生积极影响的事情,不过具体做啥现在还没想好。""那么,假如这次你没有做这个选择,当你65岁退休时回顾这段经历时,你会感觉后悔吗?"我把话题拉回到那个让她纠结的问题上。她想了想,点头答道:"我想会的!我之前的工作一直在市场营销和销售战略支持方面,我想尝试和挑战自己在销售业务领域的发展,这会在公司中发挥更大的影响力。"这次会谈让琳达看清楚了她在事业上的梦想和抱负,从她的话语中,我"听见"了她不满足于现状、在事业上不断向前发展的那份内心的渴望和驱动力。

"那你觉得自己有什么优势可以支持你去实现自己的抱负、迎接新的挑战呢?"在第三次会谈时我问她。她显得对自己的优势有些模糊和不自信。于是,我借助她的优势测评报告,与她一起探讨了她的优势。通过两次深入的讨论,她欣喜地发现了自己明显的优势和潜在的优势,比如"具备同理心、鼓励和认可他人的能力、压力管理能力、解决问题能力、战略规划能力"都是她比较明显的优势,这让她对将要做的选择有了更大的信心。

看她清晰自己的优势之后，我进一步扩展地问："那么，如果你把想做的选择分享给身边人的话，他们将会给你什么样的反馈意见呢？""是啊，我一直自己在想，怎么就没想到去听一听身边人的意见呢。"会谈结束后，她主动去询问了身边的同事、上司和家人的意见，他们都给了她支持鼓励的反馈，这令她对将做的决定更有信心了。

"还有一个问题，你提到过新工作可能会占用较多的时间精力，你打算如何照顾好家庭和孩子呢？"我禁不住问。"其实，结婚生小孩后我就没有放弃过工作，开始时确实很烦恼很辛苦，后来慢慢摸索出自己的方法，一点一点地克服困难，比如尽量减少晚上加班的时间，周末不加班，陪家人时不三心二意。十多年来，孩子已经习惯了我这个爱工作的妈妈，可能受我的影响吧，他们也都养成了自主管理的生活习惯。还有，我喜欢做家务。在做家务的时候，我可以忘却工作上的事放松下来，有时候还会给我带来一些意想不到的灵感。而且，因为疫情，现在允许在家办公，这省去了上班路上的时间，让我可以有更多的时间与家人待在一起。虽然还是有点儿担心，但工作和生活都要做到尽善尽美不太现实，'完成比完美更重要'，船到桥头自然直，过去可以应付，未来也可以想办法吧。"她用比较平静的口吻谈论着这个话题，我仍然从她的话语中体会到了女性管理者在兼顾事业和家庭生活过程中背后付出的艰辛和加倍的努力。

坚定地"扎根"

经过四次教练会谈后，琳达已经下定决心并自信地主动应聘销售总监的新职位了，初步的教练合约目标已经达到。5月她被选中，被任命为渠道销售总监。

没料到到任初期，琳达就遇到了巨大的挑战：有很多新的东西需要学习了解，受疫情影响，线下渠道商的销售量下降明显、团队业绩完成不理想、团队士气低落等。而她本人的时间非常紧张，一头扎进工作堆里，有很多事要做，忙不过来，她感到紧张和疲惫。在接下来的教练中，她提出了新的话题：自己如何成为一个强有力的领导者，带领新的部门团队完成业绩。经过讨论，我们进一步聚焦下一个教练目标：清晰认知她在新职位上的领导者角色，帮助她更快地适应新职位。

针对她的目标和挑战问题，我制定了下一个教练策略：创造一个让她从忙碌的事务中抽离出来安静思考的空间。在这个空间里，让她登上"阳台"，陪她一起探讨和澄清对新职位角色的认知，引发她的自我觉察，进而产生思维和行为的改变。

在接下来的教练会谈中，我首先表达了对她身上呈现出来的那份敬业精神和责任心的看见与欣赏，并且表达了对她处境的同理心。"我也曾有过和你相似的经历，从完全不懂销售业务到被提拔为全国销售总负责人的经历，那时的我感到很焦虑急躁，最初的那段时间确实不好过呢。"听我这样说，她渐渐放松下来，露出了笑容问我："那你是怎么过来的呢？""还记得你曾跟我说过'完成比完美更重要'吗？我让自己从忙碌中稍稍抽离出来，安静下来，然后看见了我的完美主义让自己身心疲倦，看不清新角色的定位。那么，你想从忙碌中跳出来看看吗？"她点了点头接受了邀请。

在之后的教练过程里，我采用了逻辑层次工具（如图7-1），探索了她作为领导者的愿景和价值观，以及她的领导者观点。我向琳达提出了一系列教练问题让她思考：

"在这个新职位上，你想要成为什么样的领导者？"

"你看重和在乎的是什么？"

"你想要给团队创造的价值是什么？"

"你想要给团队和周围人带来什么影响？"

我们充分探讨了这些问题，琳达清楚了她想要在新职位上展现的领导者状态和发挥的领导力风格：她想成为下属易接近、能够激发下属潜能一起制定战略、能支持下属职业发展的领导者。琳达想创建的"强"团队是这样的：团队成员不仅要做好各自分内的工作，还要能够互相帮助、互相学习，拧成一股绳去实现目标。她希望看见团队中每个人都拥有自己的职业发展计划，每天充满生气和意义地工作。

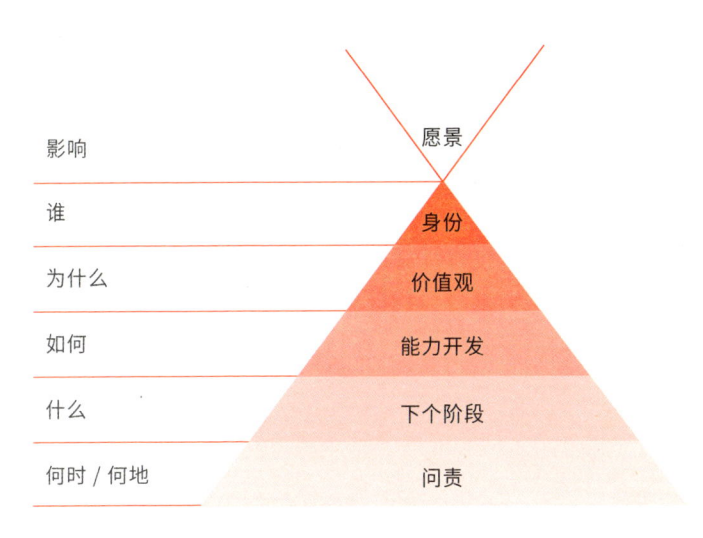

影响	愿景
谁	身份
为什么	价值观
如何	能力开发
什么	下个阶段
何时/何地	问责

图 7-1 逻辑层次工具

明晰角色定位之后，结合琳达的优势测评报告，我们又一起探讨哪些优势可以进一步扩展和最大化地发挥在新的工作中。比如她有善于鼓励成员参与、善于协调各方朝着同一目标努力、富有同理心、擅长认可他人、善于压力管理和解决问题等优势，她意识到充分发挥这些优势可以支持她在新岗位上发挥更大的作用。同时，琳达也明确了未来想要重点提升的几项能力，并确定了相应的行动计划。比如多聆听和收集不同利益相关者的声音，与团队一起制订战略规划，更直接地给团队成员积极反馈和发展性反馈，鼓励成员勇于尝试新方法，等等。

成就卓越

蜕变与未来畅想

六个月教练结束的时候,琳达发生了一些可喜的变化:

第一,琳达已经开始突破原来具有的"专家和管理者"思维方式的局限,从"领导者"更高更广阔的视角看待目前的问题,从中找到她的价值发挥点。

第二,在心理上,琳达从开始的紧张不安和不自信,逐渐显现出了对自己渴望目标的坚定、对新职位的自信心和对变化的适应性。

第三,在领导力风格上,琳达能够更加直接地把自己的想法反馈给团队成员,帮助他们成长,还能积极听取多方利益相关者的想法意见。而且,虽受疫情的影响,但她带领的团队的销售业绩比上一年同期实现了增长。

最后一次会谈结束时,琳达欣喜地跟我说,她已经想好65岁以后要做什么了。"我想要退休以后,把自己在职业经历中积累的心得分享给更多在职场中奋斗的女性,鼓励她们勇敢向前踏出'舒适区',敢于去实现自己渴望的梦想。"我从她的眼神中看见了那份坚韧和自信笃定的光芒。

教练洞见

我在高管领导力发展教练项目中,遇到过很多出色的女性管理者。相比男性管理者，女性管理者具有一些独特的优势：她们有天然的亲和力，在管理工作中，更强调关系的和谐，更顾及员工的感受；沟通能力更强；更注重关怀与信任、沟通与激励，强调团队的积极参与和合作；善于倾听，柔性和韧性强，决策时会更加慎重。这些优势都形成了独特的女性领导风格和领导艺术，并能够帮助她们在职业生涯发展中取得成功。

但是，相比男性，女性在公司中担任高级管理者的人数很少也是一个事实。有哪些原因可能阻碍女性管理者的向上发展呢？据某些调研的结果看，有的是来自根深蒂固的性别偏见，比如认为女性缺乏权威和自信，做决策优柔寡断；有的是因为工作和家庭生活难以平衡，女性在两者中无法兼顾疲于奔命，得不到家庭的支持和理解，有的女性为此牺牲了婚姻来追求事业。尽管面临着种种阻碍，我仍然看到一些女性管理者具有主动学习和成长的渴望，她们鼓起勇气，主动举手，为自己的发展积极争取机会，不断突破"天花板"，充分发挥女性独特的领导力优势，绽放出魅力和光芒。就像本案例中的琳达那样，她突破了自己内心的困扰和限制，勇敢地向前追求事业梦想。

此外，女性领导者可以积极主动地去寻求周围人的反馈，从不同视角帮助自己不断地提升。并且，她们可以拓展更广的视角，更多地关注利益相关者，与他们建立广泛稳固的人际网络，在职场中找到支持自己的资源同样非常重要。与此同时，

成就卓越

企业也可以考虑为管理者提供像高管教练那样的支持资源来助力她们的成长。

自我教练

衷心希望有更多的女性管理者在面对事业上的挑战和机会时,可以持有更开放、更勇敢的心态。在做出重要选择和决定的时候,不妨尝试思考以下这些问题来清晰自己内在的声音,帮助自己做出选择。

❶ 我想成为怎样的领导者、怎样的人?

❷ 我想为家庭、团队、组织和社会带来什么影响,创造什么价值?

❸ 作为一名女性领导者,我的长期职业规划是什么?

❹ 作为一名女性领导者,我个人的优势是什么?

❺ 作为一名女性领导者,我如何最大化地利用优势在组织中展现独特的价值?

❻ 在我的周围,我可以寻求哪些利益相关者的支持和帮助?

❼ 面临困境和选择时,除了内部资源,我是否还可以找教练来聊一聊?

作者简介

鲁芳，高管教练、团队教练、领导力发展顾问和资深讲师，国际教练联盟认证专业级教练，教练辅导导师（Mentor Coach）。

拥有在世界500强跨国企业、中外合资及中资企业的不同行业领域20多年的高级管理工作经验。曾在国际贸易、高科技制造、消费电子、医疗器械等多元化领域担任过经营战略企划、企业对个人（B2C）事业部全国销售总负责人、企业对企业（B2B）事业部全国市场营销和品牌管理的总负责人，并且拥有外资企业管理咨询公司专职高管教练及项目管理的丰富经验。

教练风格亲和信任，刚柔并济，系统整合。聚焦于高管、团队和组织的领导力发展，擅长帮助领导者和团队跨越从"知道"（心智格局提升）到"做到"（行为结果转变）的转化，注重打造组织系统的软实力。已经为超过60家客户提供领导力发展的教练服务。客户行业跨度广，包括咨询、先进制造业、汽车、医疗、金融、能源、电子、互联网、机械工程、消费品零售、奢侈品、对外贸易等多个领域。

联系方式：lufangsh12@163.com

08

领导力的"版本升级"

文 / 刘 新

如果你想要造一艘船,不要把人聚在一起收集木头,也不要给他们分派任务和工作,只要教他们对海洋无边无际的浩瀚充满渴望就好了。

——安东尼·德·圣埃克苏佩里(Antoine de Saint-Exupéry)

孔子云:三十而立,四十而不惑,五十而知天命。人的认知和修养是个循序跃升的过程,领导力何尝不是?

大半年的高管教练结束了,杰克总结说:"我特别高兴,这半年里我们一起跑了很长一段路,实际上是跑出了一个大圆,从系统思维到自我反省,从关注事到关注人……我觉得自己对领导力的认知升级到了全新版本。"

什么是领导力升级了版本?大半年的时间,杰克到底经历了什么？他的老版本里装着什么？新版本升级了哪些内容？我们一起来听听杰克的故事。

踌躇满志的总经理

杰克是一家大型设备企业的南方区总经理，刚上任几个月，总部的人力资源部门便针对几名重要的新晋领导者统一安排引入了教练，支持高管的领导力提升。在见杰克之前，我做了一些背景了解，他之前在南方的一个大省做总经理，由于成绩卓越，表现突出，被公司提拔为南方区的总经理，管理大概400亿人民币的业务。杰克工作细致、责任心强，是一名技术和业务能力都很突出的领导。

第一次见面，我等了杰克一会儿，他明显在两个会议中切换、抽身，同时还有人在走廊里等着向他汇报工作。他精神头很好，微笑着跟我解释说："好多人等我，我是最忙的！"我有点儿挑战地说："您是最忙的，怎么会是这样？"他怔了一下，调侃地说："对啊，我为啥是最忙的？应该团队忙才是！"

通过综合各方面的反馈，大家希望杰克在新的岗位上从三方面提升领导力：第一，从基层的成功实践中向前一步，转向注重从战略方向上统一思想，寻求集体共识，实现更有影响力的管理；第二，从大局入手，善于授权，赋能团队，支持团队成长；第三，在更加透明、开放的VUCA时代，勇于在不确定中汲取集体智慧，营造创新、有活力的文化氛围。

在杰克、我和集团总裁及人力资源主管四方会谈的会议上，杰克态度积极，表示收到了各方面的提示和期许，愉快地接受了教练辅导。我能感觉出他一方面谦逊务实，思想开放，具有成长思维，对教练式的陪伴很感兴趣；另一方面，他刚刚进入新角色，正踌躇满志，信心十足。

冲在一线的总经理

在开始的几次教练会谈中，我们的话题从公司愿景、战略入手，细致探索了杰克与管理团队的关系和工作方式，以及杰克在管理和激励下属方面的问题；从战略分解的角度看组织架构的设计、流程等。

杰克对在新的领导岗位上需要更加高瞻远瞩、赋能团队及开放创新等观点都比较认可。但对如何"做到"有些困惑，或者说没有找到感觉。他时而强调"我比较务实"，常常将教练对话落脚到具体的事情上，比如质量控制的流程需要梳理、疫情形势下行业冲击比较大、营销团队的打法要创新等。因此从教练策略上，我选择了"借事修人"。

疫情对业务的影响确实很大，眼看一个季度过去，接下来的时光也在焦虑中慢慢消逝。这期间，我和杰克有一次对话：

"除了疫情因素，你觉得当前最大的挑战是什么？"

"在当前的特殊形势下，公司的市场、销售必须转型、创新，但整个团队上上下下没人愿意创新，好像只有我一个人在琢磨怎么突破？"

"只有你一个人在琢磨怎么突破？"

"是的，怎么能让一线团队，尤其是市场和销售部门更愿意创新，更愿意改变呢？"

杰克不容我再问，自己有了决定："我要去一线带一带，我盯着他们做好第一个！"

杰克的口头禅是"我给他们打个样"，他以身先士卒为傲，对自己、对下属要求都非常高，有时候会流露出"不屑"讨论和商量，凡事不如自己亲自去干的心绪。有困难的事情他去处理，有阻碍的流程他带头去打通，然后交给负责的部门。他仿佛处处要做一个成功示范。

于是杰克冲到了市场销售的第一线，直接和一线的市场团队一起工作，给他们出了好多主意。指挥一线团队转变思维，从网络、抖音、视频营销的角度，创新、开拓，尝试新思路，甚至亲自请网红来项目做直播，着实忙活了一阵子。

受伤恼怒的总经理

或许是行业的特殊性，或许是市场的培育需要一个过程，总经理冲到一线直接操作市场创新虽然起了一定的作用，但不能很快带来实质性变化，总经理也不可能长时间陷在具体的销售岗位上，最终杰克有点悻悻然地回归了事业部。

在一次教练会谈中他特别受伤地说道，自己这么投入到一线，收效甚微，让一线的队伍干什么，他们就只会干什么，特别被动。最让他伤心的是，居然有一线员工反馈说这些努力没什么用，总经理来也没有办法云云。

杰克又气又恼："你能想象吗？一线团队都束手无策，准备躺平等着疫情过去，还说总经理来了也没办法。我不是去启发一下团队吗？这是谁的职责？真正的业绩还得他们自己干啊！"

我笑着说："你好像从一名拯救者变成受害者。"

"什么是拯救者？"杰克好奇地问。

我和杰克分享了卡普曼戏剧三角模型——作为总经理的杰克一开始扮演了拯救者的角色，冲到第一线直接指手画脚，员

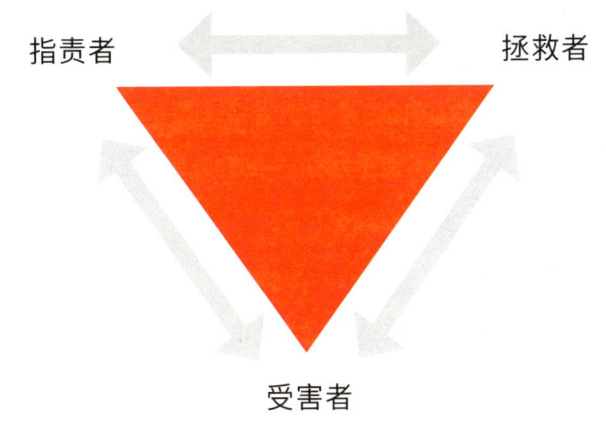

图 8-1 卡普曼戏剧三角模型

工能怎么办？最好的办法是配合领导扮演"无能为力"的受害者。当团队真的不给力、躺平的时候，杰克就转成了指责者，对一线员工一通抱怨，批评他们没有创新意识、不愿意变化，等等；最后，当听到员工反馈说总经理来了也没有办法时，他就妥妥地变成受害者，搞得自己非常郁闷。

杰克明白了自己充当拯救者是在告诉下属"你们不行"，这恰恰忽视了员工的创造力。而且跨级指挥本身就是管理大忌，带来的不良影响不仅是销售团队局部，在南方区事业部整个管理层都有议论。

"那我应该怎么办呢？我不能也像他们一样等着啊？"

我问他："杰克，回到你扮演拯救者时的初心，你真正想要的是什么？"

"我希望看到团队能积极行动起来，打破常规，创造性地应对困境，解决问题。"

"你再看看这个赢者三角形，假如，你不是总经理，而是站在教练的角色会怎么做？"

"我是教练？就不能上场了。我会鼓励他们，转换视角，多思考，多尝试，我们要赢啊！"

"还有什么？"

"我会启发他们，面对困境，还能做些什么？还有什么资源可用？需要什么跟公司提出来。"

"还有什么？"我继续追问他。

"我会给他们打气,相信他们有能力、有水平,实际上我们这个团队实力是很强的。"

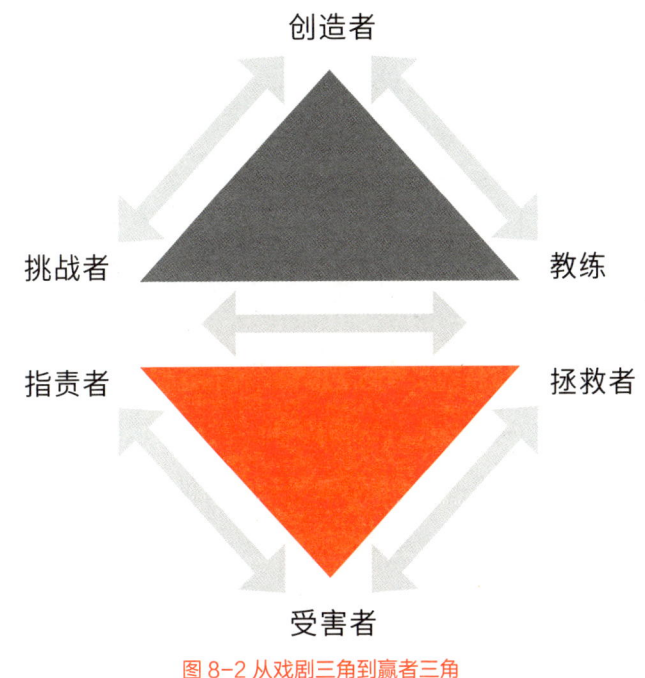

创造者

挑战者　　　　　　　　　　　教练

指责者　　　　　　　　　　　拯救者

受害者

图 8-2 从戏剧三角到赢者三角

"杰克,假如现在你就是一名教练式总经理,工作方式会有什么不同吗?"

"我会探究团队内在的动力,让他们发自内心地愿意做,自己给自己定任务。我可以提出更具挑战的目标激发一下团队,在公司层面提供人、财、物支持。噢,我明白了……"

经历这个过程后,杰克积极反思并且行动起来,学习启发式提问，尝试赋能式沟通，让下属给他提要求，他则负责提供资源，不再是亲力亲为地专注在事情操作细节上，真正改变了工作方式。

教练式总经理

经过几个月的练习，杰克发生了非同寻常的变化，有几次的会谈我们都是在交流如何用教练的方法去提问，去赋能团队，去激发潜力。当杰克认识到教练方式的突破性及根本性的好处后，就成了特别积极的实践者。他在这期间的深度思考和觉察力变化也可以从他的分享中略见一二：

"这种启发式提问真的有效果，今天和一位分公司总经理交流后，他描绘了未来的布局和畅想，给自己定了一个比较高的目标，特别有斗志，也很有创造力！"

"今天有一个把天儿聊死的尴尬体验，不是所有人都能用畅想愿景来激发热情的，我想是不是跟对方强调危机意识，打开沟通边界对他更合适？"

"今天和一位下属交谈，他比较被动，不跟着提问走，感觉是一种'不犯错就好'的状态，他可能在担心什么呢？"

"要和团队达成深层次的共识，需要更透彻的沟通，这方面是我的弱项，我们在一起就是解决事，以前绩效面谈也就每人 20 分钟，我现在和团队形成了定期交流，每次一小时。"

…………

杰克的教练实践不仅体现在个人的对话和赋能上，也延伸到内部会议中，尤其是他到分公司视察的会议，从听汇报、做指导，改成了"共创"。甚至搭了"GROW"模型框架来开会——让团队畅想目标（Goal Setting），然后分析现状并找到真实问题（Reality Check），作为总经理不急于下结论、给指导意见，而是推动团队想办法（Options），最后大家一起收回来，落实最可行的行动方案（Way Forward）。

看到杰克的不断变化，听他津津乐道讲述激发团队的故事，我给杰克分享了系统性团队教练理论创始人彼得·霍金斯（Peter Hawkins）在系统性团队教练里提到的共享领导力的四个发展阶段：从团队管理者到团队领导者，再到团队协调者，最后成为团队教练，聚焦于团队的发展和成长。

图 8-3 彼得·霍金斯系统性团队教练之"共享领导力"的四个发展阶段

杰克深有感触地说:"回想起来,我们的教练过程走过了三个阶段:第一个阶段从愿景共识的期待入手,你想引导我多深入探讨如何用愿景激发组织和个人的积极性,而我习惯性地关注事情,你也拉不动我,就一起把战略地图和流程问题探讨了一下,也是很有收获的,让我站在事业部的层面对组织系统有了整体认识;第二阶段,你始终在启发我,终于从管理流程转到人的创造力,开始琢磨怎么赋能、激发个人潜能,我开始对人的表现和潜能越来越感兴趣;第三个阶段,咱们就像站在更高的阳台上,从高处看事、看人、看系统,关于领导力的全局观更清晰了。我相信企业发展的本源是人,作为成熟的领导者,要把精力放在事上,更要放在人上,辅导团队和个人成长。

"我特别高兴,这半年里我们一起跑了很长一段路,实际上是跑出了一个大圆,从系统思维到自我反省,从关注事到关注人。每名领导都有成功经验,如果没有新的'冲击'和'不适'发生,改变很难开始。

"为什么要跑一个大圆?好像不跑这么一大圈,我还理解不了这么深,这是一个丰富的体验过程,我觉得自己对领导力的认知升级到了全新版本。"

我心有感触,仍希望杰克明确说出来:"你体会到的新版本核心是什么?"

"核心是颠覆成功经验,放下控制!过去的成功是以事为主，身先士卒，带领团队完成绩效指标，我必须成功，总担心把事情做砸了；现在意识到事情是做不完的，成就也不是我一个人的，干大事业要靠团队，要发挥整体的智慧和力量，要在共同的愿景下激发团队所有人的动力和创造性，这样才能在更加复杂的情境中生存、发展，创造价值，这才是真正的领导力。"

教练洞见

杰克是一位责任心和意志力都较强的领导者，完成企业绩效指标是他时刻盯着的任务，作为区域总经理，他过去完成目标的方式是追求完美地控制流程，亲力亲为地把握细节，勤勤恳恳地工作，用这些呈现自己的领导价值。

"全景领导力"（The Leadership Circle）研究表明，大部分领导者的习惯是"反应性"模式，以解决问题为导向，被恐惧所驱动。他们有的人渴望卓越的结果而牢牢抓住每一件事，靠专断和控制而取得成就；有的人有较强的明辨思维，特立独行，傲慢挑剔，激发不了团队；有的人过于妥协和取悦，虽然赢得团队认可，但业绩平平。在过去的时间里，很多人因"反应性"模式受益，从而到达今天的位置。

面对更加震荡、不确定的环境和极具挑战的新商业场景，"反应性"模式显然无法持续产生理想的效用，甚至已经成为明显的反作用力。就像杰克谈到的"不犯错就好"的态度,忽视团队能力和潜能的领导行为,以及他自己习惯的"我盯着他们做好第一个"的做法。这些都是过去成功的经验,但显然导致了新的"冲突"和"失调"。领导力就像管理者的内在"操作系统",也需要适时地"版本升级"。

从"反应性"模式转向"创造性"模式是大部分领导者最关键、最困难的一步跨越。领导者从内向外地重构自我,让愿景激发热情,让战略指导方向,通过和所有利益相关者的沟通、结盟、协作,让组织潜能爆发。只有当我们以创造性心智投入到工作和生活中,这种自主导向、富有远见、真实和勇敢的创造性领导力才会出现。

自我教练

如下几个问题,请领导者进一步思考:

❶ 我过去的成功经验有哪些已经成为现在的障碍?

❷ 如果我的内心有恐惧之声,它在"说"些什么?

❸ 什么值得我和团队付出满腔热情?

❹ 如果我的领导力也需要升级,我思考和创造的心智模式要发生怎样的变化?

作者简介

刘新，国际教练联盟认证专业级教练、全景领导力认证教练、高管教练、团队教练、态马商战讲师。

20年世界500强外企业务管理经验，深刻理解和熟悉组织系统与企业运营。秉持开放、积极和慈悲的价值观，以成为领导者思维伙伴为教练信念。

结合商战教学和教练实践，专注高管和团队商业实力和领导力的提升；通过战略共创、组织变革、全景领导力、团队文化，以及教练式销售为主题的教练活动服务企业，与客户一起积极创造经济价值和社会价值。

客户行业跨度广泛，包括通信、互联网、汽车、金融、保险、医疗、商学院、跨境电商、新科技、认证和传统制造等多个领域。

联系作者：13701121402

09

领导者的温度

文 / 郑展望

> 改变一个成年人的思维范式和行为是一个非常巨大的工程,就像让江河改道。教练比较容易做到的是让其看见其以往不容易看到的东西,新的认知(啊哈!)是推动可能之改变的前提和动力。
>
> ——郑展望的教练笔记

谁是霍根

跟克里斯的教练项目从一开始就不太顺利。

第一次面对面辅导前,教练公司给克里斯安排了一次霍根自我测评[1],报告出来后,测评老师梅为克里斯做了一次专业解

---

[1] 霍根自我测评:由罗伯特·霍根(Robert Hogan)博士于二十世纪七八十年代发展出的一套专业个性评定工具,较多用于商业组织内领导者的领导力和人格测评。

读。一个半小时的解读过程中，克里斯一直表现得非常沉默。

解读结束以后，我在微信上问他的反馈，过了半天以后，克里斯回我："抱歉展望老师，这个报告我不是给自己做的。"原来他的团队里恰好有一名叫霍根的同事。

我没好意思告诉梅，只是自己在想：他为什么这么严肃呢？要是我自己碰到这样的乌龙，还不狠狠地自嘲一番，给自己一个台阶下？

第一次面谈

我们约了星期一上午9点半在他办公室见面。克里斯所在的M公司在北京大兴区的狼堡，我为路上预备了一个半小时左右的交通时间，没想到还是碰到了严重拥堵，车还被人追了尾。我给克里斯发了条微信留言，说我遇到点儿小事故正在处理，可能会晚到几分钟，还发了一张事故照片。他回我两个字：收到。

克里斯今年46岁，给人的第一印象是老成持重、不苟言笑，话不多但是简单直接。我们的第一次面谈持续了近两个小时，尽管没有完成目标设定，但是我们之间的互信在慢慢建立中。

中午时，他邀请我一起吃午餐，我没有推辞。可能是因为已经放下了戒备，午餐时间他的话多了起来，给我讲了很多小时候的故事：他曾经是个学霸，小学中学大学一路开挂，成绩一直是学校里的前三名。在 M 公司工作 16 年，从一个省级的客户经理一路晋升到今天的大区负责人。16 年里，除了 2003 年闹"非典"那年，大区业绩一直稳定，基本上每年都能完成，甚至超额完成公司的销售目标。

为什么需要教练辅导

一个月前，开完化学反应会议后，因为约不成一个四方会谈，我根据人力资源主管海伦的建议，跟克里斯的老板大卫又通了个电话。

M 公司是一家总部在德国的生产化工原材料的跨国公司，前一年刚刚被一家日本公司收购，克里斯所在的业务部门在一年内暂时不会有太大的全球高层变动，但是克里斯的管理跨度扩大了，原先只负责华北区京、津、冀、豫、晋、鲁的他现在不仅是整个华北区的销售总经理，6 个月前，公司还把东北区黑、吉、辽也划到他的业务范围内。东北区的销售总监詹姆斯原先是他的平级同事，现在成了他的下属。

由于克里斯的销售业绩一直非常稳定，分管销售的副总裁也一直对他比较满意。但是管理跨度改变以后，克里斯的问题就一下子浮上水面了：东北区的团队似乎不服他管，而他自己原先的团队也发展得比较迟缓，没有人能提得起来。

成就卓越

"他曾经做过一版继任者计划，但那只是个作业，没有可操作性。"海伦特别补充道，"但我们对他还是有期待的，他是一个有承诺就按计划交付的人，尽管跟人沟通比较生硬，但他对自己要求也近乎严苛。我们希望他能够从一个优秀的业务主管、一名执行者变成一位真正的领导，一位有影响力、能够发展团队的领导。所以我们请您来给他做高管教练辅导。"海伦这样总结。

第二次面谈

第二次面谈，我跟克里斯约在了市中心见面，因为有了前一次的铺垫，我感觉我们已经在建立互信了。于是第二次面谈时，一个短暂的停顿后我突然对他说："你知道吗，我第一次去狼堡堵在路上时，我给你发微信，你却回复我'收到'，我是有一点点失望的。你知道为什么吗？"

"真的？"他从手机里翻出我们的对话，眼睛睁得很大。

"我的沟通风格向来就是简单直接，不喜欢绕来绕去的。没想到这个也会让人不舒服。"他喃喃道。

我告诉他，我当时期望看到的微信回复起码是"好的，没关系"；再好一点就是"没关系，我们有时间的"或者"开车注意安全"。他若有所思地"哦"了一声，看不出来是表示认同还只是为了摆脱尴尬。

我详细询问了他平时跟团队的沟通方法、怎么开会、怎么评估绩效、对表现好的团队或者个人是怎么认可和嘉许的。

他说："完成预设的目标是他们应该做的事情，是理所当然的，我不会刻意去表扬他们。"这时候我想到了上一次午饭时，他回忆小时候母亲是怎么要求他的，母亲很少会因为他成绩好而夸他，认为这是理所当然的事情。

我们做了一个小游戏，我让他对一个模拟情景用微信做出反馈：假设我是他的一名下属经理，负责北京地区，我提前一周把年度计划做好发给他了，而且看起来做得很用心。

他先是发给我"收到"，马上又补了"谢谢"两字。我让他尝试各种选项，最后一条他发的是："非常好，辛苦了，我明天仔细看了再跟你详聊哈。"

我用表情包一一回应他的每一条微信，从低头不语到羞涩、微笑，最后一个表情是快乐转圈的企鹅。

"人跟人很不一样哈。"克里斯若有所思地说。

我知道他想说什么。在他看来，赞美和嘉许可能只是一种可有可无的客套，为什么有人会把这个看得那么重。

"对了，你能不能跟我说说东北的詹姆斯跟你原来团队里的经理有什么不一样。"我接着他的话问他。

"他以前的老板跟他私人关系比较好，公开场合夸他比较多，他可能有点儿飘吧。"

"那你觉得詹姆斯确实有值得夸的地方吗，譬如上次处理沈阳的那个订单事件？"我继续追问道。

克里斯显得有点儿讶异我怎么会知道这事——是大卫上次在电话里跟我讲的，大卫原来也是詹姆斯的老板，他特地跟我提到了詹姆斯与克里斯的微妙关系，提到了詹姆斯大大咧咧的好表现，以及克里斯的冷静严肃，提到了詹姆斯怎么样化解了因为公司发错大宗货品引发的一次严重的大客户投诉危机。

"那次事件他确实处理得不错。"克里斯若有所思地应道。

我问他："嗯，如果你是大卫，知道了这件事，你会怎么处理？"克里斯陷入了沉思。

那天第二次会谈结束以后，或许是为了回应我们的讨论，他在给我的教练会谈笔记里写下了这样的行动计划：在每次回复同事的微信里加一个"谢谢"或"很棒"，外加一个表情包。他给这个行为取名为"有温度的回应"。

为什么要关注人

在第二次教练辅导结束的时候，克里斯让我给他列一个关于个人发展和变革领导力的书单。在微信上发给他书单以后，我说了一句"收到后吱一声"，他秒回："收到。"

15分钟后他又给我发了一条消息，"非常感谢展望老师"，外加一个拱手的表情包。

他知道我是变革领导力的讲师且有25年外企高管实操经

验后，希望我跟他多聊聊领导力。因为跟海伦预先有过沟通，我的教练风格是"教练＋导师＋顾问"的融合，海伦完全认同我的风格组合，所以我可以放开践行我的多元风格，在教练、导师和顾问三种角色间自由切换。

第三次教练辅导时，我们开始聊领导力话题。从慈悲和同理心开始，我们花了一些时间讨论为什么要示弱。

在谈到领导力中的任务导向（Task-oriented）和人才导向（People-oriented）时，克里斯主动对号入座："看起来我的领导力特质是比较偏任务导向的。"

我问他每次出差怎么安排日程，业务之外会不会跟当地的销售经理谈个人发展，克里斯回答我说："基本上只谈业务。"

"一直以来，完成目标是我的首要任务。"

我问他："那除了业绩，你什么时候会跟团队骨干谈个人发展？"

沉吟了一会儿，他说："基本上就是在年度考评时吧，有张表要填。"

"看起来我只关注业绩，对人的关注确实不够，花在人身上的时间可能太少。"他又补充了一句。

"如果有一天你被调岗了，不再负责华北区，你现在的团队有人能接替你吗？"我问。

他回答说："没有。"

"如果有一天总部让你管理整个中国的生意，你还会用现在这样的方法吗？"我又问他。

"当然不会，我会尽快把团队发展起来，然后放权让高管团队来共同管理整盘生意。"

"那么，这个改变会在哪一天出现呢？"我再问。

"我明白你的意思，我现在就要学习发展团队，从关注团队的'高潜'开始。"

在第三次的教练会谈笔记里，他写下了行动计划：每次出差拜访客户时，花时间跟所在地的销售经理、业务主管或者高潜一对一谈话，重点谈个人发展，每次至少一个。

六个月以后

这个项目开始的时候克里斯定了三个目标，最后在教练实践中我们只聚焦在了一个方面：通过改善沟通互动和关注团队发展，提升自己的影响力。

六次教练会谈结束以后，海伦给了我非常积极的反馈（说实话有点儿出乎我的意料），她说克里斯现在变得更有温度了，微信回复别人时会说一些暖心的话，团队的气氛也变得更加活泼了，克里斯每次出差除了跟团队谈心，偶尔还会留半天时间跟团队一起去爬山。

再后来，我还听说克里斯在自己的团队里发现了好几名高潜人才并且提名他们参加公司的人才发展项目。

年底的时候，我应邀参加了克里斯销售团队的年终晚宴。晚宴开始前有一个颁奖环节，克里斯宣布了本年度华北区的各种嘉许和奖励。詹姆斯也拿了一个奖，上台领完奖，克里斯给了詹姆斯一个轻轻的拥抱，尽管动作比较生硬，而且克里斯脸上闪过了一丝不易察觉的羞赧，但看得出来，詹姆斯的表情从意外变成放松，最后是开心。我又留意到，酒过三巡后，詹姆斯特地来到我们这一桌给克里斯敬酒，敬完酒又拽着克里斯的胳膊聊了很久。

教练洞见

像很多从销售一线发展起来的业务型领导一样，克里斯是一个典型的任务导向型经理人——看重承诺和交付，看重结果，但是对人缺乏敏感，对人的发展也不够关注。初次见面，我对他的直观感觉就是他的表达比较干涩生硬，我尝试抓住他跟我在微信互动中的一个小细节，在一个看似偶然的小情境里让他开始认知沟通的温度，以及这种温度在人际互动中发挥的重要润滑作用。我相信他很快就意识到自己开始尝试的改变其实是一件投入极低但是回报极高的事，一句话、一个表情包、一个动作就可以做到，但对这样的投入，现实生活中有很多高管却过于吝啬。

在教练实践中，一种有效的方法是帮助教练对象观察自己的盲区，让其有一种"啊哈"般突然的小发现，同时小步慢走，持续微小地改变着，不要指望发生戏剧性"顿悟"，改变是循序渐进的。

在微小改变发生的时候，及时给予"奖励"非常重要。在这个项目上，海伦常常给到的肯定对克里斯始终是一个正向的刺激，而团队的正面反馈更可以解读为"影响力的提升"，对克里斯来讲这也是一个重要的持续正向刺激，可以成为持续改变的动力。

要推动一个成年人改变自己的行为和思维范式是一件非常具有挑战的事，而且对教练对象来讲也是一件非常冒险的事，这意味着其要走出自己一直以来精心维护而且持续给自己带来安全感的人设。所以不论是小步慢走还是正向刺激，其实客观上就是构建了一个"安全护栏"，让教练对象哪怕有点儿步履蹒跚，但是终究能安全抵达改变的"目标彼岸"。

自我教练

克里斯的领导力风格非常具有代表性，相信很多教练朋友读到这则故事都会有一种似曾相识的感觉，我也想请正在读这则故事的高管朋友问自己这样几个问题：

❶ 我是一名"吝啬"的管理者吗？对于在沟通"温度"上的投资，我会尝试变得慷慨一点吗？我会怎么开始

自己的改变？

❷ 回想一下我曾经经历过的改变，有哪些是顿悟突变的？有哪些是循序渐进、小步慢走的？我从中学到了什么？

❸ 我有没有尝试挑战自己的思维范式？有没有想过挑战自己的"安全人设"？是什么阻碍了我尝试这种改变？

❹ 我有没有在试图改变的时候受到鼓励？我希望为自己的改变构建怎样的支持系统？我又愿意为自己的团队提供什么样的支持，为自己团队的改变构建怎样的"安全护栏"？

作者简介

郑展望（Ross），高管教练，企业顾问，私董会讲师。复旦大学中文系文学学士，加拿大不列颠哥伦比亚大学工商管理硕士（MBA）。

自称"斜杠大叔"，曾做过大学讲师、学报编辑、摄影记者、支边教师、酒吧老板、外企高管和猎企投资人。

有25年外企高管经历，从飞利浦（Philips）、雅诗兰黛（Estee Lauder）、阿里斯顿（Ariston）到依视路（Essilor）、乐瑞（Dorel）；从市场经理、区域总监一直发展到副总裁、总经理。高峰时曾经管理500人团队和90亿人民币业务，为企业培养输送了大量中高级管理人才。近年专注于组织变革、领导力和高潜人才发展。

曾参与撰稿《1980——我们这一届》《色界——说话说到点子上》。

联系作者：13801987919

10

内外兼修的觉醒之旅

文 / 杜建莉

只有具有强大内在与外在核心能力的领导者,才能把自己的团队和成员整合到自己的任务、计划和战略之中。

——约翰·马托尼(John Mattone),全球领先的高管教练

古语说:"成也萧何,败也萧何。"这句话如果用在领导者身上,可以理解为:以前成就其的优势特点,某一天会成为其发展的限制。这就要求领导者与时俱进,持续提升自己。

特别是对于当今的领导者来说,如果想在复杂多变、充满不确定性的环境中保持企业的竞争力,更需要持续提升自己,在保持好内在稳定性的同时,能灵活应对外界环境的变化,在变化中保持稳定,在稳定中寻求变化。

李强改变的历程是一个比较典型的领导者内外兼修的案

例，作为一个民营企业家，曾经成就他的现在却阻碍了他，并且阻碍了企业的发展，他既需要有内在的稳定性来经营企业，也需要有外在的灵活性来应对变化。那么，他是如何通过内外兼修的方式逐步提升自己的？是如何做到从个人成功到团队成功的？是如何突破内在卡点，从觉知到觉醒的？

下面，我们一起来看看这位企业家内外兼修的成长历程。

老板强势，团队疏离

李强从2005年开始创业，公司以经营医疗器械为主，从代理产品到自主研发，稳定运营了15年，目前年营收1个亿左右，员工七十多人。近几年公司业务下滑，李强找到我，说感到力不从心，有带不动队伍的感觉，希望我通过教练的方式支持他。

我和李强第一次见面是在线上，他四十多岁，爱皱眉头，说话节奏快、清晰、逻辑性强。简单介绍了公司的情况后，李强说公司现在的问题是人的问题，是关系的问题，一旦理顺了关系，搞定了人，人和人之间的沟通就顺畅了，业务的问题就不再是问题了。帮助领导者解决企业中与人相关的问题是教练的优势，我们围绕李强的这个难题开启了教练工作。

解决人的问题也要从事情开始。我询问了李强一些具体事件，发现李强管的事挺多、挺细、挺具体。我对李强说："听你讲这些的时候,我感觉你真是辛苦,上上下下都得管。"

李强叹了口气说:"没办法,没法放手,要不这么管,不定怎么乱呢。"

为了进一步探究李强不敢放手的原因,我让李强用团体意象图来感受他和高管团队之间的关系。在团体意象图中,圆圈代表人,圆圈的大小代表这个人的影响力大小,圆圈之间的距离代表彼此之间心理关系的距离,李强画出了下面的图形(见图 10-1)。

图例说明:
圆圈的大小代表对公司业务的重要程度;
圆圈之间的距离表示相互之间的心理距离。

图 10-1 李强公司高管团队的团体意向图

我问李强画图过程中的感受,他叹了口气说:"我能感觉到我们之间的关系没那么顺畅,只是用图直观地表达出来,让我更清晰地感觉到了这种不平衡。你看,销售副总对公司业务的影响力大,但我感觉和他距离最远;研发团队、生产和销售应该紧密合作,但他们之间的距离很远。没想到人的心理会对工作有这么大的影响。"

我接着问他:"具体是怎么影响的?"李强想了想说:"冰冻三尺非一日之寒,我脾气比较急躁,有时忍不住骂人,让他们有消极情绪。"

消极情绪是企业中"看不见的杀手"。没有被表达的消极情绪不会凭空消失,人们会通过消极的拖延、对抗、互相推诿、不合作、不担责等行为表达出来,直接影响企业的业绩。

经过深入的探讨,李强意识到问题的主要根源是自己原始而强势的管理风格、对人的忽略,再加上粗暴的脾气,使得副总不能充分发挥主观能动性。再加上他的心理偏好,造成了副总之间的竞争和不团结,严重影响了企业的运营效率。

"得改改……嗯!"当说出这句话的时候,李强有点儿释然,也有点儿沮丧。释然的是找到了根源,有了信心;沮丧的是15年来他一直用很原始的方式管理着公司,自己累不说,还错失了很多机会。庆幸的是公司靠着他的努力和运气活了下来,但如今,单靠他的努力已无法支撑公司,他决心做出改变,系统全面地提升自己的领导力。

领导者想提升和改变的动力很重要,动力越强,改变的成功率就越高。从李强的语气和态度中,我感受到了他想提升、想改变的决心。

外在提升,目标驱动

我以智慧领导力(Intelligent Leadership,IL)轮盘模型(见图 10-2)为依据,采用内外兼修的方式帮助李强系统全面地提升领导力。

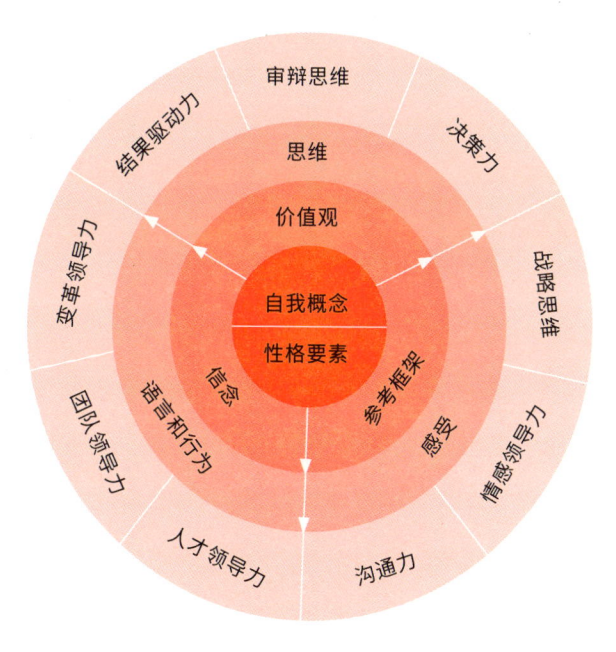

图 10-2 智慧领导力轮盘模型(内核和外核)

智慧领导力轮盘模型是全球领先的高管教练约翰·马托尼凭借三十多年经验总结的领导力提升方法，包含外在核心和内在核心两部分。外在核心包含审辩思维、决策力、战略思维、情感领导力、沟通力、人才领导力、团队领导力、变革领导力和结果驱动力九个能力项，具有表象性。它们可以通过领导者的语言和行为、思维、感受观察到。内在核心包括价值观、信念、参考框架、自我概念以及性格要素五个部分，具有隐匿性，需要教练或测评帮助领导者觉察到。

内在核心影响并驱动外在核心，外在核心的行为表现所产生的结果会强化领导者的内在核心，因此"内外兼修"是提升领导者领导力的关键路径。

针对李强的情况，我首先做了调研访谈和360度测评。测评和访谈的结果显示：李强的结果驱动力、审辩思维和决策力都比较强，需要聚焦提升沟通力、情感领导力、团队领导力、战略思维和变革领导力。结合李强的意愿和访谈结果，我们决定先从提升团队领导力、情感领导力和沟通力方面着手。

外在能力的提升要落实到认知和行为的转变上，关键是用新的方式代替旧的方式。能力提升可以分成五个过程：知识导入、转变信念、设定目标和方案、行为转变和成果落地。其中，转变信念和成果落地是两个重要的过程。

转变信念的过程对有多年管理经验的领导者来说是比较有挑战的，放下这些成功经验对领导者来说并不容易。我接着前面的例子说明一下。

李强意识到他管了不该管的事，但等到该授权的时候，他又经常做不到，总是觉得副总的方案不够好。李强总是有"要尽最大努力做到最好"的信念。

我问他："这个信念是怎么来的？"

他低下头沉默了很久，缓缓地对我说："小时候，即使考了99分，我妈也要问那1分怎么丢的。我妈还会加一句：'你知不知道，一分一操场！少考一分，就有一操场的人排名排在你前面！'"

说到这里，李强的眼眶有点儿湿润，他联想到这么多年自己为了这"1分"付出了很大的代价；因为这"1分"，他总是力求完美和稳妥，不敢冒险，错失了很多机会。如果不是这样，公司可以有更大的发展空间，这也是他和销售副总之间矛盾的主要根源。

"成也萧何，败也萧何。我怎么也不会意识到这件事会影响我这么大，影响我经营企业。当年就是这个'一分也不能丢，要尽最大努力'的信念帮助我考上了985大学，后来也是这个信念帮助我取得了合作方的信任，如果不做教练会谈，我是不会意识到这个信念阻碍了我这么多年的。"

信念转变之后，我们根据李强想持有的新信念制定了行动方案，之后我要在行动期间给予李强必要的反馈和辅导，最关键的是要让这些转化为落地成果，也就是需要将李强的行为改变与工作结合起来。李强的核心信念改变之后，必将影响到公司的一些规则和制度，包括改变会议流程，改变审批流程，改变奖罚机制等。

经过这一系列行动，公司的管理流程逐渐理顺了，副总有了更多的承担，李强终于从日常工作中解放出来，开始有时间考虑公司的战略方向了。

内在觉醒，使命驱动

开始思考公司战略的时候，李强又遇到了新的挑战。

公司之前的战略，或者说是计划，是李强拍脑袋想出来的，没有完整的市场分析和核心竞争力分析，更谈不上定位。除了这些技术上的方法，更重要的是找到制定战略的依据——使命。使命是企业存在的原因，是企业生存的目的和意义，是企业经营理念和战略的依据。李强说他们公司小，务实，不玩虚的，愿景和使命是大公司做宣传用的。这也是很多企业家抱有的想法。其实，使命是一个企业的原动力和灵魂，是企业持续发展的源泉。通常创始人的核心使命决定了企业的使命，李强的个人信念、价值观与公司的文化息息相关，所以我们需要先探寻李强的核心使命。

核心使命是智慧领导力教练中的灵魂部分，智慧领导力轮盘中内核的每一个部分都和领导者的核心使命相关联。根据李强的情况，我设计了从多个维度探索核心使命的环节，主要包括：价值观、天赋、内在渴望、传承和遗产、至暗时刻和个性特质六个方面，如图 10-3 所示。

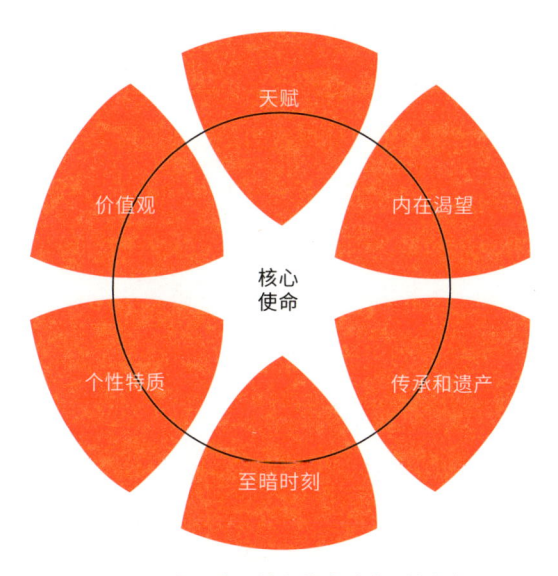

图 10-3 探寻李强核心使命时涉及的内容

探索使命的过程是帮助领导者了解自己，从多维度、多视角看到自己的过程，也是帮助领导者清除阻碍的过程。常见的阻碍有：模式、恐惧和内在的保护机制。在成长的过程中，人们会为满足他人的期待而放弃自己想做的事；会因为恐惧而不敢去追求自己想要实现的理想；也会为了适应环境、避免危险而形成内在保护机制和模式，这些都会阻碍人们看见自己的使命和实现自己的使命。

李强是家族中的长孙，从小背负了家族的期望，有"吃得苦中苦，方得人上人""出人头地"的信念，从未认真考虑过对自己真正重要的是什么，自己内在真正渴望的是什么，这个要"出人头地"和做"人上人"的念头，让李强把业绩看得太重，忽略了系统效应，忽略了做"人上人"背后的价值和意义，导致他会简单地把目标设定为挣钱和业绩。

在这个过程中，我们还探索了李强"怕不够好""怕失去"的恐惧。有意思的是，因恐惧，他不敢大胆创新和开拓，从而失去了很多机会；因怕"不够好"，他管得太多太细，从而没有管理好。李强看到了这个恶性循环，画出了自己的循环路径，也就知道如何行动去改变。

看到了自己的信念、模式和恐惧，李强才能更接近自己的内在，接近自己的使命。李强最终写出了自己的核心使命："把公司打造成为一家能够让员工充满激情，愿意自主工作，为社会提供高质量产品的长青企业。"看到写出的使命，他发现自己已经从原来重视结果和钱，转变为关注人、关注产品提供的社会价值和企业的生命存在。他感受到了一种喜悦，开阔的喜悦，稳定的喜悦，通畅的喜悦，从头顶流动到全身、令人有点儿战栗的喜悦，他说这种感觉是他从未体验过的。的确，正像李强所感受到的，使命能带给人们很强烈的身体感受和强而持久的动力。

李强的使命感让他切身体验到了在不同工作状态下工作

的效率和效果，自然而然，他也想到了如何改变员工的工作状态，如何激发团队的工作热情和活力，打造一个能激发团队主动性、创造性的组织文化，战略的实现要靠文化来支撑。李强先以身作则，让团队成员感受到他的改变，慢慢宣贯和渗透他的思想，然后，他和团队共创了公司的愿景、使命和价值观，并且直接落实到了行为规范上，同时，也修订了激励机制、规则制度和决策机制。在整个过程中，李强特别注重听到所有人的声音和渴望，和大家一起探讨如何让自己的工作更有价值和意义。团队的安全感、归属感和价值感在这个过程中都有很大的提升，员工工作的主动性增强了，创造力也提升了，企业还第一次申请到了一项专利。

渐渐地，三位副总也受他影响而有了改变，他们能够自主做决定了，李强也可以把更多的精力放在和公司外部合作伙伴的联结上，开始参加更多的商业活动，探索公司发展的更多可能。

内外整合，自我实现

经过前一阶段的辅导，李强深刻体验到了信念和模式对行为的影响，他隐隐觉得还有一些看不见的信念、价值观和模式影响着自己。他想做个系统探究，以便更深入地了解自己，了解自己现在的思维、感受和行为方式是如何形成的。

李强需要的是一个由内而外的系统整合过程。其中，由内而外的整合过程从改变内在核心开始。前文提到过内在核心的五部分内容，简单来说，可以把内在核心理解为我们对自己、他人和世界的核心理念，然后基于核心理念产生想法、情感和行为，再通过领导力影响他人——产生结果，最后结果又会强化和改变内在核心理念，从而形成一个循环。相互影响的过程如图 10-4 所示：

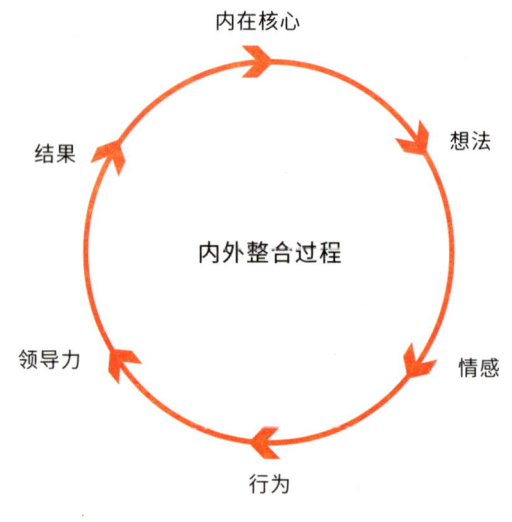

图 10-4 内外整合过程示意图

按照理论，改变可以在整个环路中的任何一处发生，只是从改变内在核心开启的改变会更深刻彻底，难点是内在核心理念是在领导者成长过程中形成的，隐藏于其潜意识中，内容繁杂，并且不易察觉，面对深如大海般的潜意识要如何探索呢？

我们选择了以发展循环理论为基础的扫描式探索方式。发展循环理论认为，人的0~18岁成长过程可以分为存在、行动、思考、身份、技能和再生六个阶段。每个阶段有每个阶段的发展任务，按照规律先找到没有发展或完成的发展任务，然后通过刻意练习，重新完成这些任务来实现自主和独立。

前面提到过，李强容易发脾气，我们以这个例子来说明一下这一阶段的工作。引发他发脾气的场景有很多，不同的场景背后又有不同的根因，其中一个场景是：别人做事的结果没达到他期望的时候，他容易发脾气。可能涉及的原因有：

存在阶段： 关于需求的问题，情绪背后他未被满足的需求和渴望是什么？

行动阶段： 关于感受和行动的问题，譬如他真实的感受是什么？为什么用发脾气的方式表达？

思考阶段： 关于边界的问题，事情由谁负责？他们之间的边界是什么？

身份阶段： 关于角色定位的问题，譬如他们各自的角色是什么？他对这个角色的定位是什么？

技能阶段： 他还有什么其他方式来满足自己的需求，表达自己的感受、设定边界和角色定位？

我们没有直接对李强的脾气急躁开展工作，而是通过满足需求和渴望、体验感受、探索行动、审视边界、探询角色定位和身份以及学习新技能的方式来解决议题，而对这些方面的探索也解决了他和需求、感受、边界、角色定位等相关的其他议题。比如前面提到的，他对几名副总的心理偏好，还有总是着急要结果、和一些人相处困难、不敢冒险等。这些方式可以起到牵一发而动全身的影响。

李强觉得这一阶段的探索是实现自我的过程，他内在的稳定性增强了，外在的灵活性提升了。更让他惊喜的是，不知不觉中，他和爱人、孩子之间有了更和睦和亲密的关系，家庭的和谐稳定也支持到了他的事业。

一个人的转变是不容易的，教练项目持续了两年，对李强来说，改变是深刻的，效果是显著的。他的格局变了，视野变了，认知的高度和广度提升了，内在的稳定性和外在的灵活性都有所提升，他感觉自己有底气、有志气、有力气、有生气了。他的改变也带动了管理层和员工的改变——团队协作顺畅，工作效率提升，士气提升，工作满意度和幸福感都得到提升；销售额连年增长；公司也开启了新的业务领域。李强对自己和公司的未来充满了信心。

最后，我借用领导力之父、组织发展理论先驱沃伦·本尼斯（Warren Bennis）的话作为文章的结尾："成为领导者的过程，就是成为一个完整和健全的人的过程。"

教练洞见

李强为期两年的教练旅程是一次艰难而有意义的蜕变之旅，在此期间也有退缩和质疑，但他靠着强烈的意愿和意志力坚持了下来。最终不仅成就了自己，也成就了团队和组织。回顾这两年的点点滴滴，教练成功的关键有以下几点：

改变意愿和觉察力：李强有很强的成长愿望，也愿意觉察和反思，这是项目成功的关键点。人们很容易用习惯的模式思考和行动，时刻保持觉察和反思才有可能让改变真正地落地发生，真正从知道到做到，用新的模式代替旧的模式。

使命驱动：帮助李强探索核心使命，激发了李强的使命感是整个项目转变的关键点，既从根本上改变了李强，也影响了公司的战略方向和文化氛围。

多种方式相结合：领导者的成长既需要由外而内的探索，也需要由内而外的拓展。在教练的过程中，我发现管理学和心理学相结合的方式能灵活地把外在事件与领导者内在核心关联起来，这能很好地引发领导者的觉察，并且能比较容易地应用到实际工作中。另外，还需要根据领导者的不同需求综合运用教练、咨询和培训相结合的方式。

长期的伙伴关系：持久而深入的改变需要经历比较长的时间，需要有良好的信任关系。教练作为长期的伙伴，有机会见证领导者的成长引发团队成长和业绩提升的过程，这使得项目更加完整而有效。

自我教练

李强的案例是一个比较完整的领导者成长的案例。如果你也和李强一样想全面提升自己的领导力和组织效能，可以通过以下几个问题自我教练。

❶ 我想成为什么样的领导者？我的天赋和潜能是什么？我想为未来的世界贡献什么价值？

❷ 我的核心使命是什么？企业的核心使命是什么？如何让个人和组织同频共振？

❸ 什么样的思维和行为模式阻碍了我实现自我？这些模式是怎样形成的？我想做出什么改变？

作者简介

杜建莉，智慧领导力认证教练，国际教练联盟认证专业级教练，人际沟通分析（TA）顾问，系统性团队教练，人才发展咨询顾问。清华大学工商管理硕士、中国科学院心理研究所管理心理学博士研修。

拥有世界500强企业业务管理、培训讲师和人力资源咨询顾问的经验。致力于领导力和团队效能提升的研究，能综合运用管理学和心理学的理论与实践经验支持领导者全面提升领导力，至今已为数十家企业提供长期教练服务，企业行业跨度广泛，包括传统企业和互联网企业。

联系作者：13901143447

11

我和教练有个对话

文 / 张蕙丽

每个人都需要一个教练,是的,这是我们不断自我发展的方式。教练正是这样一个及时的信息反馈系统,如同一面明镜一样让你看清自己的盲点。

——摘自比尔·盖茨的 TED 演讲稿

E 是我教练路上的一名伙伴,同时也是我的客户。在我询问是否可以把我们的教练对话写成案例时,她不仅欣然同意,而且建议可以从她的视角来呈现。一方面,这种客户视角可以更加直观地看到和反映出教练的效果以及对客户的实际影响;另一方面,也增强了教练和客户的互动性,让教练在过程中既能熟练地应用教练技术,又能抽离出来,以"台下人"的角度审视教练行为和方向把握。所以,不同于其他案例的角度,本案例中的叙事者（我）是教练对象，是客户，而非教练本人，特此说明。

教练对话：心力交瘁时的加油站

回想起我刚接触教练的时候，正是处在一个让我难以忘记的时间点。我永远记得那个冬日的夜晚。"去往上海的乘客可以开始登机了。"耳边响起机场广播的声音，而我一个人背着包走在机场的走廊上。这是最后一班飞上海的飞机，到家估计就是半夜。儿子已经睡觉了，不知道明天早上会不会又要听到妈妈的唠叨。我又能怎么办呢，儿子马上要上小学了，同时也是公司项目最关键的时候，项目组已经很照顾我，让我每周可以飞回去看孩子，其他兄弟都在加班顶着。

我筋疲力尽地登上飞机，一路昏昏沉沉回到上海，到家就倒头睡去。第二天醒来，我发现手机上有一条留言：最近怎么样了呀，要不要找时间出来喝喝茶？

是我的好朋友 L，她曾经是咨询顾问，现在是某大型 IT 咨询公司的人力资源副总，同时也是一名教练。之前听她和我聊过教练如何帮助专业人士，也许我的问题可以听听她的建议。

于是我在回项目的航班和儿子的课外活动之间硬生生抽出来一个小时，约到了 L 教练。L 如约而至，她笑意盈盈，好像把春天带到我的身边。短暂的寒暄过后，我就开始向她讲述我从工作到家庭的困惑，甚至讲述了我这 20 年的经历。讲了很久，我才意识到 L 没有说话，而是一直微笑地看着我。

我问她："我是不是讲得太多了？"

L 说："哈哈，没关系，听得出来，你最近是有蛮多不爽的。"

"是呀，所以来找你呀。回家又不能和妈妈讲，只有和你说说心里会痛快些。"

"感谢这么信任我。我们今天的时间有一个小时，如果可以聚焦一个话题的话，你今天最想聊什么呢？" L 问我。

我想了一下对 L 说："就聊一聊工作和生活的平衡吧。"

"哦？看来你对这个话题特别有感受，能不能深入讲一讲你的感受？"

于是，我又和 L 讲起了孩子的教育、妈妈的唠叨、我的焦虑……

第一次我的讲话没有受到打断，我的想法没有遭受指指点点，也没有别人居高临下的所谓"建议"出现。L 始终认真听我讲述，她充满阳光和关爱的眼神、放松的姿态也让我卸掉了刚进门时的紧张。她时不时问我几个问题——虽然有时我记不得她问过我什么问题，但是我感受到，当我和 L 对话完，回去时居然有一种久违的轻松和愉悦。

后来我在微信上问她："L，我们可不可以定期聊一下？我觉得和你聊天很放松，缓解了我的焦虑。"

"当然可以，感谢信任。不过你说过现在很忙，你的时间可以支持吗？"

我回她："没问题，我可是顶级的项目经理，对时间管理非常有效。"

"哈哈，好的。我们来一起探索一下。"

就这样，我们开始了每两周一次的教练对话。

教练对话：迷茫停滞时的明灯

最初的几次教练对话过程中更多的是我来讲，L负责听。她问的问题不多，但是思路都很清晰，能引发我的思考，把我从侃侃而谈的偏路上引导回来。

让我印象很深的是，有一次当我反复在家庭和出差不能兼顾的问题上纠结时，L抛出了一个问题给我："让我们看看在你生活中几个不同的领域——工作、家庭、健康、经济，你最满意的是哪一个领域，最不满意的是哪一个领域？"

我回答她说："我都不满意，怎么办？我是不是太失败了。"

L莞尔一笑："不要紧，这说明你有很高的理想生活期望，同时对现状不够满意，我的总结对吗？"

我说："是的，现在的我很疲惫，这不是我想要的生活。"

"那么我们换一种方式，闭上你的眼睛，深呼吸，想象一下你的未来可能会是什么样子……你在一间干净整洁的屋子里，阳光从外面洒进来，照在你的身上，暖暖的。现在就过着你想要的理想生活，那些让你焦虑、让你担忧的事情都没有了，能不能描述一下这个场景？"L的语调舒缓自然，随着她的引导，我闭上了眼睛。很神奇的是，当我安静下来之后，我的脑海中出现了那个初入咨询界的我，圆圆的脸上挂着笑容，充满着能量，不知疲倦，这个状态才是真的我吧。在我的周围有亲朋好友，我被围在中间侃侃而谈。

我和L讲述了这种感觉，L说："很好，现在我建议你用一个最自然、最容易记忆的方法把这种感觉固定下来。就像你给一艘船设定了一个锚，以后我们只要提到你的理想状态，你就用这个方法回溯初入职场时的样子，可以吗？"

我有点儿犹疑地问她："可以是可以，但是这和我现在的困境有什么关联呢？我要解决的是现在呀。"

"别急，我们现在就来看一下理想和现实的差距，来做一个练习。"她拿出了一张纸，分出了三列，边比画边解释给我听：

第一列写着"接受"，这意味着你所列的内容都是你喜欢、你愿意在未来生活中继续并且希望更多的；第三列写着"放弃"，这里的事情都是你不喜欢、占了你的时间和精力、你希望从生活中去掉的；中间一列是"不确定"，你不是特别喜欢也不是特别厌恶的。

我看着这三列，一边思考一边填写起来，很快三列上都有了内容。

表 11-1 理想与现实的差距

接受	不确定	放弃
陪伴孩子成长	工作调整	无休止的出差
每年和孩子、老公一起庆祝生日或结婚纪念日	薪资变化	长期做一个客户的业务
做让自己有成就感的事情	公司内部其他工作机会	没有个人的成长
得到团队成员的认同		听妈妈的唠叨

写好以后，L拿过去看了看，停顿了一会儿继续说道："看一看你列好的清单，什么事情让你觉得最显眼？"

我看着清单说："陪伴孩子成长。"

"目前的生活与你的理想生活，差距大吗？"

我说："差距很大。"

"你觉得哪些方面还不错，哪些差距比较大？"L问我。

"我要陪伴孩子长大，但是目前的工作无法照顾家里，这个差距太大。"

"在放弃的一栏中，去除哪一个会让你特别舒心？"

"长期出差。"

"什么事情是你目前必须要做的，再也不能忍受的？"L继续问我。

这个问题就好像在黑夜的天空中划出的闪电，让我脱口而出："现在无休止的出差，是我已经很厌倦，再也不能忍受的。"

"那么你会做什么去改变呢?"

"我不想出差了,我要想办法转岗,这样有更多的时间陪孩子。"

"我很好奇,既然这个问题困扰你这么久,为什么你迟迟没有解决出差的问题呢?"

"之前也想过,但是没有下决心。"

"那么是什么阻碍了你下决心?"

我长舒一口气,回答她:"可能是没有觉得对我有这么大的负面影响吧,也觉得愧对项目组,我总觉得我可以坚持下去。但是今天脑海里有了理想生活的画面,再加上对工作、生活、家庭和经济情况的梳理,我很清楚地知道现阶段的重点了。是的,很清楚了。"我惊讶于我可以如此坚定地说出来。

L说:"非常好,我感受到了你的决心。那么下面顺着这个思路,我们再聊一聊,好吗?比如,有什么方案来解决这个问题?这个方案会怎么去实现呢?"

…………

那天我一回去就开始做计划,让项目组安排人接替我现在的工作,并且很快和老板沟通转岗内部职位,过去那个雷厉风行的我似乎又回来了。三个月以后,我顺利地换到了内部岗位上。

我和L的教练对话不知不觉已经进行三个月了。我变得很期待和L两周一次的对话,和她在一起的时间里,我内心从一片混乱到逐渐清明。L就像我的伙伴一样，提着灯与我并肩前行，陪伴着走夜路的我，温暖且安定。

教练对话：在中流击水时的定盘星

在漫长的人生路上，有些经历会让我们发现更擅长的事情，觉得自己似乎生来就是干这一行的，这些经历可以为我们的发展指明方向。这要如何识别呢？它可能是偶发事件，也可能始于一场对话……

我和L新一轮的对话就是基于这样的场景：虽然我可以每天回家照顾孩子，妈妈也不再唠叨我了，但是我并没有觉得消除了疲惫感。公司每一次的会议、内部讨论对我而言都是例行公事，我的努力并没有改变什么，下次又是循环往复。无力感会经常涌上心来，我经常会怀疑自己的价值，我做这些有意义吗？我可以改变什么呢？

很自然地，在教练对话中，我把这种感觉告诉了L。

L说："OK，听上去能量不够高。我可以请你像上次一样，闭上眼睛，深呼吸几次，回想一下那个理想状态。还记得那个锚吗？来，试着找到它。"

我可太喜欢这样了！每一次当我在一团乱麻中不知所措时，这个办法都可以让我很快平静下来。

状态平静之后，L问了我几个问题。

"回想一下，曾经在什么事情上获得了极大的满足，怎么才能有更多的机会来从事这些事情？"

"刚工作的时候，我曾经在客户的人力资源部门帮助他们实施系统，整个集团上万人的人力资源管理工作经过我和团队的努力，变得更加有效率了。"

"能不能讲一下细节呢？在什么样的环境或者和什么样的人一起，让你最有活力和影响力，浑身有使不完的劲儿？"

"我会特别喜欢大家为着一个目标一起前进，那种充实和非常强烈的主人翁精神。"

"好，再回想一下与这种感觉类似的事情，比如，我们想三个类似的经历……

"这些经历能体现出你擅长的事吗……

"如何才能让人生向着这样的方向发展下去……"

我很喜欢这些能引发我思考的问题，多年的咨询工作能让我在这些问题上继续延伸，举一反三，比如我会问自己："我喜欢的工作团队是什么样的？我在这个团队中发挥什么样的作用？"

"让我们试着想象你将来可能想要什么，至于能否实现并不重要，我们只要明白可以拥有多个发展方向、多个选择的机会。最好的方案永远是你愿意去实践的。"

"也许我可以换个赛道了……我在这个行业干了 20 年，服务过很多客户，但是都是做项目，从未参与过一个企业的完整发展，从未从内部验证过我做的方案的可持续性。我希望能有一次机会，用我20年的管理经验去服务一个企业，看到它的改变和发展。是该去尝试一下的时候了。"

我讲完这句话，抬起头看到了L那充满坚定的目光，我知道她会一直支持我的。

一年以后，我顺利完成了交接工作，给我20年的咨询生涯画上了圆满的句号。我转身投入到了一个创业团队中，并且看到在我的努力下，公司一点点变好，我倾入的心血有了收获，我好像真的找回了多年以前打鸡血的状态。其实，我要改变的并不是牺牲工作去照顾家庭；更重要的是我找到了久违的归属感，开拓了更宽广的视野，并且有了更开放的心态去面对各种挑战。

我请L吃了大餐，听到我由衷的感激时，她说："其实，我也很想问问你的反馈，经过这么长时间，你收获了什么？"

"我感觉我更有勇气去面对不确定的事情，我有更多的选择权，也更灵活了。"

"非常棒！做你的教练我也很有成就感，我是你的伙伴，就像一面镜子，照见你更多的可能性，以及潜能和勇气。"

我问她："那我们可以一直做教练的拍档吗？"

"当然，我也想见证你职业生涯的下半场可以继续乘风破浪，想看到曾经的'小钢炮'回归。"

教练洞见

教练对客户的陪伴和信任，给予客户空间和有效倾听，让客户有可以分享的对象，是支持客户持续合作的意愿；教练在关键问题上的提问可以让客户有"醍醐灌顶"的感悟和"拨云见日"的清晰，继而产生改变现状的动力和行动力，这些都是笔者作为教练带给客户的价值。

女性教练在遇到女性高管客户时，因为类似的境遇和共情能力，会很快得到客户的信任；在信任的基础上，高管教练要能够承托起客户个人成长的空间，并且帮助客户跨越卡点，提升其思维视野的高度和远度。

自我教练

人生中的所有经历都是有意义的，不论是好经历还是坏经历，都可以从中挖掘出价值，构成一个人的奋斗源泉。如何从这些经历中找到发展的契机，可以通过以下的自我教练问题练习，将思考方式运用到人生规划和目标上。

❶ 我对现实生活中的状态满意吗？如何做会让自己更开心、更满足？

❷ 在什么环境下我最有活力和影响力？如何让人生向着这个方向发展下去，会有什么结果？

❸ 什么样的工作最能发挥我的特点和长处？如果有，这是一个什么样的职业？

❹ 在我过往的经历中，最值得回忆的有哪些？为什么这些经历对我有意义？

作者简介

张蕙丽，国际教练联盟认证教练，国际知名 IT 咨询公司人力资源副总。资深业务流程顾问，领导力发展及组织变革专家，高管教练。

联系作者：13910830169

12

寻找人生下半场的意义

文 / 鲁　芳

当你旅行时,知道要去哪里或者知道大致的方向当然是很有帮助的。但是别忘了:关于你旅行的唯一真实的事情是你在当下时刻所走的那一步。这才是一切。

——埃克哈特·托利(Eckhart Tolle)

《当下的力量》(*The Power of Now*)

在人生中年的某一个时刻,无论是因为外部环境的影响还是内在的需要,当你内心深处对未来感到焦虑和害怕的时候,也许是生命要送给你一份礼物,让你小憩片刻,放慢匆匆赶路的脚步,回想你出发时的初心和热情,珍惜你现在拥有的,走好当下的每一步。

前方迷雾

W公司是其母公司在亚洲投资的第一家大型工厂，也是其母公司全球范围内的第五家工厂。W公司拥有一千多名员工，具备产品生产和包装各个方面的能力。其产品零件需要从全球采购进口，成品供应给亚太地区及欧美各地。从2020年开始，母公司在全球范围内发起了一个领导力发展项目，该项目中包含一对一高管教练，为期六个月。项目的第一批参加者主要是集团内的总监及以上级别的高级管理者，全球一共有50位高管加入了该教练项目。

罗吉是W公司负责公司运营、物流和供应链的高管。初次见面时，他提到这次加入教练项目并不是他主动申请的，而是他的直属上司、公司的总经理推荐他去参加的，而且这推荐名额还是有限的。他当时对教练了解甚少，以为与以前接受的领导力培训差不多。由于2020年新冠疫情的原因，我们在六个月间以视频会议的方式进行了12次教练会谈。

罗吉拥有20多年的中资和外资公司工作经验，一直深耕计划管理领域，对计划管理领域的各项工作非常得心应手。第一次见面，罗吉给我的印象是一位外向、讲话语速很快、作风干练、行事迅速、偏向任务结果导向的领导者。我们的第一次教练会谈很顺利，他了解到教练会谈并不是要教授什么知识技能和给出建议或答案，而是像伙伴那样陪伴他，定期围绕他的目标进行对话，帮助他看到自己的盲点，梳理思路，启发觉察，实现自己想要的目标。他感觉到教练对话与培训有很大区别，开始显露出对教练对话的好奇和期待。

在简短地介绍了自己的职业经历后，他很坦诚地谈到了目前自己面临的困惑：自己已经四十多岁，对自己在退休前下一站到底做什么感到有些迷茫和焦虑。罗吉说，虽然将来可能有机会晋升到更高的职位，但是这需要付出更多的时间和精力，而他自己觉得不值得付出很大的代价去追求高职位了，现在想找到工作与生活平衡的状态。这么多年来，罗吉仿佛一直是被"推着"向前走，走南闯北，专注为事业打拼，并且取得了一些成就。他本该感到心满意足，但是这段时间以来，罗吉心里总觉得对未来有种莫名的焦虑和迷茫。这次他希望通过教练项目帮助自己厘清人生下半场真正想要的是什么，并以此规划自己下半场的时间和精力去实现想要的目标。

我问他在教练结束的时候希望自己有什么不一样，他沉思了一下说："希望思考人生下半场的目的和意义时，自己可以不再像现在这么焦虑，对未来不再这么恐惧，心态能变得更平和就达到期待了。"

坦白说，企业中像罗吉这样处于中年阶段的高管，或多或少都有类似的心理——对于未来职业发展前途方向的不确定性感到迷茫和焦虑，在退休前后相当长的一段时间里努力寻找着人生下半场的目的和价值意义。罗吉选择这个话题作为整个教练过程的主题，我很感谢他对我的信任和开放。我们的教练合约明确了下来：帮助罗吉厘清自己人生下半场想要的是什么，并以此思考如何规划自己人生下半场的时间和精力，让自己的心态不再焦虑，变得更加平和安定。

教练策略

围绕这个教练合约，我思考了整体的教练策略：

首先，让罗吉从过去的人生经历中回忆一次最具有挑战性的经历，从过去的经验里探询一下他自己的能量和热情的来源，从而发现一路支持他取得成功的特质和驱动力有哪些。然后，用探索生命意义的三环模型（见图12-1）向内探询、发现、清晰他的热情来源、擅长优势，以及希望贡献的价值是什么。接下来，借助人生平衡轮工具（见图12-2）全方位扫描他的人生现状，清晰其人生各个维度想要实现的目标状态，找到目标和现状之间的差距，并确定优先级和具体的行动计划。最后，我们会做一个总体复盘，回顾整个教练过程的收获和变化。

我的设计是，整个教练过程不仅仅是让他从意识层面上开启和强化自我认知的探索旅程，还需要伴随行动实践，让他从每个当下的自我觉察和新的行动实践中慢慢去发现下半场的意义和价值。

拨开迷雾

在第二次教练会谈中，罗吉跟我讲述了他人生中最具挑战性的一次经历：10 年前与一群旅伴攀登非洲的乞力马扎罗山的难忘经历。尤其令我印象深刻的是，当他讲述攀登乞力马扎罗山往事时，眼中充满了热情和骄傲。他告诉我，在距离山顶还有最后大约 500 米的时候，他已经感到精疲力竭，全身一点力气都没有了，一步都走不动了。有好多人选择了放弃，下到驿站去休息了，但他没有放弃，又足足走了两个小时。终于登顶的那一刻，他感到非常激动和有成就感，让他觉得所有的辛苦努力都是非常值得的。他感谢我的提问让他回忆起那段难忘的经历，重温了那种久违的兴奋感和成就感。

我进一步探询道："即使一路上遇到这么多的困难挫折，你也始终没有放弃，那是什么在支撑着你一路走到山顶、走到现在的呢？"他低头想了想说："我发现有压力的目标能激发我的竞争斗志，我是遇强则强的那种人，喜欢挑战新事物，对自己要求高，希望看见成果并得到别人的认可。"他慢慢对自己有了一些发现，看见了点燃自己内在能量和热情的源泉在哪里。我接着问他："那么 10 年后的你，希望是什么样子的呢？"他笑着说："我曾想过 50 岁就退休，憧憬着可以开着房车到处旅游，自由自在，尝试各种新鲜的玩意儿，一直保持那份兴奋和热情。"我的脑海里浮现出了他说的那幅景象，我好奇地追问：

"在那份自由自在潇洒生活的背后,你真正渴望的是什么呢?

"什么能让你持久地保持那份兴奋和热情呢?

"你希望给身边的人和社会贡献什么价值呢?"

借助探索生命意义的三环模型(见图12-1),我们一起深度探索了他的热情来源、擅长优势以及希望贡献的价值。随着教练对话的深入,他对自己的了解也变得更全面了。

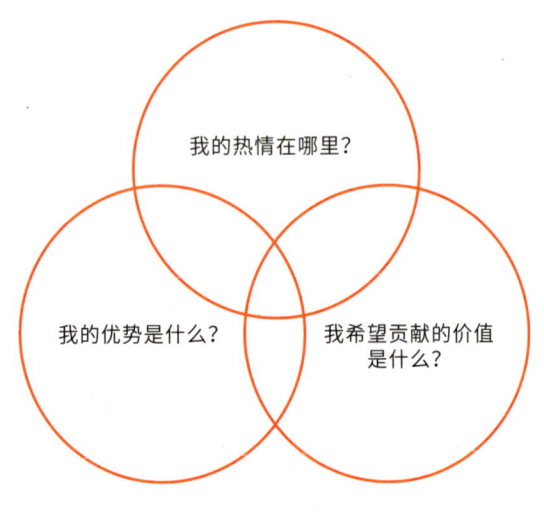

图 12-1 探索生命意义的三环模型

之后,我采用了人生平衡轮(见图12-2)工具与他进行了全面的讨论。

首先,我让他画一个圆,把圆八等分。接着让他思考对他而言人生幸福的八个维度是什么。他列出了职业发展、财务状况、个人健康、娱乐休闲、家庭生活、朋友他人、自我成长和自我实现这八个方面。然后，我让他对这八个方面自己现在状况的满意度分别打分（1～10分），再让他思考下一阶段，对这八个方面想要达到的理想状态分别打分（1～10分），最后用彩笔描绘出各个维度的差距部分。

我问他："这张图代表了你现在的生活状态和未来想要的状态。现在审视整张图，你看见了什么？对自己有什么新的发现呢？"他看见了明显不平衡的地方，发现自己一直以来时间和精力主要投入在工作上，该方面不断获得发展，但过于依赖工作给自己带来的成就和满足，而没有意识到人生本来可以是更加丰富和多姿多彩的，有很多维度可以成长和发展。而且，他觉察到自己现在的社交圈子过于狭窄，自己对家人、朋

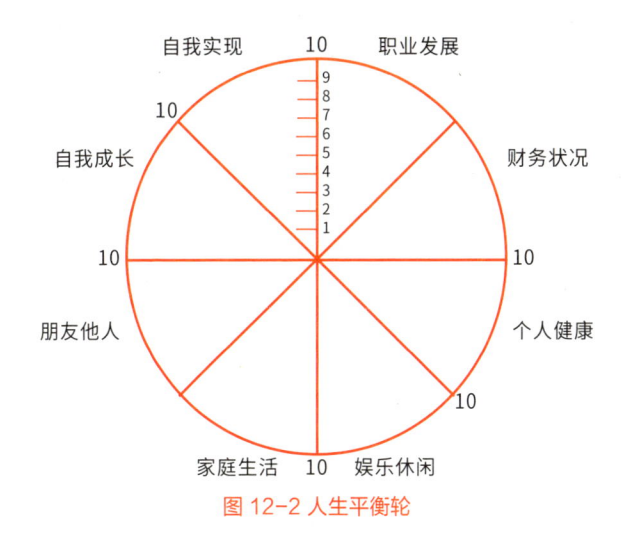

图12-2 人生平衡轮

友、同事的关系都不够重视，在自我成长和自我实现方面还可以提升。

在用人生平衡轮讨论和对话之后，他决定重点提升和家人、朋友、同事的关系以及自我成长方面，并迅速地制订了行动计划。比如，平时和周末多花时间陪伴父母，每个月主动打电话问候远在老家的兄弟姐妹，每个月主动联系一位久未联络的朋友，每个月与下属一对一谈话，每天写觉察日记对自己和周围的人表达感恩，工作中积极参与到其他部门主持的项目中，并提供支持和协助。除了以上行动，他还计划利用闲暇时间报名红十字会去做志愿者，周末到公益机构做义工服务等。

明确行动计划后，每次教练会谈时我都会询问他最近的行动进展和感受如何。他告诉我说，花更多时间陪伴父母和主动打电话问候亲戚朋友让他感受到了亲情的温暖和友情的重要。他认识到与生命中重要的人建立紧密的联结关系可以给他带来新的能量；而主动参与到其他部门的项目中并提供支持，这让他得到了同事的积极反馈，带给他协作共赢的成就感；闲暇时间的义工服务让他感受到了帮助他人、为社区贡献自己力量的满足感。在每一个新行动的实施中，他都在发现新的意义和价值。

再次出发

在教练最开始时，罗吉说过想要 50 岁左右就退休，现在他觉得继续在工作中发挥作用未尝不是一个好的选择。我们一起讨论了他的优势测评报告，从报告中他又获得了新的觉察："过去的自己一直关注自我成就，现在发现自己在'人和团队的发展'上，其实还可以花更多的时间和精力去做些事情。更用心地培养下属成长，更广地授权，更多地聆听，更少地讲话，给予团队成员更多的认可、赞许和反馈，鼓励他们尝试新的事物，接受新的挑战，激发团队更大的动力和潜能。"他突然兴奋地说："我可以从攀登者变成攀登者的向导和教练啊！一路陪伴他们向上，鼓励他们挑战新的东西，在他们精疲力竭时鼓舞他们不放弃，支持他们直到登顶。"他说这些话的时候，眼里闪着欣喜的光芒，为发现这个新角色而兴奋异常。瞬间我的脑海里浮现了这样的画面：看见他身后围绕着更多的伙伴与他并肩踏在一座新的山上，共同眺望着山顶的方向。

之后，他迅速制订了培养团队成员的发展计划，他把与团队成员的一对一面谈放到重要的议事日程上，聆听每个成员的职业发展规划，为他们创造新的项目机会，鼓励他们参与到其他部门的工作中，实施轮岗，鼓励下属发展多元技能和跨部门团队协作。半年后他领导的团队面貌有了明显变化，得到了总经理和其他部门的积极认可。

在最后一次会谈时，他很感谢这次教练旅程为他开启了一扇认知自我、拓展自我的门。虽然对未来的方向还不是绝对地确定，但是他的心态已经不再那么焦虑了，对未来也不再那么恐惧了。他说只要自己不放弃探索，当下迈出的每一步尝试都是有意义、有价值的，不会白白浪费。

教练项目结束一个月后，我收到了罗吉发来的信息。他告诉我，本来不想再折腾什么了，但是现在决定去参加为期一年的全球高管培养计划，他要与海外的优秀高管一起切磋学习，既感到有挑战和压力，也感到很兴奋。我为他高兴，祝福他一切顺利。在那一瞬间，我仿佛又看到了那个熟悉的身影，那个在途中遇到困难也从不放弃成长的坚定的背影。他"登山"的步伐比之前迈得更平稳、从容了。

教练洞见

"寻找人生下半场的意义"在高管教练中并不是一个常见的话题，但对于人到中年且已经取得一定成就的高管来说，在其内心，这或许是一个无法回避的话题。当教练与客户建立起足够的信任关系，并给客户创造了心理安全的开放空间后，客户才会慢慢敞开心扉，坦诚吐露内心深处的恐惧和不安。

教练作为客户的陪伴者，并非要执着于为客户找到一个最终的答案，更重要的是带着好奇心，陪伴客户一起行走一段发现和探询自我的觉察旅程。发现之旅的意义就在于探索过程中的每一个当下的反思和每一次新的行动尝试之中，朝着自己想要的方向迈好当下的每一步。所以，作为教练，要足够地相信教练的过程和教练对象，相信客户是有自己资源的全面完整的人，相信客户在一路行走中能够发现有价值的新东西，相信他们有智慧、有能力为自己找到答案。发现之旅不在于让客户看到新的风景，而在于让客户开启新的视角。教练不仅需要鼓励客户有勇气开启这段旅程，而且要鼓励客户把自己当作探索的工具。每个客户都拥有独特的才能，在教练的激发下他们去发现自己独特的闪光点。答案就藏在每个客户的内心深处，教练所做的就是营造一个安全的空间让客户静下来去聆听自己内心的声音，让其内心的智慧涌现出来。

在这个案例中，我运用了探索生命意义的三环模型、人生平衡轮、识别优势及时间轴等工具，从多维度的系统视角让客户全面地审视过去、现在和未来，从外向内激发客户发现热情的源泉、擅长的优势和未开发的潜能，以及对自我价值实现的超越。寻找人生的意义是一个自我认知不断破框、不断升级、不断觉察的终身学习和探索的旅程，也是每一个当下发生的、动态的、持续的、积累的过程，而教练担当的是客户这一段生命旅程的陪伴者和聆听者。

成就卓越

自我教练

无论你处在人生的哪个阶段，作为一种自我教练的方法，下面的问题或许可以帮助你持续地思考与探询人生意义：

❶ 我的热情在哪里？

❷ 我的优势是什么？

❸ 我希望给社会贡献的价值是什么？

❹ 绘制一张自己的平衡轮，对自己的生活状态有什么发现？

❺ 为了使自己的人生更幸福，什么是我下一阶段努力的目标？

❻ 我有哪些新的事情或行动一直想做却还没有尝试？

13

自信的光芒

文 / 鲁　兰

何期自性，本自具足……何期自性，能生万法。

——慧能

坐在球场边的椅子上，我看着场上的安琪积极跑动着，坚定沉着的目光扫过全场，目标明确。忽然，球传过来，只见她敏捷地飞步上前，双手稳稳接住、冲刺、掷出，进了！一片掌声中，我激动地站起身，为安琪大声喝彩……

产前受命，面对挑战

安琪现任 K 公司的亚太区 CEO。K 公司是欧洲一家中等规模的机械设备制造企业，业务分为西欧、中欧、北美和亚太四个大区，总体经营状况比较平稳。亚太区共设五个子公司，其中中国业务依托长期良好的客户关系，基本一直都能完成目标。

安琪在K公司服务已有12年，最初作为管理培训生加入，后来一直负责财务工作。2016年，她被提拔为中国区总经理。2021年初，受全球新冠疫情影响，公司较大规模地调整了组织结构和人员，亚太区原CEO被紧急调离。正在家待产的安琪被直接任命为亚太区CEO。

这次任命给安琪带来了巨大的压力，安琪一生完孩子就开始接手新的工作，产假结束马上返回公司履行职责。但初生儿的奶瓶、尿布，新工作的团队、业务，自己的产后身体恢复，种种叠加在一起，安琪感觉像头上顶了座大山，不堪重负，因此陷入了极度的焦虑之中。安琪有一名非常信任的密友是我的客户，见状向她推荐了我，希望教练可以支持深陷困境的安琪。

初见安琪是2021年8月的一天，当时的安琪坐在沙发一角，头微微低着、眉头深锁、双手交握，显得心事重重。讲到此次升职，她说："通知我接任CEO是我生孩子的前一天，听到消息，我非常意外，就像正在场边看球的新手，突然被拎到场上参赛，我一下子就蒙了。"安琪接着说："亚太区CEO其实就是大销售，要擅长业务，而我任中国区总经理时，主要负责内部生产运营，对销售业务不是很熟悉，后来中国区的销售总监离开了,我才开始去见客户。现在要负责整个亚太区,尤其是印度和澳大利亚两大业务板块还是新增加的,我一点都没有头绪,也实在没有底气去领导整个亚太区业务和管理团队。这几个月,我就像掉进了泥潭,拼命挣扎,结果越陷越深,现在气都喘不过来了,这次真的完了,我死定了。"讲完,安琪的头更深地低了下去。

"安琪,我能理解你的感受。那你觉得为什么公司会任命你当亚太区 CEO 呢?"我问。"他们傻呀!"安琪脱口而出。"你真的觉得公司高层傻吗?"我反问她,安琪沉默了。过了一会儿,安琪轻声说:"其实公司在三个候选人中最终选定我,我应该高兴,不过现在更多是担心和害怕。""你在担心和害怕什么?"我问。安琪说:"这事来得突然,我觉得自己没有准备好,担心不能胜任,担心多年努力营造的人设崩塌,担心影响公司业务。"顿了一下,安琪抬起头看着我,加重了语气补充道,"我害怕做不好,我不想让公司失望。"我点点头,从这句"不想让公司失望"里,我听到了安琪内心的声音。当我把这个感受反馈给安琪时,安琪觉得我听懂了她,她说自己从小就很要强、不服输。安琪还说,我们的对话和我的沉稳也使她感到放松,能安定下来。

两天后,我接到安琪的电话,说 K 公司已决定聘请我当她的教练。随后,K 公司总部 CEO、HR 副总裁和组织与人才发展经理、安琪和我,通过视频连线开了教练前的四方会议,讨论安琪的教练目标和需求。

这是一次轻松高效的教练目标共识会议。总部 CEO 和 HR 肯定安琪过往的卓越表现和持续展现的潜力，赞赏她对公司的忠诚，鼓励和期待她在新职位上进一步成长，成为真正的商业领导者。他们理解安琪面临的挑战，希望教练能支持她建立信心，快速进入角色。安琪对教练的期待和公司完全一致。鉴于这是 K 公司第一次聘用教练，我也介绍了教练的具体工作和流程，并邀请总部 CEO 和 HR 参与进来，一起关注安琪并给予反馈。

最后，各方对教练目标达成共识，在安琪成长为真正的商业领导者过程中支持她：提升自我认知与觉察，增强自信；厘清 CEO 角色的职责，确定关键目标及策略，快速进入角色；不断提升和加强领导能力。明确目标是教练的基础，也是最关键部分，后续的教练过程就是通过专业的教练技术和策略，支持安琪达到教练目标。

会后，我收到安琪的短信，她对我说："今天好像是制订了一个明确的训练计划，知道怎么去做，而且有大家支持，心里就踏实多了。"确实，在这样的变化中，内部和外部共同构成的支持系统对于安琪非常重要，她不再是以一个人的力量去面对挑战。而且支持系统本身还可以根据需要，接入新的资源，调整强化力度，这是一个动态灵活的支持网络。

针对安琪的教练目标，我的教练策略是：

1. 运用"阳台"视角，让安琪客观回顾自己加入 K 公司这 12 年经历过的挑战和成长，以此提升自我认知，激发勇气，增强自信。

2. 运用"平衡轮"帮助安琪厘清 CEO 角色职责，确定关键目标和策略。借鉴纵向发展模型，让安琪明确自己具体要提升的领导能力，并制订切实的行动和实施计划。

回看自己，重拾信心

第一次教练时，我让安琪从"阳台"视角回顾自己在 K 公司的成长历程，就像从自身抽离出来，站在高高的阳台上看电影一样，安琪清晰地看着"舞池"中的自己，沿着时间轴前行并转换着不同的角色：从初入职场的培训生到小小的财务经理、专业娴熟的首席财务官（CFO）、业绩稳定的中国区总经理，再到当下的新晋亚太区 CEO……安琪一边看，一边如画外音般分享她跌宕起伏的心路历程。

"看过了自己 12 年的历程，心里有何感想？"我问安琪。她感慨地说："现在回过头来看，其实这一路经历了很多的困难和挑战，有觉得熬不过去的时候，也有想放弃、想躺平的瞬间，但总归不甘心，不想输，就一直咬着牙坚持，也就过来了。尤其每次变化都是开头最难，要学的很多，后面慢慢就顺手些。这也像打怪升级一样，升了级就特有成就感。"莞尔一笑后，她接着说："其实，我觉得自己挺幸运的，一方面公司给了我很多机会；另一方面，我觉得自己也还可以，公司抛过来的球都接住了，没让公司失望。"

听到这里，我问："安琪，这一刻，你最想对成为亚太区 CEO 的自己说什么？"沉默了许久，安琪开口道："我要说，虽然你现在还没有完全准备好，但和以前一样，这是一个学习过程，只要投身进去，好好学，好好做，就能每天都向角色要求更靠近。你可以的！"

结束的时候，安琪说："我知道，虽然我现在像是新手上场，但我可以先跑起来，然后边跑边学，应该也能赢。"说完，安琪大步离去，挺直的背影透出了力量感。"是的，你可以的！"我在心里默默说。

当变化发生、面对挑战时，支持网络固然重要，但更重要的是内生力量的增长。根据和安琪的接触，我发现，她是一个对自己要求很高的人，容易看到自己不足的地方，尤其是不能达到自我期望的时候，容易不相信自己。要她肯定自己的优点很难，有时好不容易挤出两个优点，后面马上跟一个"但是"抵消。所以建立客观的自我认知和觉察、增强信心，并不是一次教练会谈就可以做到的，有时需要通过大量的练习和合适的方法。

有一次我问安琪："做到什么会让你真正对自己有信心？"安琪毫不犹豫地说："减体重。""为什么？""我想要回到怀孕生孩子以前的身材和状态。试过好几次，但实在太难了，坚持不下去，很有挫败感。""那什么情况下你能坚持呢？"我问道。"能看到数字变化、看到进展，就有动力。"安琪显然是非常目标结果导向的，于是我继续追问："那要这样的话，你会怎么做呢？"安琪似乎领悟到了什么，她开始重新计划，将总的减重目标分解成每周都可以达到的小目标，还邀请了她先生作为支持力量。

一个星期后，安琪发短信说：本周目标达到。两周后碰面，她先在我面前转了一圈，见我有点儿蒙，她开心地说，减重效果出来啦。就这样，坚持了三个多月，安琪真的达到了她的减重目标，整个人的状态有了明显变化，身姿更挺拔，显得更自信开朗，以前说话中高频出现的"但是"也明显减少了。我问安琪："你从减重中学习到什么？"安琪笑盈盈地说："这事虽然很难，我也能够做到。关键是相信自己，耐心点儿，做就好了，不要想太多。当然，也要有明确目标，找到适合自己的方法，然后就是坚持。"随后，安琪自己补了一句，"其实，工作也一样啊。"

厘清职责，确定重点

初次见面时安琪就说，自从担任新的角色，她每天都有太多的事情要处理，而且总也做不完，似乎所有人、所有事都在等她的意见或做决定。她经常很晚回家或到家继续埋头工作，既没法好好陪伴孩子，自己也身心疲惫和情绪烦躁。

经过进一步探索，安琪意识到自己受多年财务工作的影响，养成了细致的工作风格，事无巨细都不轻易放过，喜欢掌控和亲力亲为。但现在职责范围扩大、工作内容增加，就陷入应接不暇、疲于奔命的沮丧焦虑状态。安琪认识到她必须调整方法、提高效率，留出时间专注在更重要的事情，包括学习和自我提升上。所以随后的几次教练活动，我着手支持安琪梳理CEO角色的职责，确定重点目标和制定策略。

我们用平衡轮工具确定要聚焦的工作重点：由安琪把所承担的CEO角色的主要职责列出来，并说明每一项的具体内容。然后用打分的方式评估当下职责履行的状况（分数1～10，10分为最高分）。安琪给出的分数没有超过5分的。我问安琪："这里每个分数的含义是什么？其中做得好的是什么？可以改进的又是什么？"安琪讲完她的回答后想了一想，似乎有所觉察："可能有几项分数打低了。但总体上，我对自己是很不满意的。"

我问她："那如果你自己满意的话，各项分数又会是多少呢？"安琪在平衡轮上标注出自己满意的各分数，这次的分数都在8.5分以上。我又问安琪："如果你所期望的分数全部达到时，会是怎样的情形？"安琪眼睛很亮，憧憬地说："那就是所有的职责都能百分百地履行，团队能力持续提升，亚太区业务稳步增长,那我就是完全胜任的 CEO,是真正的商业领导者了。"

我问:"看起来,每项的现状和期望之间都有明显的差距,那你想从哪里开始提升呢?"安琪来回看了几遍平衡轮,说道:"虽然这里有很多要做的事、很多需要提升的地方,但我觉得眼下最重要的是能够完成销售指标和凝聚团队。这两个目标达到,不仅对公司特别关键,也最能增强我的自信。我要尽快达到 9 分。"说完,安琪拿起笔,在这两个目标上打了钩,然后长长舒了一口气。我问她怎么了,安琪说:"这样梳理我的角色职责、确定下一步工作重点,对我很有帮助,就像把整个球场仔细勘察了一遍,看清了球在哪里、长什么样。目标明确,心里就有底了,后面我会牢牢盯着球。"

聚焦目标,制定策略

安琪认为,要"完成销售指标"和"凝聚团队",关键是先要提升自己的销售业务能力和对团队的影响力,我们以此为议题探索了进一步的策略。

关于如何快速提升销售业务能力的策略,经过数次教练探索后,安琪最终形成了自己比较完善的计划,包括如何在受疫情影响不能出差的情况下,和亚太区销售团队建立并保持定期的线上密切联系,了解各国业务情况;如何通过线上或线下定期拜访客户及时了解客户和产品情况，维护大客户关系；如何主动和其他业务大区的 CEO 建立联系，学习或切磋销售经验，等等。安琪还聘请了行业内资深销售大咖作为特别顾问，并通过潜心研究和建立各国业务模型的方式，来快速提升自己的业务能力。

记得在一次教练会谈中，安琪希望我帮她确定是否要聘请销售顾问和建立各国业务模型。教练过程中，基本都是安琪自己在分析各种因素，在自己的销售世界里自由遨游，我只是安静地在旁边全程陪伴和聆听，间或把她讲的一些关键词轻轻复述给她，供她深度思考。我知道，这个时候保持适度静默、不去打扰安琪的思路但和她同频共在就是最好的教练支持，因为我深信安琪有足够的能力找到她想要的答案。果然，安琪很快就做出了决定，并把这两项加到她的行动计划中。

事后证明，安琪的销售业务能力提升策略是有效的。它帮助安琪快速成为整个亚太区对全盘业务最熟悉的人，这不但让安琪对自己更有信心，也成为她完成业务目标的信心保证。

为支持安琪提升个人对团队的影响力，我向她详细介绍了纵向发展领导力和实践事例。纵向发展是指随着我们意识水平的提高和关注范围的扩大，会给我们带来影响力和整合能力的提升。安琪对此非常有兴趣，还让我推荐相关书籍，如《纵向领导力》、《行动探询：实时转变领导力的秘诀》（*Action Inquiry: The Secret of Timely and Transforming Leadership*）等。

当问及她从中学到什么时,她说看纵向领导实践如同照镜子,看到了自己需要突破的管理模式和短板。比如她会倾向于自己做所有决策,过于注重细节,平时以应对和解决问题为主,对人的关注不够等。

安琪的领悟力很强,通过纵向发展领导力和实践事例的学习,她很快认识到要增强自己的影响力,就要策略性地学习以更大的共同目标激励团队、赋能团队,注重发掘团队成员的潜力和促进他们发展,还要多听取团队成员的建议,从而创造彼此更深的信任、更强的凝聚力,帮助她产生更大的影响力。随后,支持安琪在参考纵向发展领导力实践的基础上,结合K公司和亚太区的实际情况,我们共同制订了一个细致的行动计划,落实在几乎每天的工作中。在安琪的积极实践过程中,我会请她分享实践体会,她也经常把遇到的困惑和挑战作为教练议题探索。

有一天,安琪告诉我,她习惯每天都把当天要做的事情列出来提醒自己。而现在列在最前面、最重要的都和人有关。她说:"你知道吗,以前我对自己要求很高,认为工作做得好都是应该的,没做好就不可原谅,对团队成员也同样。还记得你曾让我挑一张代表我和团队关系的卡片,我挑了张画有热气球和大地的。那时我觉得自己已在空中急着要飞,团队却散在地上,不知磨磨蹭蹭在干吗,让我非常抓狂。但这段时间以来,我和团队有了更深入的接触与了解,我看到了他们的努力,看到了他们的能力，也看到了他们可以进一步发挥的潜力。现在好像表扬和肯定他们变得容易了。更重要的是，我对自己和团队的信心都增强了，我们彼此都有了更多的信任和接纳。我不再神经紧张地想着如何掌控，而是放手，给他们更大的空间和更多机会去发挥和创造，并不断鼓励他们。现在是真的和团队在一起，也经常探讨困难和问题，共同面对挑战。现在团队开始变得越来越有活力了，业绩也在提升中。大家都蛮开心的……"安琪红润的脸上洋溢着温暖的微笑。

制定策略和计划后，更重要的是行动，这是教练目标完成的根本保证。安琪既有强烈学习和改变的意愿，又能积极地履行行动承诺，这让我对她和我们的教练充满信心。

回顾展望，持续前行

五个月过去，第一期教练结束了，相关四方再次坐下来，复盘教练项目，回顾教练过程、教练成果并进行反馈。

总部 CEO 和 HR 很高兴安琪达到了她的教练目标。他们看到她越来越自信，看到她业务能力有明显提升；看到疫情之下，安琪凝聚起中国和亚太区销售团队共同努力，出色完成了 2021 年的销售任务，成为全球唯一一个达到当年业务目标的业务区。他们赞叹安琪的快速成长，对安琪新角色的表现非常满意，也对这样的教练成果非常满意。

安琪表示，通过这段时间的教练，她对自己有了更多了解，增强了自信，也更清晰了自己的职责和使命。而在对行业、各国市场和业务模式的学习研究中，她还看到了潜力和机会。为了应对不断变化和更加复杂的商业环境，她将着手和团队一起，打通地域壁垒，广泛整合资源，对亚太区业务做一个为期三年的策略性规划和布局；同时进一步推动高绩效团队建设、提升组织能力，持续发展自我领导能力，保障策略规划的实施。"这对亚太区的未来业务至关重要，我希望能继续得到教练的支持。"安琪说。

作为教练，我欣喜地看到安琪已经接受了角色的转变，正在极大地释放她的创造力，为客户、为公司、为团队创造新的价值。我也非常乐于陪伴安琪不断提升和加强领导力，在成为真正商业领导者的路上持续前行，体现教练价值。

正想着，耳旁传来哨声，比赛结束了。我回过神来，只见安琪灿烂地笑着，挥着手，洒脱地向场边跑来，整个人从内而外焕发着自信的光芒。这自信的光芒仿佛不仅照亮了她自己，也照亮了她前方的路，还照亮了周围的同行者。我在心里再一次为安琪喝彩。

教练洞见

在企业里，高管的职位变化是经常发生的，但亲历者难免会产生各种反应。

安琪是一个勤勉、忠诚的管理者，追求卓越、渴望成功。当职位升迁后的开局没有达到自己的期望时，她陷入深深的沮丧、自我怀疑和极度焦虑的困境中，就像被一片乌云遮住的太阳。

面对这样的安琪，有着丰富跨国企业管理经验的教练并没有直接给安琪出谋划策，帮她解决问题，而是聚焦在安琪身上，运用教练技术，激发她反思自己思维和行为的模式，从而在自我认知和思维上产生突破和转变；教练同时以此激发安琪的自信心和创造力，使她在强大的内在力量驱动下，锚定目标、改变行为，积极学习新能力、联结新资源、尝试新实践。由此获得的新体验和经验又转而会激发出安琪更大的自信和更丰富的创造激情，犹如云开雾散，太阳的光芒源源不断，使转变的价值不断增大……

这是安琪完整体验到的一场由外而内再由内而外的真正转变。这样的转变是一个照亮自己又照亮世界的重新创造过程，不仅使安琪完成了从自我到团队，再到组织系统的领导力意识和实践的突破与升维，更为团队、为公司、为客户以及更大的系统创造了更深远的新价值。

自我教练

作为领导者,你是否也有过或正面临类似的职位变化?这里的几个问题或许值得思考:

❶ 我经历过的印象最深刻的一次职位变化是什么?其中的什么让我印象深刻?那是一种什么样的体验?又给我带来了什么样的转变和影响?

❷ 再次面对这样的变化,我会如何应对?我需要什么样的支持?

❸ 再次为下属安排职位变化时,我会为其建立一个什么样的支持系统?

作者简介

鲁兰（Lucy Lu），工商行政管理硕士，高管教练、团队教练、国际教练联盟认证专业级教练、教练辅导导师，国际职业生涯规划师。

二十多年世界500强企业管理经验。曾任美国斯必克公司（SPX）亚大区副总裁，负责人力资源全面管理；也曾在全球著名企业，包括可口可乐（Coca-Cola）、百事（PepsiCo）和伊顿（Eaton），任职重要管理岗位，拥有国内和海外工作经验。十年教练实践经验，服务于国内外企业高层管理人员和团队，在支持管理者的领导力发展、制定经营管理策略、高效带领团队和组织能力发展方面有大量教练实践，尤其擅长管理者的领导力发展和团队管理。客户涵盖多个行业，包括汽车、房地产、医药、化工、工业品、消费品、金融、互联网、专业服务等。

联系作者：13916522386

14

艰难时刻，优雅前行

文 / 邹伟平

成功不是终点，失败也非末日，最重要的是继续前进的勇气。

——温斯顿·丘吉尔（Winston Churchill）

安妮是我认识多年的好朋友，在我眼中，她可以称得上是人生赢家——名校毕业，在国外打拼事业成功后回到国内，十几年前就是跨国企业在中国乃至亚洲区的负责人；虽已年过五十，颜值和身材仍然在线。

2021年4月中旬的某一天，她突然致电给我，想请我给她做教练。于是我们约定4月21日第一次教练会谈。在加入公司的过去三年里，安妮的业务增长率和达标率都位于公司全球高管的前列，中国的业务表现也一直是全球的亮点。因公司新任全球总裁和新引入的投资人对中国市场非常看好，从2021

年 1 月起，总公司开启了中国公司变革之旅，期待中国公司能够搭上互联网高速发展的快车，在未来三年营业额实现四倍的增长。她说："以前是将中国公司从 0.5 做到 10，现在是 10 到 1000。"如果她现在是三四十岁，这种变革将是一个绝佳机会，因为总部对中国的投资力度和战略关注度都非常高，她会像以往一样拼尽全力，在成功中不断成长；然而，现在年过半百的她感觉到了巨大的压力，最近连续两个星期，一到周末就生病，周一还不得不去上班。显然，当前公司的变革对她非常在意的身体健康和女儿的教育都很不利，她期待我能陪伴并支持她梳理思路，帮助她减轻压力。

看见应对模式

第一次教练会谈从探索安妮在公司转型变革期的现状开始。在她谈及时间和精力的管理过程中，我听到她几次提及"把控节奏""可控范围之内"以及没有完成目标的挫败感。我把这些关键词反馈给她，并问她这种掌控模式与她当前面临的焦虑和压力可能是什么关系。她说，紧盯目标并确保事情在可控范围是她多年养成的职业习惯，这种习惯曾帮助她实现了职业生涯的辉煌。现在公司要在三年内实现四倍增长，这个目标不再是以往那种"踮踮脚"就能达到的目标，公司投资人给予的互联网变革方向对她来说也比较陌生，这些都让她很焦虑。

同时，在事情变得不可控时，她那种使命必达的责任感和对完美结果的追求让她很容易掉进琐碎事情中。

"感觉完美主义有可能也是你产生焦虑的来源之一，你怎么看？"我将直觉反馈给她。安妮说是的，或许是以往的经历太顺利，她一直深得老板的信任，下属也把她当作身经百战的女强人，完美的职业形象一直是她引以为傲的，对完美的追求也不断激励她变得更优秀；当目标完成遥遥无期，投资人的建议又无从下手，长期处于不完美状态让她陷入深深的焦虑。

看见这些模式后，安妮决定从目标导向和完美主义"解绑"——当事情不可控时，提醒自己不是"女超人"，放下对完美的追求，"心大一点"，希望这样做可以帮她降低焦虑。

清晰重视什么

第二次教练会谈时，安妮一上来就跟我分享了她的收获，她开始在工作中提醒自己不是"超人"，并刻意调整节奏让自己慢下来，感知压力和情绪管理的能力有所提升，焦虑感也有所缓和。

这一次，她想和我探讨一个艰难的决定。当我问及为什么是艰难决定时，安妮说，自从看见自己的行为模式后，她越来越感觉自己的风格更适合在稳扎稳打的环境中生存。而现在公司正在经历激进的变革，中国市场的三年目标是不可改变的，自己短时间内实现不了这样的改革目标。她不想成为公司变革的瓶颈,希望能够光荣地退下来。同时,对于这个决定,她感到还有些犹豫。

于是我邀请她跳出现状展望一下,假如从当前岗位退下来,她将会过一种什么样的生活。她谈道,这份工作将是职场的最后一站;退下来后,好的方面是她有更多的时间锻炼身体和照顾女儿、家庭;不好的方面是她的社会地位和财务状况会下降。当我问到锻炼身体和照顾女儿、家庭在她生命中的重要性时,安妮谈起对家庭健康基因的担忧。我突然意识到,以前以为安妮坚持跑步是为了保持外在形象,没想到这背后还有她的不安全感;在那一刻,我对她非常在意身体健康突然有了更深的理解。当我问到社会地位和财务状况下降对她的影响程度时,她说,会有影响,但可以接受;她谈到一位在全球知名咨询公司的好朋友升到合伙人后的各种责任和压力,感慨当人们深陷其中时,聪明如她朋友那样的人也会被外在的地位和财务"绑架"着艰难前行。我很好奇为什么她会谈到这名合伙人,安妮说,她突然发现外在的地位和财务没有身体和女儿、家庭对她重要。

最后,我邀请她静下心来感受当天的教练过程,并总结对这个决定的看法。过了一会儿,她说,退下来的想法越来越笃定了。公司要想实现增长目标,需要有互联网和创新思维的操盘手,需要有高能量的人去推动组织变革;考虑到家庭、身体和公司当前所需人才,她不是合适人选。同时,她会全力配合公司做好后续安排,为自己的职场画上完美的句号,不留任何遗憾。她决定和总裁沟通退下来的决定。

探索发展方向

安妮再次约我教练时已经是 5 月 20 日,她已经和公司总裁谈过退下来的决定了,总裁理解安妮的决定,并开始委托猎头寻找继任者。同时,为了确保公司业务持续发展,总裁希望安妮能够留下来和他一起寻找继任者,并在继任者到岗后继续支持半年到一年的时间。

安妮说,最近她的内心比较平和,她从以前不认可公司总裁到现在开始理解他。当问及这种变化背后的原因时,安妮发现,自己以往背负了太多的责任,不管是对团队还是总裁,她都事无巨细地为他们考虑。现在感到压力时,她会不断提醒自己不是"超人"——放下承重的责任感后,包容和理解变多了。

她希望这次和我谈一下未来六个月的发展方向。我问她,既然已经决定退下来了,谈未来六个月发展方向对她的意义是什么。安妮说,要做到不留遗憾,她必须站好最后一班岗,希望继续提升,去适应公司的变革。听到这里,我深深地被她的责任感所打动,并反馈给她。当问及安妮规划发展方向的标准时，她提到了四个重要标准：接纳不确定性并顺势而为、充分利用资源、大胆尝试、不设限地寻找可能性。我发现安妮在这次会谈中从以前的掌控转向了接纳不确定性并顺势而为。我将这个观察反馈给安妮，她沉思良久后说，自己是从稳扎稳打的跨国企业中塑造出来的，身上带有太多的"应该"，例如使命必达、执行力强、专业的职业形象等。她希望能够从"职业塑造的我"中走出来，有勇气尝试可能失败的项目，在失败中突破和成长自己。当问到在不确定的环境中生存的关键可能是什么时，安妮回答说，不能压力太大，处于自在状态，同时管理上级也很重要。最后，安妮定下两个发展方向：

1. 进一步发展自身领导力，尤其是在不确定中大胆授权和管理公司总裁的期望方面；

2. 更多接触外界，敢于尝试创新做法，探索新的可能。

找到前行动力

6月中旬，安妮和我约了一次阶段性回顾会谈。

会谈一开始，安妮就和我分享了上周发生在销售例会上的一件事情。尽管团队很努力，但是目标完成率非常糟糕。按照以往的习惯，她会花很多时间去审核销售进展，并为团队打气，然后默默地责备自己战略思维不够，不能够支持团队找到突破口。这次她提醒自己不是超人，她照常表扬了团队的付出，同时强调总部的目标不会变化，面对这样的压力该怎么办。团队成员刚开始有点儿诧异，沉默一会儿后，有一位销售提了一个想法，初听起来很不成熟，她克制住自己的完美主义，问其他人有什么建议，没想到团队其他成员开始对这个想法进行补充，后来她惊喜地发现，不成熟想法的可操作性越来越强。那一刻，她突然意识到自己以前承担了太多责任。听完分享，我兴奋地说，对职业经理人来说，能够当下觉察自己的评判并克服完美主义非常不容易，我衷心地祝贺她取得的进步。

最后，我邀请她用时间轴来回顾这段历程，她很欣喜地看到，拉长时间轴看过去，这是一条上下起伏、趋势往上的曲线：

1. 没有完成目标时她仍会焦虑，但自信心增强了；

2. 接纳自己不是超人后，她比以前更信任下属了，给予他们更多授权，并与他们一起尝试创新做法，享受从行动中拿到反馈并不断迭代；

3. 她接受了业务的起起伏伏，学会在低谷中自我放松；甚至在低谷时选择远离工作环境 2～3 天，重新回来时看事情的视角就发生了转变，她开始享受这种压力中的放松。

看到这段时间的成长，她突发感慨："退不退下来不重要，继续成长更重要。"她期待在未来几个月更多地挑战和突破自我。

规划过渡角色

9月中旬，安妮告诉我，继任者候选人差不多定下来了。她想约我谈一下继任者到岗后的过渡期安排，方便与全球总裁确认并与候选人沟通。

教练会谈从安妮期待的过渡期安排开始，目标是可以兼顾继任者和自己的优劣势以及公司业务发展的需求。基于继任者的强互联网行业背景、运营能力以及稍弱的行业背景，安妮会建议继任者负责公司整体运营和业务发展，尤其是互联网和创新业务相关的；她作为顾问，负责现有大客户关系维系、行业趋势和政策洞察，并且作为继任者的导师，指导继任者了解公司和行业情况。当我提及她们的配合让我想起哈佛教授罗纳德·海菲兹的"舞池"和"阳台"视角时，她觉得这个比喻很有意思。

当问到这种安排的挑战时，安妮谈到过渡期内的"被边缘化"和失落感，她需要管理好心态，并扮演好角色，这对她来说将是一场修炼之旅。我感觉到安妮对总经理角色有很强的依恋，于是我提议安妮在继任者到岗前和总经理角色正式"告别"，并分享我在公司合并时的做法：在朋友圈正式和公司标志物告别，割裂十几年服务的感情，焕然一新加入合并后的公司。这样的告别仪式可以对她割裂和总经理职位的情感起到支持作用，减少过渡期的失落感。

最后，我邀请安妮去思考，如果能很好地管理过渡期，那时候可能会是什么样子。

安妮说，继任者到岗后将会负责日常运营，她将有更多时间站上"阳台"看公司的整体发展，对她个人发展来说，这将是一个转折点。她习惯在"舞池"中忙于各种救火和打拼，站上"阳台"不是常有的事情，她会花时间研究外在环境、行业以及全球公司对中国公司的影响，联结外界资源，给予公司前瞻性的观点和建议，支持公司找到更多发展机会，更好地发挥顾问角色。同时，她会保持开放心态，抱持欣赏的眼光与继任者合作，支持他人，也成就自己。这样的过渡期安排是她理想的"为职场画上完美句号"的方式。

活出真实鲜活的自我

10月的某一天，安妮约我谈一下最近的变化以及未来的方向。

教练会谈一开始，安妮就兴奋地和我聊起最近四天的西北之旅：一望无际的辽阔沙漠和轻奢酒庄微醉的品酒，让她感到全然的放松和开阔，她享受着在草坪上被每一句歌词打动心扉的感觉，找到了心脑合一的体验。在那一刻她突然感悟，自己不再是理智的职业女性，而是任由情感流淌的"女孩"。她说，以前自己就像一名苦行僧，严格要求自己，需要拥有正确方向,只做有用的事情;现在她正活出立体、鲜活、有趣、有特点,她充满"磁性",容纳不同人和不同风格,让人舒服。

等她讲述完毕,我回应道:"听上去,这段旅程让你找到了放下'应该'的感觉,活出了本真。""是的!"安妮兴奋地说。"那你如何把这份美好的体验带到工作中呢?"我好奇地问。安妮坚定地说:"把'自己应该的角色'和'真实的自己'合二为一。"以前两者差距时大时小,差距大时,她感到很大压力;如果两者合二为一,她就不用耗费能量来处理两者的差异,可以将鲜活的自己调出来,发挥自身特有的魅力。我问她,那具体怎么做呢?

安妮回答说,以前她在意他人的感受和认可,要求自己保持完美专业的形象,遇到不如意时会压抑情感和需求;以后她不想压抑自己,要展现真实的自己。接着,她苦笑着分享一名朋友的评价,朋友是让周围人围着自己转,而安妮是忙于照顾周围人,所以朋友的业务比安妮大很多。安妮感慨地说,作为领导者不能太心慈手软,要敢于真实表达。我笑着回应道,你现在有一颗"菩萨心肠",加上"霹雳手段",将来会成为更果敢的领导者。

会谈接近尾声时,安妮决定将这份在旅行中的收获带到生活和工作中。为他人考虑的同时,她会真实表达需求和期望,强调他人的责任,展示自身的果敢和决断力。同时,她也会通过网站、微信或沙龙等方式让更多人了解自己,实现更多地与外界联结。

感恩蜕变之旅

12月1日,安妮的继任者到位了,安妮约我做了一次复盘。

尽管没有完成增长翻番的目标,公司到11月底的业务也比2020年增长了30%以上。回望走过的路,安妮感谢自己的选择和改变,欣赏自己不再惧怕不确定的高压环境,学会了更好地管理团队和影响公司总裁。最重要的是,她学会了拉长时间轴看得更长远,站上"阳台"看得更全面,做到了及时调整自己。这段历程对她弥足珍贵,收获远超预期。

最后,安妮说,公司总裁希望她继续留在公司,她也期待未来一年与继任者携手合作,助力公司在华业务的发展。

教练洞见

对于安妮来说,这是一段艰难而优雅的蜕变之旅:在企业转型变革前,安妮考虑到身体、家庭和短期内无法实现企业转型预期目标,做出了退下来的艰难决定,并主动提出继任者计划,支持公司聘请更适合企业转型的外部人才;同时,安妮不断蜕变自己,放下完美形象和辉煌历史的包袱,提高适应激进转型变革的能力,确保公司现有业务继续保持30%以上的增长，避免企业转型变革的风险。

对于教练来说，这是支持转型领导者从消除短期"症状"到领导力跃升的过程：

教练项目前期，支持安妮应对高压力和焦虑的挑战。 从以往的成功模式中走出来，支持她看见并放下紧盯短期目标和完美主义的旧模式，学会更好地在高压环境中生存和发展。

教练项目中后期，支持安妮在变革管理和个人影响力层面工作，实现领导力的跃升。 从稳扎稳打的环境中走出来，鼓励她勇于尝试，接纳不确定和失败，真实表达期望和需求，展示自身的果敢和决断力，更好地管理团队和利益相关者，逐步活出真实鲜活的自我。

教练风格： 正如安妮期待的一样，在这段蜕变之旅中，教练理解、鼓励并全然相信安妮，利用教练技术支持她梳理思路，看见思维和情绪模式，找到适应环境的方式和提升方向。同时，教练发挥人力资源专业优势，适时给予人力资源和团队管理方面的建议，例如"光荣"退下来的决定、"被边缘化"的挑战、责任感、退下来仍要成长、共享成长快乐等，支持她在艰难道路上继续成长和贡献。

自我教练

面对艰难时刻，我们容易在繁杂和高压环境中迷失自己。

如何找回最重要和最珍视的东西，可以问自己以下问题：

❶ 为了应对变化，有什么事情是我不得不做又害怕去做的？如果我不做，这些变化会对我造成什么后果？如果我大胆做了，这些变化会给我带来什么机会？

❷ 艰难选择的取舍标准是什么？为什么这些标准很重要？通过追问几个为什么不断挖掘最重要的是什么。

❸ 假如采用不一样的取舍标准，对我有什么影响？

面对艰难时刻，利益相关方的支持对突破困境非常重要，以下问题可以支持你赢得利益相关方的支持：

❶ 不同利益相关方的需求是什么？

❷ 可以满足不同利益相关方和我自身需求的解决方案有什么？利益相关方为什么要选择这个方案？为什么这个选择是当下比较合适的解决方案？还有更优方案吗？

❸ 如何和不同利益相关方达成一致？有什么障碍？需要什么资源？

当你从稳扎稳打的环境进入到激进变革的环境时，不妨问自己以下问题去发现提升和突破的关键点：

❶ 哪些以往的优势正阻碍自己在新环境中的生存和发展？

❷ 新环境的核心任务和目标是什么？需要什么新的能力？

❸ 如何更好地与不确定性相处？如何在不确定中为公司、

团队和自己寻找机会？需要采取什么行动？从行动中学到了什么？

作者简介

邹伟平，国际教练联盟认证专业级教练，具备高管、团队和组织教练经验。

资深人力资源专家，二十多年跨行业人力资源管理经验，12年全球领先企业的中国和大中华区人力资源负责人经验；对人力资源部门组建、人力资源体系设计和优化有丰富的实战经验，多次主导企业并购和外包业务的人力资源整合项目，拥有企业高速增长和转型的人力资源管理实操经验；擅长企业文化、组织能力和领导力建设。

联系作者：13601055477

15

相信相信的力量

文 / 范晓燕

教练人，而不是问题。

——玛莎·雷诺兹（Marcia Reynolds）

《教练的本质》（*Coach the person, Not the Problem*）

记得一位资深教练说过："教练就好像平静的湖水，平静得像一面明镜。如果水面有飞鸟飞过，湖面会倒映出飞鸟的影踪。如果水面有树叶漂过，水面才会回应它，泛起几圈涟漪，然后又恢复平静。"教练，就是需要这样稳稳的状态，才能够承托住客户，让客户全然地释放自己内在的潜能，找到属于自己的最佳答案。

教练之所以成为非常具有吸引力且能带来显著积极效果的职业，其原因之一在于它集各种理论和学科之所长，是一种独特、专业的实践性工作,如从业者需要了解哲学、心理学、精神灵性、管理学理论、成人学习理论、神经科学等。人本主义心理学家卡尔·罗杰斯(Carl Rogers)认为,每个人都能成长和发展成为他们的"最佳形式",然而只有人们感到受到理解、重视和无条件接纳时,这种自我实现才能发生。当然罗杰斯也提出,前提是这个人有较高的自我意识和觉察能力,且经验丰富。

在本文中,客户 S 是一位具有高度觉察力和丰富经验的管理者,教练只需要带着足够的相信,并相信相信的力量,所有问题的答案就会自然生发,这种感觉非常美妙,犹如从山上流淌下来的潺潺溪水,带着生命自然的节奏。

缘 起

初见 S 是在一次读书会上,她皮肤白皙,有一头乌黑的波浪长发,穿着一身优雅得体的裙装,戴着一副精巧的椭圆眼镜,说话声音柔软而清亮。当 S 得知我是国际教练联盟的专业级教练时,她告诉我,她刚回国工作,是一家跨国集团的人力资源总监(HRD),刚好最近在公司推动教练技术的计划。于是我们相聊甚欢,聊的话题很多是关于教练技术的神奇魅力,以及教练如何影响我们自己的生命改变,相信用在企业里也一定会激发员工的主动性和敬业度,带动整个企业的发展。因为这次结缘，我们的教练故事就此开始了。

卡壳与化解

一个秋季薄雾的早晨，我忽然收到 S 的微信信息，她想约一次教练时间帮她解决一个当下的困惑。我微微一笑，猜想她一定是暂时卡在哪里了！S 非常聪明，因为这个时候请教练来疏导是非常有效的，这就如给自己找了个多角度、多维度的棱镜。

由于疫情原因，我们约在了线上，通过视频教练。这是一个工作日的下午，S 在办公室里，穿着一条藕粉色的连衣裙，镜头里的她依然非常靓丽，不过今天 S 的眉头不时紧锁，语气快且急促，我在视频另一端静静听着她的讲述。

她皱着眉头说："上次和你聊过要在公司推进教练技术的计划，但是我被总部收到的一个投诉搅乱了思路。恰巧还是投诉教练事件的——我所在部门的个别 HR 拿工作时间和员工谈话，以此时间作为个人教练实践小时数的积累，还发朋友圈招募内部客户。这让我很伤脑筋，这种情况下，教练在公司变成敏感词了。接下来如何让教练受到正面理解？如何在公司推进？我自己想得脑壳疼，因此想请你这个专业教练帮我捋捋思路。"

我听到这儿，不禁也有点儿哭笑不得，想推动教练技术却遇到投诉教练的情况!

于是我好奇地问 S 是怎么处理的。S 说肯定要先处理投诉，但是因为教练技术的特殊性，对员工的帮助也是有的，所以要求 HR 找员工教练时，必须和业务线直接领导达成共识，三方目标一致才能进行。我暗自竖大拇指，S 的确是个智慧的总监!

不过 S 接着说，总部同时也给了她一个任务，在刚刚做的全球敬业度调查问卷中，中国区员工对个人成长与发展打分特别低，希望她能有所作为，加以改善。其实这家公司是她出国前曾经服务过的老东家，属于国际范围内的行业领军企业，流程规范，管理严谨成熟。由于熟悉公司文化，S 基本对一切事物都驾轻就熟。目前公司正处于业务扩张阶段，并购了不少新公司，人员激增，团队融合和管理迫在眉睫。S 计划把管理者领导力提升作为抓手，推动组织创新文化，提升员工的工作敬业度和自我管理能力。

教练技术正符合这一管理趋势，加上总部 HR 也非常认可，这对教练型领导力的开启是个很好的契机。只是 HR 内部学过教练课程的人不恰当地运用教练技术，让教练一词在当下成了公司的敏感话题，这让 S 不知如何才能为教练正本清源。

看到她这个教练技术的坚定支持者在实践中开始摇摆和困惑，我油然生出一定要陪伴她探索出答案来的心愿，而且我坚信答案就在她自己的头脑中,她一定有自己最好的答案。于是我快速在内心勾画出一个简单的 GROW 模型来设计这次教练谈话的流程。

目标——我问 S:"企业里教练技术的推进,你理想中的成功画面是怎样的呢?"

听到这个问题,S 打起了精神,她前面一直在想着推动中的困难和问题,忽然听到希望要的是什么,她的眼神从暗淡到明亮。接下来,S 足足讲了五分钟,描绘了一番未来的美好画面……

现状——我又问:"那你当下的现状是如何的呢?"

S 右手撑住下巴,缓缓答道:"大部分高管还不了解教练是什么,管理思路还是传统模式,部分学习过教练的 HR 的盲动让'教练'变成敏感词,员工更是云里雾里不知教练是何物。"

选择——我接着问:"那你当下头脑里可选的方案有哪几个呢?你见过企业内教练的成功案例吗?"

显然后面一个问题更吸引 S,她似乎受到激发,眼神发亮地说:"我自己就有亲身体验。我和前任美国老板一起工作磨合了六年,汇报工作时我一开始会很习惯地谈具体工作内容,老板会很认真听,有时候我很啰唆,他还是非常有耐心,不会打断我。有时候他会跳出具体工作细节,和我谈愿景与目标,比如问我想把 HR 团队带到哪个方向去。把愿景和目标说出来时,我就会被调动出满满的能量,被深深地激励。所以也才有了今天的我。哦！我此刻忽然意识到，教练需要时间的磨合，需要一个彼此信任的空间，这一点非常重要。企业里员工的情况迥异，工作情景也错综复杂，教练运用必须有合适的情景，是情景教练。"

一般人在高能量状态下容易出现"啊哈"时刻，也就是教练中所谓的深度觉察时刻。抓住 S 的这个关键时刻，我赶紧接着问她："你还有什么发现吗？"这个"还有什么"是教练中的经典问题，可以激发出对方更多的觉察。

S 开始思绪汹涌，滔滔不绝地对我讲述起来……最后她说："其实我们没有必要在公司培养出专业教练，只需要管理者会运用一些教练小技能，比如积极聆听、提开放式问题。在合适的情景里，管理方式可能就非常不一样啦！所谓大象无形，无痕的教练才是最高级的教练。太棒了！我似乎找到思路啦！"

听到她说出这些，我的内心也非常轻松愉悦。于是很自然地走到 GROW 模型的最后一步：如何行动？

她不假思索地回答："第一步，尽快组织企业情景教练式领导力的进阶培训学习；第二步，成立企业教练俱乐部，定期做教练技术演练，分享实践教练技术的经验。让此前使用教练但被投诉的 HR 同事可以大胆、灵活、恰当地使用教练工具。"

看到此刻 S 已经能量提升、语气坚定，于是我准备收尾，问了最后的问题:"我们今天的教练对话先到此,你觉得可以了吗? 0 ~ 10分,你的满意度是多少分?"

S说:"非常感谢你的陪伴,我已经清晰了方向。我打8分,剩下2分看我接下来的行动结果!我会给你反馈的。"

客户行动

差不多一个月以后,S和我分享了后续故事:

目前企业内部的教练培训已经完成初级阶段的课程,公司的"心流"教练俱乐部每月有两次活动,大家互相练习教练核心技能,比如深度聆听、开放式问题、思维逻辑层次等。大家分享着自己工作中、生活中运用教练式沟通发生的故事,比如使用不当引发的一些笑话、自己踩过的坑等,俱乐部的气氛非常活跃。"如今俱乐部的活动在公司里名气很大,有个当初说工作忙没有时间参加培训的事业部老大,在路上看到我主动要求下期培训一定要叫上他!"说到这里,S不由得发出清脆的笑声,别提多开心了!

最后,S还特意告诉我一段煽情的故事,是公司总裁在教练式领导力培训启动会上的开场白:"我至今一直记得一位我的直接经理,他也是一名优秀的企业教练,在我年轻时给了我足够的信任,相信我的能力,允许我试错,这才成就了今天的我!我也希望在座的各位将来也让你们的手下铭记!"这番话让在场的所有管理者动容，让即将开启的教练式领导力学习充满了动力和温度。

我和S之间的教练故事还在延续，最近的一次教练谈话中，S说全球敬业度调查又开始了，不过她告诉我对结果绝对信心满满……通过一次简短的教练对话支持到一个人力资源总监，从而推动了企业的一些创新改变，教练的涟漪可以衍生出如此大的动力，让作为教练的我也充满了动力和价值感。

教练洞见

本案例的教练对象是个非常有觉察力的客户，也是有着多年管理经验的人力资源管理者，尤其是她还学过教练课程。因此在对话中，我选择人本主义的教练思路，教练只需全然地相信客户的潜力，相信只有客户才是解决自己问题的专家。建立亲和的合作伙伴关系后，教练无须用太多的力，只要理出一个清晰的对话流程，比如GROW模型流程等，一切答案就会自然而然地从客户方流淌而出。当然教练行动的落实也是一个完整闭环中非常重要的环节。这是教练中非常难得的案例，虽不多见，但是令人印象非常深刻。

自我教练

遇到让你卡壳的问题时,GROW 模型可以用作自我教练,这也是成功运用于本次教练实践中的经典提问:

❶ 目标——我想要的成功目标是什么?

❷ 现状——我当下的现状是如何的呢?

❸ 选择——我可选的方案有哪些?

❹ 行动——我准备如何行动?

作者简介

范晓燕（Irene），国际教练联盟认证专业级教练、授证教练辅导导师，国际职业生涯规划师（NCDP），国际教练联盟上海分会前任会长。专职从事企业高管教练，职业生涯规划，生命教练及新教练辅导、督导教练工作。

二十多年IT行业市场及人力资源职业背景，教练实践领域丰富，教练风格亲和，具有同理心，相信每个人都是生来具足。

联系作者：13918186933

16

第二座山

文 / 胡丝雯

我们每个人都在攀登人生的两座山。如果说第一座山是关乎构建自我和定义自我的,那么第二座山则是关乎摆脱自我和舍弃自我的。如果说第一座山是关乎获取的,那么第二座山则是关乎奉献的。如果第一座山是精英式的独自攀登,那第二座山则是置身于有需要的人之间,并与他们手携手同行。

——戴维·布鲁克斯(David Brooks),
《第二座山》(*The Second Mountain*)

初探:山路险峻

A 公司是北欧知名可视系统制造商,其数码产品广泛应用于影视、医疗和户外媒体等领域。公司 CEO 是个中国迷,2018

年斥重资在无锡投资建厂，从一个小小的研发团队到如今能够定制化量产，公司走过了高速发展的四年。2022年极具挑战，决定公司业绩的几个关键岗位都换上了新人，又遇上前所未有的"封控"，形势相当严峻。用CEO的话来说，只要能渡过今年的难关，往后的日子将会是一马平川。所以集团上下万众一心，全力以赴克服困难，首批举措之一就是为研发、销售、生产等直接汇报给CEO的几个重中之重岗位配备了一对一高管教练，以期不仅帮助新晋高管顺利过渡，还要能使其直面市场严峻的挑战。

跟我匹配上的是负责工厂生产运营的迈克。据迈克自己说，选我做他的教练不是因为相关的背景，而是我看上去相对比较理性和专业，是"讲道理"的那种人。当时我并不理解他的意思，后来才明白他为何这么说。

通过进一步交流，我了解到迈克有着丰富的运营经验和高度的职业素养，但进公司不到半年，诸多利益相关方，尤其是研发、采购和销售等部门，对迈克都颇有微词，一致认为凡事到了他这里就会卡壳，也因此大家都在背后悄悄地给迈克取了一个外号叫"瓶颈"。大家都觉得是迈克的阻挠才导致新品落地严重超时，拖延了定制订单的交付，从而导致客户投诉不断，销售部门压力山大。新冠疫情已经让客户订单减半，内部迈克和他的部门还这么不给力，对业绩简直是雪上加霜。这些逐渐累积的怨声慢慢引起了CEO的注意，各部门老大还一有机会就联合起来状告迈克，CEO 也开始渐渐怀疑是否选错了人。对迈克而言真是四面楚歌，不到半年时间，整个人的精气神全没了，近期还经常失眠。这种危机四伏让迈克很希望教练会是他的一根救命稻草。

锁定目标：迸发第一坡

通常为了确保整个教练项目的顺利进行，直线经理、高管本人、公司 HR 还有教练需要在期初、期中和期末一起开会，制订计划并回顾教练进程，这样的会议简称四方会谈。

第一次的四方会谈上，CEO 和 HR 都肯定了迈克为整个运营部门树立了"高标准严要求"的职业规范，同时也明确表达了基于近期收到很多有关迈克的投诉，希望能在四个月的教练结束时，迈克在跨部门沟通合作上有明显的提升。迈克也回应了自己当前的无奈，表示愿意借助教练找到问题的症结并重拾信心。在四方进一步清晰了"提升跨部门关系"是教练目标后，我看到一直坐得笔挺挺的迈克把身体靠向了椅背，脸上闪过一丝不易觉察的松了口气的释然。这场对话是否比他想象的要容易一些呢？是否迈克平时看待问题会没那么乐观呢？我保留着自己对迈克的好奇，同时开始期待跟他的合作。

第一次的教练会谈安排在了四方会议之后的一周。再次见到迈克，我感觉他比上次有了点儿精神，但也似乎又多了点儿心事。稍作寒暄后，我询问上次四方会议上他的感受，迈克回答的都是他的想法，没有任何关于他自己感受的信息。这小小的开场让我对他有了更多的好奇：到底是他没听清楚我的问题呢，还是他避而不谈，或者根本不知道我问的感受是什么。疑虑暂且放在一边，我决定先顺着他的思考习惯，和他一起进一步聚焦细化教练目标，锁定在"提升与研发、采购以及销售部门的关系"上，同时清晰了衡量标准。

完成这些的时候，迈克看起来似乎挺满意的，我马上又问他此刻的感受是什么，他回答说："其实我也不知道我的感受是什么，好像我们这样去清晰这些对我还挺重要的，尽管暂时我们还没有谈到怎么去做，但我会有一种确定和踏实的感觉，而且好像没有之前那么沮丧了。"迈克的回答解答了我之前关于他不习惯表达感受的疑虑，这让我更有信心去执行我草拟的教练方案了。于是接下来我跟迈克介绍了"感知位置平衡"工具（见图 16-1）。

我提议每次只挑一个重要利益相关方或部门，用这个工具还原日常工作场景中迈克和他们的真实互动，这样可以让迈克：

1.具体"看见"那些关系中到底发生了什么，帮助迈克从当局者身份中抽离出来，像旁观者一样去看自己和他人是如何互动的。这可以让迈克了解自己的"庐山真面目"，从而解答他当前对某些关系的困惑和不解。（迈克是理性且讲逻辑的，

第一位置：**我**
我自己本来的位置

第二位置：**你**
对方的视角

第三位置：
观察者的视角

图 16-1 感知位置平衡法

我认为搞清楚"为什么会这样"对他很重要。）

2.通过不同的站位（走到第二或者第三位置的圈上），去体会自己和其他人的感受。在征得迈克同意后，我直接和他分享了有关他在情绪感受上表达有点儿困难的观察，提议通过这个工具去唤醒他内在的感知，帮助他更好地去了解自己和周围的人。（当时迈克对此不是很明白，但也没表示反对，就说愿意试一下看看。）

3.运用不同的视角分析解构同一个问题，这样可以帮他拓宽视野，发现更多的可能性。（迈克是非常结果导向的，他期待教练项目有所成效，所以可能性就意味有解决方案，这是他想要的。）

澄清了以上内容之后，第一次教练就在我们两个都还满意的情形下结束了。望着迈克稳定而平静地离去,我对接下来和他共度的教练之旅满心期待。

解锁瓶颈:"审查员"攀上第二坡

接下来的几次教练,我们都用感知位置平衡工具来拆解迈克和他周围人的关系。每次转换位置时,我都会邀请迈克先闭上眼睛,在那个位置上"站立"一小会儿,尽量去感受自己的身体在那个位置上的反应,等身体有了觉知后,再开始分析解构他和处在那个位置上的人之间的关系。如此重复,让迈克既体验自己,又站在他人立场上感受他人。

渐渐地,迈克不仅可以表达一些内在的情绪感受,比如他会说"我这里(手指胸口)堵得慌""喉咙感觉被掐着很难受""腿像灌了铅似的迈不动",等等;也对自己有了进一步的发现:在一次演练和研发老大的关系时,迈克惊讶地发现原来自己一直都孜孜不倦地扮演着"审查员"这样的一个角色。平时每当新产品小试(小规模制造出来)不成功,迈克都会自动启用他那套最严格的审查程序,绝不放过任何一个细节,而其实他最应该做的只不过是签发通知书,附加说明问题和安全隐患即可。而常常研发部门迟迟等不来通知书不算,迈克还不断要求研发提供各种详情细节资料,比如定制需求清单。迈克的理由也很简单,就是想找出原因,找到差距。但他这样做很明显过分了,按照规定,只有等到量产(中间还要经过中试阶段)时候迈克才可以提这样的要求。可见这种迈克自以为的好心让研发有多抓狂了,不投诉他才怪呢。

见他若有所思,我问迈克当他在"审查"的时候内心有什么感受,迈克回答说其实非常享受,感觉自己的双眼会放光,好像探照灯一样去黑暗里找线索,这个画面让他想到了自己从小最喜欢追刑警类连续剧——原来迈克是把新产品小试不成功当案件在侦破了……迈克继续沉浸在自己的回忆里,脸上划过一丝不易觉察的苦笑。我问他想到了什么,他自嘲说难怪别人背后叫他"瓶颈",他觉得自己是被"破案"这个梗给卡住了。见他有所启发,我继续问这样的破案场景在他的日常生活里会不会也经常出现。迈克对这个问题感到有点儿惊讶,瞪大了双眼停了一会儿,说:"嗯,是的,经常会有。记得有一天晚上儿子拉肚子,我很兴奋地拉着儿子东问西问,让他尽可能回忆白天吃过的每一样东西,儿子被我弄得很不耐烦,说还有很多作业要做,没空回忆。于是我又去问太太那天做晚饭的一些过程细节,还拉着她去冰箱甚至垃圾桶里翻查当晚食材包装的保质期,还对调料柜做了一次排查。看到我如此小题大做,太太直骂我神经病……"说到此,迈克自己也苦涩地笑了,自叹道:"你说我这是何苦来着,强迫症吗?"我对他的问题不置可否,鼓励他在教练结束后,可以自己再好好想想。

角色换岗:"大审查员"登上第三坡

那一次知道"审查员"角色之后,迈克对自己的这个固有习惯有了一点警觉,对和他人的关系也有了一些新的看法——他总结说,发现自己总是沉浸在自己的逻辑自洽里,根本没想过要去感受他人,现在才明白大家平时经常说的换位思考是怎样的,这也是他需要去改变的地方。这样接下来的教练目标就是帮助迈克去实现他想要的转变。

我们又用了两次教练对话一起探索了不少可行的办法,最初我们设想的是帮他替换掉"审查员"这个角色,但貌似行不通,因为迈克说他非常喜欢自己两眼放光破案的那个形象,要改头换面的话那可能就不是他自己了。"也许与其替换,不如重新来看看我可以怎么用好'审查员'这个角色。我是否可以当一个'大审查员'呢?就是必要的时候上岗,或者有选择性地使用,比如只针对那几个关键的产品启用,我对那些关键产品是有排序的;再比如可以抓大放小,只在大的方向或框架把握上用……这样会不会更好些?"当他再次把目光看向我时,我重复了他的那个问题:"嗯,这样会不会更好些?"他有点儿兴奋地搓了搓手,说"有种等不及马上想要去试试看的感觉"。说完,我们都笑了。

接下来的几次教练中,迈克不断地去细化、修正这两点在实际工作中的应用。在每一次教练的开头,我们都会一起回顾他在应用上的一些感受和感想，进一步巩固那些已经习得的，调整或修正那些目前还做不到的。当教练周期接近尾声的时候，我眼中的迈克，状态已经变得有温度和精神饱满了，看来是时候把迈克送出教练阶段了。

重构突破：第二座山

尽管迈克的转变在我看来是明显的，但在真实的工作场景里，他是否能在那些容易引发他当"审查员"的情境下依然保持警觉，有选择地去做他的"大审查员"，这些我需要别人来帮我验证。

当四方再次坐到一起的时候，气氛明显变得轻松自在了许多。我简单开场之后，CEO 就迫不及待接口说："非常好！这段时间我明显看到了迈克的变化，而且近期大家对迈克的反馈也都不错，比如……"HR 也接着分享了她最近收到的大家对迈克的一些正向反馈。迈克很安静地听着，好像还有点儿不好意思。在大家都肯定了教练有成效后，为了巩固这一胜利成果在教练结束后继续有效，我提议 CEO 和 HR 以后就迈克的"大审查员"角色定期地给他反馈，同时也邀请迈克继续不断地去感受自己，激发、锻炼并调动自己的感知来改善自己和他人的关系。

最后，我邀请迈克总结陈词，他悠悠地说道："此刻我想到了最近在读的《第二座山》书里的那句话：'在第一座山上，你雄心勃勃，高瞻远瞩，不同于攀登第一座山的方式，到第二座山上时，你已倾向于亲密、无私和奉献。而第二座山上的人过着更宏大的生活，激活了内心深处，并承担了更广泛的责任。'现在我感受到内心有某些东西被激活了……嗯，我想以后会有更大改观的……"他像是自言自语，但在座的我们都被他这番煽情的反思所感染了，大家都不说话，默默跟他感受心中那巍峨的第二座山……

在总体教练项目结束回顾的时候，我和迈克又见面了。当他跟我说后续还会再请教练的时候，我打趣地劝他说："要不要找一个不像我这么'理性'的教练感受一下？"说完我们都心照不宣地哈哈大笑了起来……

教练洞见

迈克属于典型的理性领导人，对自己和他人的情绪不很敏感。但一开始教练不会去直接揭示这一点，而是先跟随他习惯了的冷静、专业而又务实的做法，在迈克感到完全自在放松之后，才去安全地挑战或激发他有关感知的能力。这个案例用的是"先跟后带"的教练方法。

感知位置平衡法非常适合"关系"类的教练话题，我们经常说"看见即改变"，所以先帮迈克"看见"是非常重要的。此工具可以很好地让迈克通过身体的移动来感知自己和他人，从而突破自我认知的单一视角而获得他人的多元视角。

"迈克不会表达感受"这只是教练初期我自己的一个假设，之后通过验证得到了确认，然后就用感知位置平衡法这个工具，帮助迈克通过不同位置的角色转换去唤醒他内在的感知能力，这是这个工具的另外一个用法。

把人放到环境中去教练。意识到迈克离开教练后的持续成长或转变离不开周围环境的支持，所以在期末的回顾上，我有意识地邀请迈克的直线经理 CEO 和 HR 后续为迈克创造一个更利于他成长的环境。换言之，当教练结束退出后，为了防止迈克回退到过去，我们需要给他创造一个支持性的环境，巩固他已有的转变，让"大审查员"变成新的习惯。

自我教练

我们很多人是在一个不习惯谈论感情或感受的环境下成长起来的，身边的长者或领导者更经常会认为唯有把事情做好才是第一要事，其他的都不重要。我们现在就来做个小小的反思练习，看看亲爱的读者你的自我情绪感受如何？

❶ 我在阅读本案例故事时，体验到哪些情绪或情感？
❷ 本案例的哪一部分对我是最有价值的？为什么？
❸ 如果我是迈克，我还会需要教练的哪些建议或帮助？

附录：感知位置平衡工具的使用

感知位置平衡法之第一位置的思考

第一位置：**我**
我自己本来的位置

- 在这个情境中，你的目标是什么，你想要达成的是什么？
- 你打算如何达成这个目标，你所采取的策略是什么？
- 哪些部分奏效了，哪些部分行不通？
- 在这一情境中，对你来说真正重要的是什么？
- 你如何看待对方，又会如何形容或描述对方呢？
- 你给对方带来的影响是什么？

感知位置平衡法之第二位置的思考

第二位置：**你**
对方的视角

- 在这个情境中，你的目标是什么，你想要达成的是什么？
- 你打算如何达成这个目标，你所采取的策略是什么？
- 在这一情境中，对你来说真正重要的是什么？
- 你如何看待对方，你又会如何形容或描述对方呢？
- 对方试图达成的是什么呢？
- 对方给你带来的影响是什么？
- 其中哪些是有用的，哪些部分又是行不通的？
- 对方是如何影响你的？
- 你有哪些是需要对方了解的？（比如你的需求）

感知位置平衡法之第三位置的思考

第三位置：观察者的视角

- 你在这一位置上看到了什么，面前的这两个人之间发生了什么？
- 哪些方面是行得通的，两人看法一致的地方有哪些？
- 两人在哪些方面进展融洽，他们是怎么做到的？
- 哪些方面是不顺利的，哪些方面有冲突，他们对彼此不够了解的地方有哪些？
- 你觉得哪些做法能够行得通？
- 有哪些关于对方的部分，是他们各自需要去了解的？
- XXX（那个第一位置的"我"）需要做什么来确保达成其既定目标？

作者简介

胡丝雯（Maggie），国际教练联盟认证专业级教练，高管教练，咨询顾问。

拥有化工机械工程师背景，曾为阿美特克（Ametek，制造业）、麦肯锡（咨询）、海德思哲（Heidrick & Struggles，猎头）、电通安吉斯（Dentsu，媒体）、乐高（LEGO，玩具）以及英国文化协会（British Council，教育）等多家著名外企工作过。主要专业领域横跨人才招聘、人力资源业务伙伴、员工关系、变革管理等。教练风格温和、亲切，知性而有力量。

联系作者：18601794184

17

想做就做！

文 / 胡丝雯

教练中最美的时刻是教练完全地进入客户的世界里与其相遇！

——丽达·特瑞（Leda Turai），

大师级教练、国际教练联盟前全球主席

即将和小戚结束八个月的教练关系时，我们做了一次复盘。当我邀请小戚聊聊他在整个教练过程中的收获时，略做思考后他嘿嘿一笑，说："其实我最大的收获就是升职加薪吧。"

这么直白的答案有点儿出乎我的意料。貌似看出了我的不适应，小戚进一步解释说："麦琪你看，去年老板给了我股票期权，今年马上要升我当副总裁（VP）了，我觉得得到这些都跟咱们这么多次的教练有关。"听着小戚的话，我脑海中像放电影一般回到了教练伊始。

序幕：将信将疑

八个月前，作为销售总监的小戚通过朋友找到我，希望我能为他的职业发展出谋划策。尤记得初次见小戚时他的萎靡，有一种没睡醒的慵懒，每说完一段话，最后都会跟一句"唉，真心累啊"。细说后才知道原来小戚所在的F公司是做人工智能（AI）集成产品的，近年发展势如破竹，短短几年已经走到了行业的前端并迈出国门，上市计划也板上钉钉定在了2024年。正如很多高速增长的公司一样，对外超音速扩张的同时，也出现了内部难以调理的混乱和无序。就拿小戚的直接汇报线来说，一年内就换了四任老板，这让喜欢深耕并注重长期维护客户资源的小戚无所适从；此外，公司鼓励销售部门为了抢单而打破他底线的一些做法，也让他难受、纠结不已。

所有这些常常让他内心冲突不断、不知所措。一方面是对公司即将上市的憧憬，让小戚觉得财富上的巨大收益指日可待（他正看中了一套价值不菲的二手房，打算改善目前的居住条件）。但另一方面，公司种种的混乱和违规操作又让他严重怀疑公司的前景是否能撑到上市的那一天。最让他难受的是，他得在客户面前替公司装门面并不断圆各种谎。这种内外的撕扯，用小戚自己的话来说是："真的快要疯了——每天面对客户要吹牛，面对老板要敷衍，面对自己还要诚实，我感觉再这样下去自己都快抑郁了。真的太累了，唉……"

等小戚倒完苦水，他意识到想要的改善跟职业规划似乎没什么太大的关系，也不清楚教练是怎么工作的，但他说想要试试看。于是我们就约定了第一次教练的开始日期。

承启：好的开始是成功的一半

第一次的教练对话是设定未来八个月的教练总目标。时间差不多过半的时候，我们一起厘清了那些对小戚来说真正重要的东西，然后我问他：

"八个月后你最想要改变的是什么？"

我话音刚落，他毫不犹豫地脱口而出："突破！我最想要的是突破！"见他如此果断坚决，我忽然有点儿恍惚：眼前的小戚是他自认为的那个"很纠结的人"吗？如果不是，哪个才是真正的他？同时我心里也平添了一丝笃定：此刻这么干脆，说明至少他是可以做到不纠结的，也许有机会让他看见这一点很重要……

意识到自己跑偏的我马上回过神来，接着跟他一起聊清楚具体需要突破的是哪些方面，突破后的他会跟现在有何不同，有哪些目前有但没用到的资源，又有什么会阻碍他，等等。被这一连串他从来没有思考过的问题轮番轰炸后，小戚看起来有种脑洞大开的兴奋，他开始自言自语："嗯，你这么一问，我知道自己最想要的是什么了，我最需要的其实是勇气，对，就是它！我很想有勇气去突破现在这个样子，没错，我现在缺的就是这个！有了勇气，我啥都不怕，老板走马灯似的换好了，跟我没啥关系；客户面前我也不用一直伪装，我会直接说出心里想的而不去管客户怎么看我；公司的将来也不是我该操心的。"

大段的独白让小戚打开了天窗，看到了更多的可能，他似乎也忘记了我的存在，自顾自沉浸在可以做些什么的想象里，眼里渐渐有光，言语慢慢有情……看到此，我悄悄地在自己的笔记本上打了个大大的"钩"。

探索：两个小鬼在打架

教练如约持续进行。一天，小戚说他最想聊的话题是困扰他很久的"纠结"。为了搞清楚这纠结到底指的是什么，我让他描述一个最近发生纠结的场景。小戚说其实他的内在一直都有两种声音存在着，有时候很像两个小鬼在打架，不管他想要去做什么，"自我1"小鬼总是"鲜格格"（上海方言，意为飘飘然）马上想要去做，可紧接着另外会跳出来个"自我2"小鬼，提出各种问题和否定，试图阻挠他马上去做。这两种声音经常吵得不可开交，让他往往不知道听谁的好，于是卡在中间没法动弹，一会儿觉得前者有道理，一会儿又认为后者也没错,结果就是啥也干不了。而越是拖着不做,就越会加剧他的选择困难,甚至会开始焦虑,尤其是临近任务截止期,更是烦躁难受。这种情况经常出现,让小戚实在苦不堪言。

说到这里,小戚瘫靠在了沙发椅背上,露出了第一次见他时的疲惫样子。我不动声色地翻开我的笔记本,请他把刚才描述的"自我1""自我2"还有他自己三者之间的关系画出来。我正要伸手去接过笔记本看他的画时,小戚突然又把手缩了回去,不过几秒钟的犹豫后,他还是把下面的画递给了我。

图17-1 两个"自我"与教练对象的三者关系

直觉告诉我刚才那片刻的犹豫里也许有些什么值得探索,我马上问小戚:刚才手缩回去的那几秒发生了什么?小戚有点儿不明白我的问题,我进一步解释:"我留意到你刚才把笔记本给我之前停顿了一下下,我猜那时两个小鬼又开始叽叽喳喳地吵个不停了,他们吵的时候你有什么感受?"

他眼睛瞪得大大的,看起来有点儿吃惊,清了下嗓子说:"呃,就是那种好像脖子被人卡住说不出话来的感觉。"

"还有吗?"我继续问道。

小戚低头想了想:"嗯,还有就是那种有点儿无力的感觉,觉得他们好烦我好想逃但又没有力气。"说完脑袋也跟着耷拉了下去,眼睛怔怔地盯着地板。

等他再次抬头看向我的时候,我问道:"小戚,现在这种感觉跟你之前一直说的很累有关吗?"

听我提到这个,他似乎来了精神,再次睁大了双眼四处搜索,好像房间里有他要找的东西。只一会儿的工夫,就见他直了直身体,说:"嗯,这太有关系了!麦琪你这么问的话,我忽然想到很多时候我还没开始做事呢,精力就已经被那两个小鬼消耗得差不多了,所以我会整天感觉累啊,而且还不是干活累的,完全就是内耗累的,唉,现在看来真是自己活活把自己给搞死了⋯⋯"

小戚边摇头边自嘲,然后笑着问:"麦琪,那接下来你是不是要问我如何摆脱这样的局面啊?"

这时候轮到我笑了:"嗯,小戚你给自己提了个很好的教练问题,那么你又要如何回答呢?"

看出他暂时回答不了,我拿起他的画说:"你看哈,面对这样的撕扯,加点儿什么进来是有用的呢?你前面提到过勇气,还有什么可以加进来?试着画画看,把它们加进来后会怎样?"

从我手里接过笔记本后,小戚边点头边喃喃有词:"嗯,你提醒我了,其实我最希望的是可以很好地融合这两个小鬼,让他们听我的。要是我有了勇气，我就完全可以夺回主动权。"他边说边画着什么。

"然后呢？"我问。

"然后我就会直接去做事，而不是像现在这样只是空想却动不了。直接去做就得了，哪来那么多的废话！嗯，麦琪，我有点儿明白了。"他用笔轻轻地在笔记本上敲了几下。

"你明白了什么？"我继续追问。

"我明白了为啥我现在会经常有'拖延症'了，以前一直以为是动力不足，有时候还怀疑自己是否选错了职业，所以一开始我其实是想找你做职业规划的。现在聊到这里，再看看这幅画我感觉就很清晰了。"

他说完又用笔在纸上重重地画了几下，我凑过去一看，原来是加了个拳头。

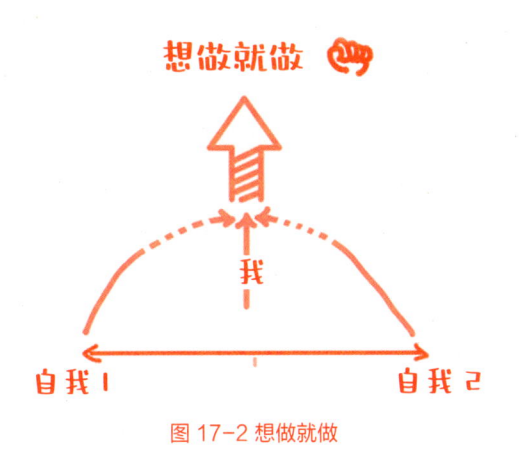

图 17-2 想做就做

收获：展翅飞扬

一段时间以后再见小戚，感觉他有点儿不一样了。于是我直接问他最近感受如何。小戚说他最近轻松了不少，做事情不再拖延了，效率也比之前有所提高，最开心的是最近又签下了一个大单……

"看来他都做得相当不错呢！"听着小戚说的时候，我在自己心里欣喜地打下了一个大大的对钩……

从那之后我们又教练了几次，时间很快来到了年底。有一天很晚了，忽然收到小戚发来的微信语音："麦琪你知道吗，今天大老板把我找去谈话了，完了还请我吃了顿饭。我感觉他在担心我会离开公司呢，哈哈哈……好消息是老板说准备给我部分股票期权作为年终的额外奖励，明天 HR 会找我聊具体的分配方案，然后他还说希望我继续好好干，说是非常看好我。太开心了，所以我第一时间想到的就是要来跟你分享，是真的非常感谢麦琪你给我的教练指导啊。"

都快入睡的我顿时了无睡意，同时也被小戚飞快的语速和欢快喜悦的能量所感染，那晚有关小戚的未来我想了很多。

我们最后一场教练对话的场景就是本文开头的那一幕。后来小戚又找我续签了另外的一份教练合约，而且他说最好长期保持这样的对话，因为他预感荣升 VP 后会碰到更大的挑战。

教练洞见

让客户把头脑中的所思所想画出来是教练中经常使用的好方法。停留在客户脑海里的思绪和想法往往是模糊不清的，有时候客户自己也会受到各种想法的纠缠，而变得更加困惑。一旦清晰地看见到底发生了什么和想要什么，客户自己就会明白出路在哪里了。本案例中就是让小戚不断用绘画的方式整理和清晰自己的想法。

每一场教练对话的开启都是从客户想要探索的一个方向开始的，也许是客户当下的一个困惑，也可能是要摆脱的一种困境。展开后慢慢会找到障碍是什么（如小戚自己的内在干扰），潜力或资源在哪里（如小戚要的勇气），然后客户往往就会明白要做什么了（如小戚的"想做就做"），这就是我们经常看到的绩效公式：

绩效（表现）= 潜力 / 潜能 – 内在干扰

自我教练

自我纠结、思维打架是身边很多人，包括我们自己，都经常会遇到的难题，不如趁此来个小小的自我反思吧：

❶ 阅读本案例后想一下，一般我是如何做决策的？

❷ 到目前为止，觉得自己的潜力还有哪些是没有充分挖掘的？

❸ 想一个我要提升或改进的地方，分析一下：

    a) 对此自己可能存在的内在干扰是什么？

    b) 需要的资源有哪些？

    c) 自己能做的是什么？

    d) 如何做可以实现我想要的提升或改进？

18

内圣外王，以内御外

文 / 田　岚

> 昨天的我聪明，想去改变这个世界；今天的我智慧，正在改变我自己。
>
> ——鲁米

时光回到 2020 年。那段时间，层出不穷的热点事件刺激着人们的神经，各种信息通过不同的渠道抓人眼球。一时间，很多人都不知道此刻选择相信什么，明天醒来还会听到什么。

我和马克的远程教练辅导就在这样的背景下展开。作为一家国际公司的驻香港高管，马克从事新闻行业多年，有着多国生活经历。除了动荡的外部环境，那半年他几乎都封控在家，经历了公司内部组织架构调整和人员变动等挑战。

马克曾在上一家公司接受过内部的一对一教练辅导。他对教练是什么、如何从中获益、个人要承担的责任有大致的了解。我们合作期间，他一直很投入，每周一次的线上对话几乎雷打不动，而且从来不缺乏话题。现在回顾起来，这些大大小小的发展话题中，应对焦虑、寻找自我，大概是出现次数最多且贯穿始终的谈话主线。

疲惫的赶路人

刚开始接触，我就对马克印象深刻。由于努力且乐于尝试新的环境，马克的职业发展顺风顺水，他的自我介绍也基本符合"外企高管"这一类人的群体画像。

马克受过很好的高等教育，他的谈吐形式丰富，用词细腻。我自然听得津津有味，感觉他对我很坦诚，也对这次的教练活动抱有挺高的期望。他说出的信息量很大，也许憋在心里太久了，我猜他需要个安全可靠的人倾诉一番，就尽可能地让他表达，这也是我作为教练了解客户的好机会。

他说"自己付出这么多，还没人理解""不知道明天还有什么坏事发生，天天如此，完全看不到未来"。我知道，2020年那段时间每个人都很不容易，尤其对新闻从业者来说，戏剧化的事件太多，因此我十分能同理他。他还提到了"这份工作令人抑郁"，这多少让我有些警惕，毕竟解决抑郁症可能会超出教练的范畴。

马克面临着一大堆问题：公司不断地并购和裁员，各个团队之间摩擦不断，地区跟总部观点不同。讲到这些的时候，马克流露出迷茫又焦虑的情绪。仔细体会，当中还有很强的无力感，我感受到马克在面对公司上层的无奈、看见烦心事的焦躁和想到团队和个人前景时的担忧。我回应了他的感受，对他表示理解，这条路上有类似挑战的人不少。看到马克松了口气，我接着说："在担忧的背后，我还听到你说想改变现状，是这样吗？"马克一字一顿地肯定说："是时候为改变做点儿什么了。"

听到这句话，我很开心，隔着屏幕给他比了一个击掌的手势。马克笑了，也回我一个击掌。我说我很欣赏他的勇气，愿意跟他一起努力，但改变并不容易，实践需要时间，可能还会有反复，问他准备好了吗？马克点点头说："让我们开始吧，我不想再这样了。"

马克在教练会谈中提到过喜欢看 TED 演讲[1]，结合他觉得前景迷茫，找不到前进动力的情况，我推荐了西蒙·斯涅克（Simon Sinek）的 TED 演讲"黄金圈"[2]。当天晚上，我趁热打

---

[1] TED 演讲：全球最大、最具影响力的演讲平台，每年会邀请来自世界各领域的顶尖人士分享他们的优秀思想。
[2] 黄金圈：指西蒙·斯涅克提出的"黄金圈"法则，他的 TED 演讲《伟大的领袖如何激励行动》（*How great leaders inspire action*）位居 TED 演讲视频观看量前三名。他在书籍《从"为什么"开始：乔布斯让 Apple 红遍世界的黄金圈法则》（*Start With Why: How Great Leaders Inspire Everyone to Take Action*）中系统阐述了他所述的一切都起源于"为什么"的"黄金圈"法则。

铁给马克发了一封邮件,一来认可他勇于改变的勇气,二来附上了演讲视频的链接。

看到前进的方向

第二次见到马克,他依然眉头紧锁,向我倾诉令他不满的各类问题。从知道自己不想要什么到真正找到前进的方向,我和马克还有一段路要走。

我对马克说,教练辅导次数有限,如果没有目标泛泛地去谈,可能到头来会被各种事情牵着鼻子走,分散了精力。对我提到的这一点,马克表达了认同,他目前就是处于疲于应对的状况,确实需要找到着力点。

我一边听马克聊遇到的各种问题,一边用重构的方法帮助他从纷杂的问题中跳出来,看外部挑战给他带来了怎样的影响,反观自己真正想要实现的是什么。随着谈话的深入,马克的情绪开始有了起伏和变化,时而叹气摇头,时而惊喜颔首——他很投入在对话中。

我们一起从他对现状的描述中努力提炼积极正向的诉求和个人的发展需求。这次辅导结束的时候,已经有几个吸引人的成果摆在我们面前了。马克看到这些成果很是振奋,承诺会在讨论的基础上,回去写下3~5点发展目标,并在下次跟我分享和讨论。我们说好围绕这些话题展开后续的教练会谈。

我提醒马克如何充分利用会谈内外的时间，而不仅仅依靠线上的教练时间来为自己创造价值。马克同意除了梳理发展重点，他也会尝试开展一些行动，这样发展规划和行动实践就能够同时进行。

马克说到做到，在下一次会谈时他如约带来了希望通过教练活动实现的五个发展目标，并且认真考虑过这些目标对他的意义，还特意按照重要程度做了优先排序：

1. 挑战场景中的压力管理；
2. 发展和凝聚团队；
3. 敢于说不（对与组织愿景和团队职责不一致的要求）；
4. 推动亚太区战略规划，使之得到更广泛的知晓和理解；
5. 实现个人职业理想的清晰路径和里程碑。

如果把教练比作挖宝的过程，这个阶段的马克和我就像在寻找被迷雾笼罩着的藏宝地入口，现在这团迷雾正在逐渐散去。

从应对压力入手

通过几次接触，我发现马克有个习惯：一有什么风吹草动就会设想可能有坏事发生，更不用说在外部问题层出不穷的时候，他会迅速地进入担忧模式，像个操不完心的老父亲。另外，在马克的自我评估报告中，他的压力管理这一项得分最低。

我问自己，阻碍马克前进的迷雾到底是什么？马克的内在焦虑和无力感跟外在环境中哪些压力源有关系？他对什么会触发他的情绪反应清楚多少？他对自己想要什么厘清了多少？也许这些是有效的突破口。

马克带来的五点发展目标分别围绕压力管理、发展和凝聚团队、打造真诚领导力、沟通部门战略和明确职业理想。我暗自思忖，这些目标对管理者来说都很有代表性，可以作为突破口。

马克把压力管理列在首位，对此我非常赞同。不仅因为他应对压力的习惯模式，更重要的是我们生活在一个充满压力的世界，如何应对压力其实触及"自我"这个概念。通过培养自我觉察，了解自我内心世界如何受到外在环境的影响，进而有意识地做出选择，在意识和行为两个层面都发生改变，提升和外在环境有效交互的能力。这种由内而外的改变能更持久，更具自主性，会更少出现回退。

我和马克谈到了如何看待压力，了解压力源和各种应对压力的模式。通过一段时间的教练辅导，马克能更快地觉察到自己的情绪变化，有意识地切换到更广的视野，用平和坚定的方式去处理问题。

在我的支持下，马克逐步妥善地处理了若干管理挑战。这些挑战有时在团队内部，有时需要跨部门协调，有的已经持续发酵了一段时间，有的则是意外情况。后来有一次处理突发的危机时，马克保持了冷静并迅速地预想还存在哪些可能性，主动地创造条件，争取朝着积极的方向努力，取得了很不错的效果。

不仅如此，压力管理的进步还促进了其他目标的完成，比如凝聚团队和打造真诚领导力。马克跟团队分享了他对压力的情绪感受和理解，以及通过教练辅导带来的觉察和变化，并邀请团队成员以此为契机，分享各自在面对恶劣环境时的真实感受，讨论如何相互支持，重新审视处于变局中的团队，带领大家共同提升复原力。

按照这个进度，我觉得教练合约中那几个发展目标的完成应该不是问题，马克也认为他可以独自推进大多数目标的实现，但有一个例外。

回看职业初心与历程

马克认真看了"黄金圈"主题的 TED 演讲视频，认同不管是激励自己还是激励他人，首先要从搞明白"为什么"开始。可是他仍然困惑，不清楚自己到底想坚守什么。

在一次谈话中，马克再次提出怀疑自己不合适新闻行业，他半开玩笑地说，正在考虑该不该结束这份抑郁的工作。听到这儿，不用翻笔记我都马上想起他曾说过类似的话，内心警铃再次响起。

我正这样想着,马克又说,接下来打算和我重点探讨如何找到实现个人职业理想的清晰路径和里程碑。的确,支持马克明确职业理想,单靠提升抗压能力是不够的。

当时正是夏末,台风频繁登陆香港。马克说他像是一把台风中的雨伞,正在努力地让伞下的团队能够保持干爽。我做出努力拽伞的动作,问马克:"你这把伞在雨里还能撑多久?除了做一把伞,你还有什么选择?"他想了想,很快提到其他的比喻——防风堤、树林。我给他加了一个比喻,海边发电的大风车。马克又想到了"风雨连廊"——香港很多建筑物之间都有风雨连廊,他在组织变革中扮演的角色的确需要很强的联结功能。这些比喻让马克进入了更有力量的状态,看到了自己和团队的位置,为我们下一步的探索工作做好了准备。

回到职业理想主题,我邀请马克回顾,当年选择新闻职业是什么吸引了他,以及这些年来在职业发展的难忘时刻。如果把这些经历写成人物专访,会有哪些人生信念、关键词反复出现。二十来分钟之后,马克对自己的职业驱动力有了更清楚的认识。

一想到目前工作中的一地鸡毛,马克依然看不清楚自己的理想职业是什么。但是这次教练对话的时间快不够了,看着马克眉头紧锁,我也跟着焦虑起来。

听着马克在这个话题上打转，我突然意识到，比起回到过去，不如直接面对内心，使用个人价值观澄清练习。我问马克是否听说过价值观练习[1]，有没有兴趣尝试。

也许已经被问题困扰得太久了，马克表示什么练习他都有兴趣试一试。接下来我为马克简单地介绍了价值观练习大致的内容和过程。这个练习需要他找一个安静的时间，分两次完成。教练会谈结束后，我把详细的练习指引发给马克，请他当作课后作业完成价值观练习，并作为我们下一次的探讨内容。

价值观练习的突破

价值观练习对马克的帮助很大，效果超出我的预想。他一见到我就说这个练习让他有了突破性发现，迫不及待地想要跟我分享。

在上次教练会谈回去后，马克首先预留出两个安静的时间段。首先，他从价值观练习提供的价值观清单里确定出了10～15个对他来说重要的价值观，然后给自己一些时间思考

---

[1] 价值观练习：从一系列的价值观相关的词语列表中，逐步筛选出最为认同的3～5个核心价值观。核心价值观就像为每个人指路照明的北极星，引导个体将有限的时间和精力按照优先次序分配，更重要的是，核心价值观可以指导人们做出重大决策。

和沉淀。几天后再进行第二次练习[1]时,他把清单内容缩减到不超过 5 个,选出了当下自己的核心价值观。

在梳理的过程中,马克通过练习指引提供的思考问题,比如哪些价值观是不可更改的,遵循哪些价值观才能更好地做自己,注意到自己有什么模式可以体现某个最高价值,等等。马克清晰地看到这 3~5 个价值观如何在不同场景中持续、共同地发挥作用,如何排序和取舍影响他的每一次选择。不得不说,就这份作业的完成度而言,马克是我见过的最为认真、最愿意直面内心的客户。

此时,我邀请马克不再拘泥于表中原有的词汇,而是用自己的方式来讲述这些价值观,分享对他的意义。马克越来越明白自己想要的是什么。他有一个顿悟——就工作本身来看,一直以来的职业选择和经历完全符合他选出的几条核心价值观。看清楚这点后,马克表示再大的压力也不会改变他对理想事业的热爱,过去不会,将来也不会。

马克非常感慨,原来看似以为压力大得让人抑郁的工作早就是自己向往的理想职业,身在其中而不自知,就像守着宝藏的穷汉,居然过了这么久才明白。当他说完这些话的时候,我们隔着屏幕安静了很久。那一刻,不要说马克,我都

---

[1] 第二次练习:价值观练习不是词汇理解之类的练习,而是做深度的自我对话,建议分两次完成。我们可能都认同其中许多的价值观,但总有一些是个人更为重视的。练习的重点在于如何理解列表中的各个价值观、认同程度,以及所选出的核心价值观是否在现实情况中得到了真正的展现。

被深深地感动了，由衷地为他感到高兴。

教练洞见

"焦虑"在这个时代有很强的代表性和普遍性，对一直处于高压之中的高管人群来说更是如此。我们站远一点看马克提出的五个目标，其实反映了这个群体在更大系统中的位置，来自各个方向对他们的要求，代表着向上、向下、水平、对外、对内（自身）管理的挑战。走出焦虑，一方面要了解自身的压力源和常见的反应模式，另一方面要找到内心坚守的信念和价值观。

教练强调授人以鱼不如授人以渔。一旦明白内心世界和外部世界的整体性，马克们就能回到不确定中，通过澄清个人最为看重的价值观，发现自己的真实意图，在复杂的场景中借事修人，激发自己，引领他人。这也是黄金圈法则所强调的"从内向外的思考和行为模式"，也是人们通常尊崇的理想人格"内圣外王"的体现。

自我教练

正在阅读本文的你，是否觉得马克的经历似曾相识呢？面对复杂变化的外界挑战，你的内心是否也曾充满焦虑和无力感，有时不清楚自己到底执着地在追求什么。如何能够找到心中的原力？思考以下问题，或许可以帮助你走出迷雾。

了解自己的压力触发器：

❶ 哪些场景给我带来压力甚至焦虑，我有哪些常见的压力源？

❷ 高度焦虑时我的反应通常遵循怎样的模式？

❸ 有哪些预警信号告知我即将进入压力应激模式，我可以及时做哪些建设性干预，而不是毫不自知地任其发展？

重构对压力体验的理解：

❶ 我对压力情形的理解，在多大程度上反映了真实的情况？

❷ 还有其他的视角、其他的解释方式吗？

❸ 我真正在担心什么？担心的背后体现了我的什么需求？

❹ 哪些可以放弃，哪些需要坚持？我真正渴求的是什么？

❺ 如果写下来，我内心的自我对话是怎样的？

到系统中寻找资源：

❶ 正在经历的这个挑战对未来的我、我的团队、我的组织有什么积极的意义？

❷ 这个情形中还有哪些力量和资源有待利用？

澄清个人的价值观，知行合一：

❶ 我有哪些看重的原则和信念？

❷ 这些原则和信念如何在关键时刻持续稳定地发挥指导作用？

❸ 当不同的价值观发生冲突时，我如何排序？

❹ 遵循哪些价值观才能不受恐惧驱使行事，更好地做自己？

❺ 当我坦然面对同样情形时，什么是不可放弃、不可更改的？

作者简介

田岚（Amy Tian），高管教练，系统性团队教练，人才测评和领导力发展顾问，职业生涯辅导，致力于个体发展和组织效能提升。

自2016年起，担任多家知名人力资源机构的外部顾问。曾在高科技、制造业和咨询行业担任人力资源经理、总监和亚太区组织发展负责人。作为资深的领导力发展专家，服务过包括汽车、金融、地产、能源、制造、通讯、医药、消费品等多个行业的客户。

联系作者：18121220078

19

再上"牌桌"
—— 新任高管的信心重塑与角色转型

文 / 姚 蕾

无论召唤是否重要,无论处于人生进程的哪个阶段,召唤总是以变形的神迹拉开序幕,即灵魂发生转变的仪式或时刻,当完成它们时,便意味着死亡和出生。熟悉的生命范围被突破,旧有的概念、理想和情感模式不再适用,超越阈限的时刻即将到来。

——约瑟夫·坎贝尔(Joseph Campbell),

《千面英雄》(*The Hero with a Thousand Faces*)

即使是曾经身经百战的高管,在面临严峻挑战时也会犹豫、恐惧甚至胆怯。如何直面恐惧,调动内在驱动力,清晰认知角色转型中自己的优势与不足,建立自信心,从而启动英雄之旅,是高管成长成功的关键。

突如其来的任命

一年前，李雷受邀出任某上市集团公司三级区域公司的营销副总经理。虽然没有行业经验，朋友也善意提醒过他要慎重选择，但是李雷自三年前的商业投资失败后就一直处于赋闲状态，他急需一个回归商业战场的机会。李雷认为，自己有近20年的大客户销售管理经验，也有相关行业的资源，再加上二级公司老总"三顾茅庐"邀请自己，他觉得自己用一年时间帮助这家分公司提升业绩，难度不大。然而，随着加入公司后对分公司的深入了解，李雷发现公司的实际情况要比自己早期了解的糟糕得多，甚至远超其想象。这家公司员工几十人，有近千万的欠款，客户投诉频发，实验室设备和技术能力难以与客户需求匹配，员工士气低落。现任分公司总经理是跟随二级公司老总一起创业的发小，也是创立该分公司的创始人，分公司的员工都是他一手招进来的。员工以这位总经理马首是瞻，李雷根本使唤不动他们。

李雷几次向该总经理提出的业务流程整改、技术设备更新和技术能力提升的方案都被驳回。到了年中，分公司在政府监管部门的随机检查中被查出问题，随即被勒令整改，面临生存危机。二级公司老总急召三级区域分公司总经理和副总李雷到总部一对一约谈，发布人事任命：区域公司副总李雷升任总经理，原总经理调任其他区域。

一石激起千层浪，分公司原总经理反应强烈，不愿离开自己开创的公司；李雷对于接任一把手，要力挽狂澜、扭亏为盈还没有做好准备，也没有把握。

何去何从，犹豫焦虑之间，李雷找到既有企业管理咨询经验又有高管教练经验的我寻求帮助。

寻求教练支持

虽说分公司所在的行业已是一片红海，但是李雷这一年来通过走访客户和行业专家，也看到了一些业务突破口。然而，摆在他面前的无疑是一个"烂摊子"，分公司不仅面临资金亏损，而且存在诸多技术风险。最要命的是，管理班子的能力和意愿都不足，他没有把握让这家分公司在自己手里起死回生。但是，如若他不接手，就有可能会失去二级公司老总的信任，因为他是二级公司老总聘请进公司的。经过李雷与作为外部教练的我一起商讨之后，最终确定以下教练目标：

重拾信心，再上"牌桌"：帮助李雷从过去的失败中走出来，重拾自信，并看清"接手分公司总经理"这个机会对自己未来发展的利与弊。

平稳交接，快速转型：用90天的时间快速梳理公司业务和复杂关系，稳定团队，平稳交接，并初步完成领导班子的组建，进入分公司总经理的角色。

走出困顿，再上"牌桌"

李雷年近 50 岁，有 20 多年的创业经历。第一次与他沟通时，我就能感受到他思维活跃、幽默风趣、久经沙场。在沟通中他倾向于掌握主动权，也有一些缺乏耐心，而三年前的投资失败深深挫伤了他的自信心。

第一次教练沟通，我选择从解读大五人格[1]测评结果开始，一是因为李雷仍然困在上一次失败中，对自己的能力有所怀疑；二是因为李雷是一位非常理性但缺乏耐心，还有些强势的管理者，选择大五人格测评可以让他更完整、客观、快速了解自己的人格特质，理解自己的内在驱动力、决策风格、人际关系处理等模式。

我带着李雷一边回顾曾经的辉煌和挫败，一边在大五人格测评数据报告中，探索他自己的决策模式和执行偏好。在探索中，让李雷吃惊的是，他自认为是一个决策慎重、抓细节、抓执行的管理者，但是结合报告探索过往的管理经历，李雷发现了一个不太一样的自己：对于商业非常敏锐，热衷打磨亮眼的好点子、好创意，喜欢冒险，追求经济收益，希望掌控事情的进展和结果，渴望被他人看见和认可，但是对于执行中反复出

---

[1] 大五人格（Big Five personality trait）：又叫"五因素模型"，是目前公认比较全面的人格分析模型，通过大五人格量表（The Big Five）进行测评，属于人格理论中特质流派的人格测试工具。

现的问题常常失去耐心，如果有一个有耐心又善执行的搭档，业务推进往往会非常顺利，否则就会遭遇挫折。

这次基于人格测评的行为模式探索，让李雷从不同维度重新审视了过往的成功和失败，最后他感叹说："这么多年，表面上看我用了不同的方式做了很多不同的事，结果有好有坏，其实本质上我一直在用同样的模式做决策和做事，从来都没有改变过。"

李雷承认，自己被任命，说明老板看见了自己的能力，或者说自己还有被"利用"的价值，他对这个还是有些得意的，尤其是经历了三年前的那次投资失利之后，他一度失去了自信，甚至变得有些自卑。这次的任命在某种程度上让他的自信心部分恢复了，再加上刚才的人格测评解读，让李雷对于接下来的挑战又多了一些应对思路。

然而，当前的经济形势对于所在行业的影响，以及手中这一把烂牌，依然让李雷没有自信打赢这场仗，而且感觉投入产出比不划算，不知道自己是否要冒险抓住这个机会，他担心会再次失败，尤其是在将近50岁的年龄。"值得吗？"他反问自己。

我问李雷："对你而言，什么是失败？"他略带无奈地说："以我现在的年龄和精力，能够得到的机会确实越来越少了。对我而言，真正的失败不是输了，而是没有机会上牌桌，你不在牌桌上了……这次的机会对我而言，是让我重新回到牌桌上，上了牌桌才有资格谈输赢。"

经过了大约两分钟的沉默，李雷开始谈自己的业余爱好——把自己的经历写成商战小说。我顺势和李雷探讨他写商战小说的意义。李雷说："《左传》云：'太上有立德，其次有立功，其次有立言，虽久不废，此之谓不朽。'自己虽不奢望成为大家，但还是想把自己的经历用小说的形式写出来，即使自己不在了，后人也可以看到。"

我问他："小说中的主人公是怎样的人？"

李雷说："小说里的主人公历经了自己曾经经历过和没有经历过的苦难和挑战，也做了一些自己想做而不敢做的事，就像一个英雄，历经使命召唤，最终突围，带着'灵药'回归。"

停顿很久后，李雷说："现在的这个机会，对我而言应该就是一个历险的召唤吧。"

随后，我邀请李雷从二级公司老总的角度，看一看现在分公司的局面和自己。

我让李雷选一把类似二级公司老总坐的椅子，放在自己椅子的对面，然后邀请他坐在那把椅子上，想象自己那一刻就是二级公司老总，与对面的自己进行一场对话。

我对李雷说："你现在就是二级公司老总，此刻，王总，你如何看现在的区域分公司？"

"公司在关键时期，区域公司现在不挣钱还净惹事儿，唉！"李雷进入了角色，深深叹了口气，接着说："本来想把分公司合并，或者撤销，但是辛辛苦苦打下的一片市场拱手让人，还是心有不甘，至少把分公司一把手换一下，看看还有没有起色，再给一次机会吧，不行再动手。"

"王总，您如何看区域分公司副总李雷呢？"

"李雷是熟人介绍的，他有创业经验也带过团队，有能力，也有政府和大客户关系资源，一年前把他放在副总的位置上就想到这一步了，如果他能接这个机会，说明是个敢担事儿的人，如果不接的话……"

李雷说到这里，停顿了很久，我追问："如果他不接呢？"

再次沉默后，李雷自言自语道："看来我是不得不接这个机会了，不过这或许对我是一次机会。"

最终，李雷决定"上牌桌"，接受任命，也正式邀请我开启三个月的高管转身教练计划。

坚定信心，留在"牌桌"上

一级集团公司在李雷分公司所在区域收购了一家同业公司，两家公司在一部分服务产品上存在竞争关系。集团不希望二者内部竞争产生消耗，希望两家公司协商给出解决方案。二级公司老总把这个难题抛给了李雷，并约好第二天到访分公司和他聊聊，同时也会拜访上级公司收购的同业公司老总。

李雷紧急约我做了一次 30 分钟的教练对话。在与我的对话中，李雷说了很多竞争公司的优势，以及自己公司的不足。隔着电话我都能感受到他的焦虑：对于带领分公司扭亏为盈的不自信，以及对于再次失败的恐惧。我问李雷的选择，他说："我们实力悬殊，竞争下去会两败俱伤，其实被对方并购也不失为一个选择。"

我邀请李雷站在二级公司老总的角度看一下整个"战场"布局，看竞争公司和他的分公司的实力与未来。李雷说，竞争公司业务仅在省内布局，但是自己背后有二级公司的支持，有很多可调动的资源……

我挑战李雷刚刚担心的失败是什么，并指出他心里很想要留在牌桌上但又想要找借口离开牌桌的矛盾，这个内在的矛盾会给他的行动和决策带来什么，会对老板的决策和支持有什么影响，会对团队成员有什么影响。最后，李雷说："我知道该如何跟上级老板谈了。"

从这一次的反复，我看到了三年前的投资失败给李雷留下的阴影还在影响着他的内在稳定性，于是和李雷约定下一次教练将围绕自我认知的主题展开。

新的一次教练对话，我让李雷讲述了自己职业生涯中的高光时刻，并结合第一次的大五人格测评解读，让他看到自己有哪些优势可以帮助自己走出困境，又有哪些内在因素阻碍其前行。

李雷眉飞色舞地给我讲述了他多年的创业经历，讲到自己多次带领团队反败为胜拿下大客户。那一刻，他仿佛站在舞台的中央，所有的追光灯都聚焦在他的身上，很耀眼。然而，谈到三年前的惨败，舞台的光一下子暗淡了，我仿佛看到一个蜷缩在舞台边缘的男孩。李雷叹了口气说："我现阶段就想找个地方安安稳稳享受生活，一直到退休。"

我对李雷说："这句话里好像有些无奈。"

他叹了口气说："我都到这个岁数了，有点儿折腾不起了。"

我说："你说这段话的语气有些像是中老年，但是我看到的却是一个少年——在舞台的角落，身体背向舞台中央，眼睛却迟疑地不甘心地看向舞台中央。"

沉默很久，李雷说："确实不甘心啊。"

我说："因为不甘心，所以一年前您选择进入了这家企业，而且还挺投入的，您上次还提到自己访遍了这个行业里的专家，还有一位专家想收您做研究生。"

李雷哈哈大笑，感觉到他的身体慢慢舒展开了，也仿佛看到那个在舞台角落的少年转身面向舞台中央。

我顺势拿着大五人格测评报告对他说："从报告里完全看不到您所说的'佛系'，相反，我看到了一个内在有强烈成就动机、好奇开放、愿意打破原有规则和条条框框、渴望重塑这个行业，想要站在舞台中央又极具社交影响力的少年。"此刻，我感受到李雷脸上多了些光彩和信心。

李雷说："每周能有机会和你一起探讨，对我来说是一种特别好的解压。感觉在公司里没有一个能跟我对话的人，没人能理解我的想法，他们跟不上我的思路，每天都在重复交代和处理一些琐碎的事情，实在是太烦了。"

我回应李雷："您很想带着公司往前跑，但是回头发现他们远远落在你的身后。"

我带着李雷看到自己与管理团队之间的断层，看到自己思维比较活跃，总是有很多新的想法，这一点可以帮助公司突围探索出新的业务模式。但是在现阶段，他刚刚接手公司，业务流程上还存在很多断点，部门之间冲突不断，数据上也有很多风险，管理团队能力不匹配……这个时间点如果他执意尝试新的业务模式风险会太大。他需要停下来，给管理团队时间，帮助团队成长，跟上他的思路和步伐。同时，也需要调整他自己以往粗犷的管理模式，在行动计划和结果跟进层面与管理团队更多地沟通，减少错误的理解和行动偏差。

教练谈话结束时，我仿佛看到那个少年的热情、坚定和力量，从舞台角落开始走向舞台中央，已经准备好承担起分公司总经理的角色和重担，接下来我将助力李雷完成从副总经理到总经理的角色转换。

转换角色，激发团队

正式上任第一周，李雷就开始处理客户对技术服务数据的投诉、新员工关于发放工资日期的质疑、老员工对于公司及自己未来的担忧、政府部门的违规警告……

第三次角色转型教练的前15分钟，李雷以抱怨模式开启，他满脸写着"烦"字，我只是静静地听着，没有打扰他的讲述。随后我邀请他站在高处看看他自己和组织。

李雷说："看到自己被困在办公室里，每天忙于处理各种问题，员工进进出出，不停地给自己提出问题，看到自己烦躁的样子，感觉公司有处理不完的问题。""感觉自己现在就像舞台上的杂耍艺人，员工把自己手中的球都抛给了自己。"

我问李雷："你希望看到什么场景？"

他回道："不应该是员工给我传球，而是我给他们传球，每一个员工都应该在舞台上玩自己的球。我应该给员工搭台子，大家来表演。"

我开始带着李雷探讨，如何从站在舞台中央，到搭建舞台邀请大家在舞台上表演。

李雷是一个非常出色的大销售，他很享受站在舞台中央的感觉。在教练过程中，他意识到要把舞台让给团队成员，让团队成员成长起来。我带着李雷回顾他一天的工作内容——哪些需要自己站在舞台中央表演，哪些可以邀请其他团队成员站在舞台中央。过程中，他有几次表现得非常焦虑，担心员工不愿意或者不胜任这些工作。我用之前的大五人格测评报告，帮助李雷看到自己内在的担心和焦虑，其中一部分来自自己内在的掌控感，尤其是在压力下对员工意愿和能力的质疑和苛求，并让他看到这种模式对自己和员工成长的影响。

在之后的教练中，李雷兴奋地告诉我，当他自己忍住不放心，给员工空间，让他们挑战有难度的任务，而自己则做员工的啦啦队和辅导员时，团队中对达成目标的质疑声少了，愿意尝试的勇气和彼此鼓励的声音出现了。

融合智慧，共创未来

李雷以往的工作风格基本上是自己思考目标和策略，然后下达给管理团队，最后监督团队执行。但是这一次全面接管分公司后，他自己虽然更了解销售模块，但是对于技术和实施团队的具体工作和人员了解不多，定出来的目标大家表面赞同，实际却行动迟缓。再加上工资迟发等问题，大家内心充满了对未来的担忧，员工之间弥漫着焦虑和观望的情绪。

我邀请李雷在办公室里选几样物品代表自己和管理团队，并摆一下之间的位置关系。

李雷拿起办公桌上的保温杯代表自己，又从茶桌上拿起几只茶杯代表管理团队，保温杯和茶杯之间隔了很远的距离。

我顺势与他探讨："保温杯"与"茶杯"之间的距离，"保温杯"里的水和"茶杯"里的水代表了什么，"保温杯"和"茶杯"之间如何交流。

此刻，李雷感受到自己再一次把管理团队甩在了后面，而且他们的沟通不在一套语言体系中，自己一厢情愿地想把自己的想法倒进管理团队的杯子里，但是他们的杯子已经满了，装不进新的内容。

李雷说："我们需要创造一个更大的新容器，每个人都可以把自己的想法表达出来，一起倒进这个更大的容器里，共创出一套公司共同的语言体系。"

于是，我给李雷的团队导入了一套目标管理系统，邀请他带领分公司管理团队在这一套语言体系下共创公司的愿景、业务目标和行动策略。

之后我又和李雷一起探索了如何建立一个支持他成功角色转型的委员会，哪些人会成为他的委员会成员，他希望委员会成员在哪些方面帮助到他，他又如何找到并邀请他们成为自己的外部顾问，等等。最后，李雷列出一份委员会成员名单，名单包括行业技术专家、人力资源专家、战略合作客户、上市公司高管、教练等，并写出了自己的邀请和拜访计划。

那一刻我看到了少年的自信，他开始自如地穿梭在舞台，时而在舞台中央领舞，时而又回到舞台角落，自信地欣赏着舞台中央的表演者。

从8月1日接任分公司总经理，历经三个月的时间和12次一对一教练，李雷基本完成了与核心管理团队的融合，带领管理团队共创出一套未来一年的业务路径图，并在一个半月的时间内完善了业务流程和数据监督机制，成功通过政府监管部门的检查，而且通过拿下一个灯塔项目，把团队真正凝聚和激发了起来。

教练洞见

李雷不仅处于从副总到总经理的角色转型期，同时也处在如何从失败中走出重返"牌桌"的决策点。教练从心态和能力两个方面对李雷接任总经理的准备度做了评估，并从心态入手教练，为后面的教练过程夯实基础。

女性教练搭配理性强势的男高管，在教练初期探讨心态和情绪问题会存在很多挑战，教练选择用人格测评结合李雷的工作经历，逐步探索他的情绪模式和行为模式，以及内在恐惧背后的真相，并且让李雷跳出自己的视角，站在上级公司总经理的视角看问题，帮助他找到自己真正的内在动力。

高管在角色转型过程中往往比较关注任务层面，然而导致高管转型失败的因素很可能是那些曾经让他们成功的特质，李雷的大销售特质影响了他与管理团队之间的互动关系，教练让李雷看到驱动自己这一行为的性格特质和行为模式，促动他发生了改变。

自我教练

如果你正处在管理角色的转型期，不妨给自己一个不被打搅的时间和安静的空间，用下面几个问题做一次自我教练：

❶ 接到这一任命，我内在的感受是什么？在开心喜悦之外，是否有担心、焦虑和恐惧？这些情绪来自哪里？它们会如何影响我的决策？

❷ 接受这个任命对我的意义是什么？组织和上级对我接任这个角色有什么期待？

❸ 以往让我成功的特质和能力有哪些？这些特质和能力是否会成为我承担现在角色的障碍？

❹ 如果有一个委员会支持我应对接下来的挑战，那这个委员会的成员会有哪些人呢？我如何能够得到他们的帮助？

作者简介

姚蕾，毕业于北京大学临床医学和应用心理学专业，有十年医疗健康领域专业和业务管理经验，十年以上组织与人才发展咨询和高管教练经验。作为外部组织与人才发展顾问和教练，服务过医疗、能源、航空、互联网、汽车、金融保险、高端时尚、高科技、传统制造等多个领域。

联系作者：18600160567

20

站在"阳台"上看"舞池"

文 / 张 申

对生命系统进行深思熟虑的改变是一件危险的事情,对一个器官的修复可能会导致另一个毫不相关的器官更糟糕的病变。在所有操作中,最危险的行为莫过于在着手做事之前没有意识到系统的存在……

——刘易斯·托马斯(Lewis Thomas),

《脆弱的物种》(The Fragile Species)

W公司是一家互联网集团公司,拥有国家高新技术企业资质,业务包含内容产业、视频产业以及智能终端产业,构成了一个完整的生态系统。它的垂直产业链涉及互联网智能终端应用市场以及电子商务等旗下子公司,也包括一些硬件公司、体育公司、影视公司等。前两年,集团全年收入接近

100亿美元，是中国高科技成长企业50强、亚太500强。缇娜在集团人力资源部负责支持核心业务部门的工作，她希望我作为教练去支持一下集团副总裁彼特。

彼特负责集团核心业务线上的几个子公司及部门。在年初，集团做了战略调整，把原计划当年11月上线的第二代智能产品提前到6月上线，由此牵动了整个集团核心业务部门的工作节奏发生变化，彼特全权负责这项名为"JS"（加速）的项目。JS项目在6月已经如期上线了，可彼特找缇娜沟通了好几次，他似乎在这件事情上感觉到心力交瘁，非常焦虑。

在阳台上看自己

缇娜向彼特介绍了我的从业背景，推荐他与我一对一教练对话，彼特接受了建议，我们约好时间去他办公室面谈。我更希望彼特能够脱离办公室，换一个环境，比如在楼下的咖啡馆开启我们的教练会谈。因为在办公室里面，一来彼特的思维容易陷入惯性模式，二来也容易被别人干扰或者打断。彼特积极配合我，接受了这个建议。

此前我和彼特从来没有见过，他给我的第一印象是一个非常干练、严谨、勤勉的人，也很有职业素养。他说话语速快，很健谈，我几乎说不了几句话，这正好也让我能了解他更多的信息。谈到近期的工作现状及状态时，他稍稍慢了下来，停顿了几秒，叹了一口气，我能感受到他情绪的压抑和焦虑的状态。

我将感受到他的焦虑反馈给了他，好奇地问他焦虑的背后是什么？是什么影响了他的工作效率和工作状态？在对话中，我听到有几个方面令他感到困惑和纠结。

战略的变化： 集团 CEO 在年初集团会议上拍板做出了决策，为了适应整个市场的变化，抢占市场先机，要加快集团第二代智能产品系统的互联网上线。原定是在 11 月上线的产品现在要在 6 月上线，整整提前了五个月。核心业务部门的工作安排节奏都在因为这个战略的调整而变化。彼特隐喻"JS"项目提前上线是一个孕育"早产儿"的过程，对"早产儿"的生存及健康状况充满担忧。

业绩的担忧： 第二代智能产品系统按照集团要求，实现了提前上线，可结果是业绩并没有按照计划设想实现增长，更不要说突破增长了；新产品甚至带来客户的不满。因此，彼特作为"JS"项目的指挥者，对集团业绩的不确定性也感到不乐观。

部门的冲突： 完成系统提前上线后，部门之间的冲突爆发了，互相之间的抱怨增加了。客户中心的老总抱怨说投诉电话数量持续在上涨，投诉率增加。由于客户中心的绩效和投诉电话的应答直接挂钩，这个情况完全影响了客户中心员工的工作状态。客户中心认为是研发中心的问题，是系统产品的体验差造成了客户投诉增加……市场营销中心的抱怨更大，他们寄希望于新产品的上线带来市场和客户的拓展，增加广告业务收入，可新产品系统上线后客户体验不好，问题也得不到及时的解决，一些客户要求退款，业务收入和后期款项已经受到影响，因而对客服中心和研发中心充满抱怨。研发中心的老大则认为由于产品上线节奏的调整，整个研发中心已经连续两个月工作无休了，他们保证了如期的测试和上线，测试时也邀请了客户中心参与。他认为他们已经做到、完成了他们的任务，投诉的情况属于客户中心服务的问题，是客户中心服务不到位，他们应该加强服务，增加服务意识……而所有的冲突和抱怨都集中到了彼特这里。

彼特有二十多年管理经验，是一位非常成熟的高管，但是对战略变化不确定的焦虑、对"JS"业绩反馈不乐观的担忧、对"JS"项目带来的部门冲突的无力感好像三块大石头沉甸甸地压着他。

我想陪着他一起，看看动一动哪一块石头会好些？是什么内在冲突影响着他？于是给他讲了"舞池与阳台"思维工具。邀请他上"阳台"，试着用阳台视角登高看舞池，以及自己在舞池中的"舞姿"。

讲解完毕后，我问彼特：在你自己的"JS"舞池中，"早产儿""业绩""部门冲突"这三个冲突都在你的舞池里舞动。从上往下看，你看到舞池里这"三块石头"，有什么发现？你想动一动哪个？

彼特发现自己对"早产儿"的关注较多，"早产儿"的舞步牵动着"业绩"和"部门冲突"。这个阳台视角跳出平行位置，拉高了彼特的视野，当同时看到三块压着自己的石头后，他很快意识到了自己内在冲突的焦点——一直对 JS 这个"早产儿"的生存、健康担忧，在他的认知里，"早产儿"要么会早死，要么会不健康，这个认知让他无意识地对"JS"新系统上线后业绩的反馈、不确定、部门冲突抱怨，产生了很强的同理和无力感。由此生出了一系列的担忧：担忧战略调整是否合适，担忧业绩，担忧工作的评价……阳台视角使彼特抽离出焦虑的状态和情绪，很有效地帮助他看自己，找到阻碍工作效率的症结——纠结于 JS 的生存及健康内心戏。

显然，项目是已经完成了，"早产儿"无论是否健康已经出生和问世了，停在这里纠结焦虑对解决问题是无意义的。彼特意识到，只能解决"早产儿"如何健康地活好。

放下纠结，我们继续探索"JS"活好要解决什么？我邀请他再次站上"阳台"，用阳台视角再看自己的舞池，这时候舞池里有彼特、出生后的早产儿"JS"、发生的现状。我问他看到了什么？什么最吸引他去调整？

当彼特再次用阳台视角审视"JS"现状时，他很快找到了当下首要解决的问题。于是我们对接下来的工作目标达成了共识——聚焦解决"JS"带来的部门冲突和客户的问题。

在阳台上看系统

彼特确定了当下要解决的是"JS"给客户带来的问题，包括客户的产品体验、客户的投入回报及客服质量，等等。这些是一个系统的问题，不是彼特自己耍大刀就可以实现的——系统的问题得系统解决。

我提出希望和涉及的利益相关方——研发中心、客服中心、市场营销中心——的总经理分别一对一对话，我整体的教练策略是"高管教练与团队教练组合进行"。

首先，我分别和几位业务中心的老大一对一教练对话，发现每个人都是在自己的视角中"管中窥豹"：

研发中心的 L 总是一名中年技术男，理性、温暾、坚守原则。从他这个"管子"看到的"花纹"是：我们扛下了提前上线的所有压力，工程师无休、轮班、抢工期，他们是实现提前上线的基础，但是压力最大，责任最大，出了问题谁都可以说他们，扛了压力得到的却是抱怨。

客户中心的 W 总是一名泼辣干练的女性，她热情、感性，对团队的热爱溢于言表。从她这个"管子"看到的"花纹"是：投诉集中在第二代的智能系统产品上，增加的客户投诉她的团队及时处理不了，因此循环地增加投诉，这个季度的考核已经不达标了。

市场营销的 Z 总是个急性子，与他教练时我明显感到他的情绪很大,从他这个"管子"看到的"花纹"是:客户体验不好,客户投放的回报需求达不到以至于抱怨投诉、不付费用,甚至要求退费。这问题太大了,给予新的增长点、领先市场的目标根本达不到,考核根本完不成。

如果每个人、每个位置都很尽力后还有问题,那一定是系统出了问题。

每个部门在自己的位置和立场上的委屈和抱怨,通过教练对话显现了出来。为了破除"管子"让大家看到全貌,需要他们上一个台阶思考问题,下一个台阶做事。我决定结合"团队教练+私董会"的方式,让大家一起跳出平行视角,看到系统、理解系统,集体登上更大的阳台。

因此,我邀请了利益相关方几个核心部门的老大和成员,与彼特一起做全天的主题团队教练+私董会——我们如何应对新产品提前上线后遇到的问题?

在教练时,我首先营造机会和场域,卸掉大家的防御和焦虑,让所有人发现别人、欣赏别人,并邀请每个参会部门、每名人员发言两轮。

第一轮:为"JS"提前上线都做过什么?克服过什么?印象最深刻的是什么?

第二轮:"JS"上线后,现在遇到了什么困扰?需要什么支持?

第一轮发言效果明显,整个会议室的能量和温度起来了,防御攻击没有了,大家的目光接触和笑容增加了,面貌松弛了,打开了心扉。接着我邀请大家进行第二轮的发言,在第一轮场域基础上,第二轮发言时,其他人更注意倾听了,围绕"JS"产生的困扰和挑战一一浮现。

两轮发言结束后,场域中有欣赏、肯定,有困惑、挑战,这时我给大家讲解了"阳台-舞池"思维工具,并请大家想象着上阳台升高视角——如果刚才大家分享的是在一个大舞池里的舞动,邀请大家用阳台视角俯瞰、体验刚刚舞池里每名伙伴的舞姿,你会发现什么?感受到什么?学习到什么?

当站在更大的阳台上,原先看不到他人、看不到其他部门的人,会发现有时候个人珍视的事物反倒可能是对方麻烦的来源,而对方的努力可能正是你的卡点。化解不同团队的抱怨实际上是特别不容易的事情,阳台视角促进了换位思考,让大家能够彼此倾听、理解,每名伙伴在这个发现过程中理解了其他部门的焦虑和不易,每个部门的付出都得到了肯定,信任和共情深深地扎根在每个人的心里。

大家的反馈是,上一个台阶看问题后,不仅理解了"JS"带来的挑战冲突背后大家的焦虑,对系统的理解也更加深入了,达成了彼此是一个利益共同体的共识,每个部门、每个人都是这个系统里的一部分,各部门呈现出来的挑战问题所有人要共同面对、系统解决,且不是头痛医头,脚痛医脚。

为了将大家发散的思考和问题统一到一个频道上,将所有的问题拉齐同频对话。我请大家对所有遇到的挑战问题进行投票，选出系统最迫切要解决的问题：我们如何解决客户投诉及提升业绩？彼特作为该话题持有人，让所有参会人员集体进入面向未来，聚焦解决，行动成果的探询过程：

1. 回顾为什么集团要推进"JS"项目（要创造什么愿景和实现什么目标）？

2. "JS"上线后客户投诉不满的问题主要是什么？

3. 在"JS"整个系统上线过程中，如果可以补充，朝向我们期望的目标迈进，希望"JS"可以在哪些方面做得更好一些？

在探询过程中，集体对话激发出了每个人的热情，以上面提及的主要问题为抓手，发挥集体智慧，剥洋葱式分析了问题，让大家真实的声音更多元化地呈现出来。整个过程同步记录、展示了每名发言者的关键点，我不时邀请大家回顾这些记录，并"登上"更大、更高的阳台，拉高视角俯瞰系统并系统思考。

我问大家：围绕大家共识的目标，如果把舞池看作是一个系统的话，观察系统里"JS"时间轴上的每个环节、每个位置的舞姿、节奏及舞伴，你们会看到什么？会有什么发现？此刻你感受到了什么？学习到什么？下台阶后你准备如何调整舞池及舞姿？

在阳台看系统，大家各自扔掉了手中的"管子"，不再执着于各自的"花纹"，看到整只"豹子"。系统思考的帮助非常大，在舞池中，各部门都怕自己停下旋转的舞姿、跟不上节奏，不适合在舞池里；也担心忙于各自的起舞，却忘了为何在这个大舞池里起舞，忽略了整个舞池的和谐。

团队教练集体上阳台，从实践者变为观察者，第一次收获了更多的换位思考和看到"他人"，第二次收获了看到"事"和系统，理解了系统以及自己在系统形成过程中扮演的角色，先人后事再系统，一旦做到这些，问题也就解决了。大家没有了抱怨，新的选择和路径就显而易见，行动方案、承诺出现了。

走下阳台调整舞姿

通过发现和探询，大家就"JS"带来的冲突卡点达成共识：整个上线过程中，所有相关部门的目光都集中在"按期上线"的结果目标上，都在保"交付"、保"完成"，造成在交付完成真正想要的目标的"实现"上有所忽略，"JS"上线流畅性的保障流程没有做到位，造成客户对新系统体验不满意，产生投诉和绩效压力。当大家的思维从"交付"维度升为"实现"维度时，我把大家拉回到做事的层面，问他们：为了解决当下客户的问题，实现目标，各部门需要做些什么？

接下来，大家分组讨论，第一次是每个部门一个组，第二次是每人交换去其他部门组讨论和提出建议，最终汇总产出成果行动方案：优化目前客户投诉问题的应急解决策略，三个业务部门协作共创了未来再发生此类情况时的解决方案。同时收获了：

1. 构建组织战略调整的共同认知，形成部门间的工作语言。

2. 部门跳出舞池，从更高的视角，系统地看待协作，发现并获得了新的协作模式。

教练结束时，彼特和团队表示收获很大。团队有了系统观，实现了同频，沟通顺畅多了。尤其上台阶站在阳台视角看系统时，大家发现看不到情绪、纠结了，这对大家的启发和帮助非常大。

几日后我得到反馈，按照团队教练的产出方案，研发中心和客服中心迅速弥补了"JS"上线过程中做不到位的流程，联合市场营销部，对客户体验集中不满的问题做了迭代。

教练洞见

不管是一对一教练，还是团队教练，教练要先看"人"，再看"事"。带领客户先放下焦虑，再探索问题、解决问题。

"阳台－舞池"工具可以不同角度重复应用：带领客户从现状中跳出来，帮助客户跳出情绪看自己，帮助团队跳出冲突看彼此，帮助组织跳出"事"看系统，自己发现自己的卡点。当看到卡点时，问题自然会得到解决。本案例中，阳台视角对看自己、看系统都起到了事半功倍的效果。

组织往往会把成功归功于各部门的单独贡献，比如市场部、销售部、研发部、战略部、投资融合部，而没有关注部门间工作的互动与整合作用。团队教练＋私董会的温暖、安全、信任的场域，集体对话的能量使集体探索的过程生发出集体智慧，同时看到彼此，倾听彼此，看到部门间、合作伙伴间的交接和谐，这对于系统价值链的顺畅性会有非常好的帮助。

一项任务想要"实现"的目标通常高于"交付"目标，而实际中常常为了达成交付，而忽略了要实现什么。

自我教练

如何让自己的团队甚至组织看到人，看见系统，再做事？你可思考以下问题：

❶ 是什么影响了我们的工作状态和工作效率？

❷ 团队每名成员是否清楚认知自己在系统中的角色？大家的共同目标是什么？抬高一个视角看这个目标，对我意味着什么？对系统意味着什么？

❸ 组织系统共同的目标是什么？是否有清晰的战略、流程、协作方式？

❹ 系统中有哪些关键的利益相关者？他们对系统的期待是

什么？

❺ 团队是否经常学习、反思、复盘，总结经验和教训，持续成长和突破？

作者简介

张申，高管教练、团队教练、私董会教练。创业公司创始人，上市公司高管。有30年在创业公司、国有企业、上市公司运营及管理经验。跨领域在房地产、教育、互联网等行业从事市场、运营、人力资源、战略等工作。

联系作者：18601010744

21

三个比喻，三次纾困

文 / 赵 磊

每个人的一生都要跨越两座大山，一座是"骄傲"，一座是"恐惧"。

——佚名

认识王欣大约是在 2015 年，那个时候我是一家外资公司市场部运营负责人，王欣是我的合作伙伴。我们经常就合作的项目交流、开会、谈判，一切对各自的熟知都源于工作项目。在项目合作中，王欣给我留下的一直是目标明确、雷厉风行和很飒的女性领导者印象。再后来，我通过微信朋友圈得知王欣开始创业，所处行业是全球范围内极速增长的高科技软件服务（SAAS）领域。2021 年 4 月的一天，王欣发来信息表示想和我聊一下。

在电话中我了解到，王欣想邀请我做她的教练。原因是她最近受到公司的创始人之一兼 CEO 邀请再次回归公司，帮助带领公司的业务更上一层楼。我很惊讶她说"再次回归"，王欣似乎感受到了我的惊讶，表示在 2020 年底，作为联合创始人的她不得不因为身体原因请辞，去专注调整身体状态。现在她的身体在慢慢恢复，但依然还没有恢复到可以马上开始高强度和高压工作的程度。王欣用非常缓慢轻柔的声音告诉我："我已经答应回归了，并且已经工作了三周。我也非常希望尝试通过教练来帮助我回归。"王欣和我在过去的商业合作中积累了很好的信任关系，她告诉我这也是她想请我做教练的另一个原因。同时，因为我们有类似行业履历，她直觉可以从这样的教练关系中获得更多的启发。

内外双重成长目标

从企业管理人员到创业者的身份转变使王欣近几年的生活多了很多激情和成就，同时伴随的还有更多的焦虑和压力。但是不服输的性格让王欣不断找寻突破，却又一次次地遍体鳞伤，越发困顿。我看到了驱使王欣的强烈的不服输和成就感，同时看到有一种不可名状的内在压力在消耗着王欣。高科技技术行业里，存在男性主导行业生态方方面面的情形，谈话中我也渐渐形成一个假设——王欣对自己女性身份的认同感和行业潜在的规则在某种程度上影响着她。且公司的CEO是一位非常优秀的行业领军人物，但同时，他也是一位压迫感极强的男性领导者。

这样的现实和冲突不断影响着王欣在公司管理上的行为和决策。王欣给我举过一个例子，一次她和CEO激烈讨论是否要坚持举办公司的线下活动，身为联合创始人的王欣非常清楚线下活动是公司面向市场的一次绝佳宣传机会，但是她也更清楚在新冠疫情带来的不确定性影响下，举办线下活动极大可能事倍功半，所以王欣内心倾向并且期待做一场同样精彩的线上活动。但真实的情况是，迫于CEO强大的气场和武断的性格，王欣告诉我她越讨论声音越小，越底气不足，直到最后对CEO妥协，然而自己却感觉非常不舒服。听完这个例子，我非常好奇到底是什么让王欣妥协了？到底是什么内在原因阻碍了她？

讨论之后，王欣决定把我们的教练对话大目标设定为：

1. 内在认知：能看清内在阻碍，明晰是什么让她底气不足；

2. 外在行为：作为女性领导者，能果断承担更多的责任，带领公司砥砺前行。

三次身份比喻与重塑

在四个月的教练时间里，我们决定每三周见一次面。每一次见面，我都被王欣强大的成就感、雷厉风行、真诚、飒爽的女性领导者的气质感染着。

同时，四个月的时间里，每一次教练对话的重大突破都来自王欣对自己状态的比喻。

有一次教练时，她说："我觉得自己像一个干瘪的气球。"我直接问她："是谁把气放光了？"王欣一下像被击中了，想了许久回应我说："是我自己，原来是我自己把曾经那个饱满的气球的气放光了。"王欣用这个比喻形象地描述了自己焦虑和无力的状态，与此同时，王欣也觉得轻松了许多。因为她开始了解，原来很多焦虑和压力更多来自她对自己的不满意。

三周后，再次和王欣碰面进行教练会谈。这次王欣对自己状态的比喻是"倒立的红盖瓶子"，我好奇地问她："你从'干瘪的气球'到'倒立的红盖瓶子'，是什么带给了你这个变化？"王欣斩钉截铁地回应说："是力量！既然倒立，证明还是不太稳，但是'瓶盖是红色的'，证明似火的能量正在一点点回来。"

在随后的几周里，王欣慢慢在回归的过程中找回了力量，同时也恢复了每周两次的游泳。疫情虽然对业务有很多不确定的影响，然而王欣感觉内在在不断变好，对业务的把控也更加清晰了。

当我们再次碰面时，王欣对自己状态的比喻是"我穿着一件困着我的湿衣服"。我问她："如果这件湿衣服是困着你的，但你依然穿着，这带给你的好处是什么呢？"王欣说："我总是在事情选择到最后要迈出腿的一瞬间退缩了。而退缩的理由，不仅仅是对想要的东西不够坚定，还会因在意他人无关紧要的眼光而受到影响，这'困'的背后意味着对自己的不自信以及对需要承担结果的恐惧。而这些恐惧恰恰是儿时父亲给我带来的压迫感，似乎让我觉得女性就不应该为了变得更好而去挑战'男权'。但那湿答答贴在身上的衣服又让我感觉很不舒服，想挣脱，这便是困顿之间的犹豫。这'湿'的状态下包裹着的其实是一颗要成长、不服输的心。全然了解了这些状态背后的真相让我豁然开朗，这样自我剖析的感觉居然很爽。""是什么让你真正爽了？"我问她。王欣回答："爽是知道了我真正恐惧的竟然是我儿时形成的价值观，这么多年过去，它依然在影响着我，使我不愿意去挑战男性CEO和不相信自己能带领公司走到下一个阶段。"我很为王欣高兴，能看见真正的恐惧即是释放，看见就是改变的开始，相信她会因此而有所不同。

很快，我们迎来了最后一次教练会谈。刚坐下，王欣迫不及待地告诉我说：最近在和CEO的一次关键决策讨论中，她如何果断地提出了反对意见并详细陈述理由，虽然心里有点儿紧张但还是坚持到底,最终大家都同意并按照王欣的意见进行。我问她:"这样坚持自己的意见以后,你是什么感受?"她说:"我知道自己内在的能量正在不断透出来,这件湿衣服在慢慢烘干,这种感觉真不错。今后我也一定会在各种商业实战和冲突中展现我的女性领导力,获得更大范围的影响力。"

王欣很豪迈地接着说:"我想过了,未来我会是一个非常飒的穿着机车服、开着哈雷的老太太,风驰电掣,勇往直前。"我脑海中即刻出现了一个骑在哈雷上,很酷同时也非常优雅的王欣。

随后,当复盘教练目标达成情况时,王欣明确地说:"我的教练目标达成了。现在我很清楚自己内在的阻碍,就是恐惧外界评判和自己不够自信去承担更大责任的担心;现在随着状态已渐入佳境,我更加笃定,也很愿意在公司内部承担起更大的责任。"王欣还告诉我,她已经决定把销售团队接过来直接管理了。

次第绽放

教练伙伴关系结束之后,我问王欣:"这四个月的教练帮你解决了什么?"她说:"就像身体痛苦的时候可以按阿是穴,很疼但很爽,因为能解决问题。这四个月的教练是按到了我心里的阿是穴，问题明晰之后也很疼，还觉得胸口很沉。但是我发现，带着每次教练对话后的收获去行动，内在的阻碍会减少，行动会更顺畅。创业肯定不容易，可是这几个月由内到外再由外到内的探索过程，让我更加清晰了自己是谁，自己到底想要什么，行动就会更加笃定。"

回顾这四个月的教练旅程，王欣获得了对自己身份更加深刻和全面的认知。作为联合创始人的她，也突破了恐惧带来的桎梏，真正遵从内心的所思所想去带领公司创造更大的价值和影响力。这些突破都来自我与王欣在这段旅程中共同构建的信任、安全和有温度的空间。在这个空间里，我们从内到外，再从外到内，不断去理解她自己的不同状态和她外在行为之间的关系；随着我与王欣的教练伙伴关系不断地深入，那个很飒很酷、穿着机车服的王欣真实显现出来了。

有一天，看到王欣在朋友圈发了条信息："当我不再被外界的评判声音所左右，不再恐惧自己是否有信心去承担更多责任，也不再恐惧女性身份的时候，我就活成了我想要的样子。"配图则是一件飒爽的机车服。我不由地会心一笑，王欣已经在她的道上了⋯⋯

一年后的一次聊天中，我问王欣当初为什么选择我做她的教练，她笑笑说："因为我觉得你就是个有温度且很真实的人。"

教练洞见

教练技术中的身份层级工具源于心理学理论"六个主要视角"[1]中的全人视角。身份层级体现在下表中的八个不同层级上,指一个"全人"要关照的所有层级并找到自己的平衡点和一致性。

表 21-1 身份的八个层级

必要	精神	为了什么?(人生哲学,精神,宗教,信仰等)
	存在感	为什么?(价值观,信念,传统等)
	心理	我是谁?(个人发展,自我认知与心智)
	个人生活	我的家庭,我的社交(家庭,活动,爱好等)
重要	专业	专业经验和路径,技能和教育
	职能	当前、过去和未来
	组织	在组织和文化中的归属
	社会	国家和政治身份,社会责任

在本案例中,王欣"不能挑战男权"的信念或者价值观潜在影响着她外在的行动和表现。我也以一种暗线的形式把

---

[1] 六个主要视角:现代心理学中,为人类的行为提供了自己独特的解释,从而构成了心理学的多元视角,每一个视角都是理解人类行为的重要工具。具体的视角分别为:生物学、认知、行为主义、全人、发展和社会文化。相关内容可阅读《津巴多普通心理学》(*Psychology: Core Concepts*)。

全人视角工具贯穿在四个月的教练过程中，不断地支持王欣清晰自己是谁、想要的到底是什么。

另外，本案例中客户呈现出来的对自己状态的比喻，在教练的专业术语中称为"隐喻"。可以理解为是我们日常生活的比喻、比方、画面想象等。隐喻是一个提高自我觉察和了解自己情绪的工具，隐喻允许我们与理性暂时断开联结并激活创造力。本案例的三个比喻就是呈现了王欣在四个月中的状态变化和真正导致她感觉失力的原因。

自我教练

高管在组织中拥有权力和影响力，这是显而易见的，这也是高管职位吸引优秀的人趋之若鹜的原因。下面这些问题可以供身处高管位置或渴望升迁至高位的你时时思考与感知：

❶ 在我的人生中，我到底是谁？
❷ 我真正由内而外一致时是什么样子？
❸ 是什么驱使我想要得到成功？
❹ 我的成功可以给世界带来什么？
❺ 我希望被他人铭记的是什么？

如果你看到这里感觉到身体有一点点发热或者发麻，不妨也可以使用上面的身份层级表，看一下自己的"全人"状态的具体情况。

作者简介

赵磊，高管教练，现任全球500强软件公司大中华地区数字化转型业务负责人。20年跨国和国内头部互联网企业从业经历，曾任职于亚马逊云科技（Amazon Web Services）、联想、戴尔、京东、贝宝（PayPal）等；职能横跨市场、销售、产品、运营等领域，拥有横贯B2C及B2B的多元业务管理经验。

作为企业内部教练文化推广者，也通过教练支持企业内部和外部高管实现个人与组织目标。曾在北美、亚洲不同国家和城市工作生活，现定居北京。

联系作者：13121929320

22

无限游戏

文 / 赵 磊

> 世上至少有两种游戏，一种可称为有限游戏，另一种称为无限游戏。有限游戏以取胜为目的，而无限游戏以延续游戏为目的。
>
> ——詹姆斯·卡斯（James Carse），
> 《有限与无限的游戏：一个哲学家眼中的竞技世界》
> (Finite and Infinite Games: A Vision of Life as Play and Possibility)

和乔伊的化学反应面谈进展很顺利。乔伊目前就职于一家创新型互联网跨国外资企业，在此工作已经第五年。虽然总部对华投资态度暧昧不清，但是中国大陆地区的业务依然保持着每年 20% ~ 30% 的增长，而乔伊所带领的新用户拓展部门撑起了这些增长数字的一半。

我在访谈乔伊的领导——大中华区 CEO 时得知，乔伊和

成就卓越

另外两名其他部门的同僚会参与这次为期六个月的高潜管理者领导力教练项目。CEO对乔伊有很高的期待，期望乔伊可以持续保持主人翁精神和韧性，并提升领导力。同时CEO也告知我，六个月以后公司在全球范围内会有一次财年末的晋升机会，希望乔伊可以全力以赴去争取。

乔伊的领导者画像

在和乔伊的第一次教练会谈中，她告诉我，由于中国业务的复杂性，总部和其他国家的经验无法在中国落地。也是由于这些背景，乔伊必须要花40%的时间和精力跨时区和总部各个部门开会讨论——让他们知道为什么这些经验无法落地，以及她对中国市场的实践建议。而有一些关注度高的项目，乔伊需要和比自己高2~3个级别的高级副总裁开会讨论，这种会议总会让乔伊在会前紧张、不知所措。在这样复杂的组织架构中，高压一直伴随着乔伊。同时，在团队管理上，乔伊也感觉很无力，总会有那么一两个员工，乔伊虽然花了大量时间对其辅导，却见效缓慢。每每这个时候，乔伊就会觉得很疲倦，她意识到自己肯定陷入了某种情绪里，想知道有什么方法可以帮助自己。

乔伊告诉我，她对待工作非常投入、认真甚至执着。她负责的在华业务部门本来是要关闭的，因为她不停通过各种游说、分析、模型搭建的坚持，让总部最终勉强同意继续开下去。当听完这些，一个灵动鲜活、善于解决具体问题、目标导向、好胜，同时又极其尊重权威的领导者画像出现在我的脑海里。

通过第一次会谈的讨论，我们将教练目标设定为：

1. 在和权威开会讨论时能够更加从容；
2. 领导力从任务导向到团队协作，并构建在组织内更大的影响力。

和乔伊确定目标时，我借机给乔伊分享了一个非常重要的领导力工具："舞池"与"阳台"。领导者既可以卷起袖子全情投入到每天的各种活动中，就像下到舞池里跳舞一样；同时也可以抽身站到更高的阳台上，从高远的视角观察并反思自己和他人的认知、情感与行为、关系，审视并判断全局、系统和趋势，看看舞池里发生了什么。同时可以在舞池与阳台两个视角之间有意识地切换。

我告诉乔伊，未来六个月可能会多次需要乔伊去到阳台上看自己的行为。而阳台意识与能力的锻炼也可能成为她第三个领导力成长领域。

解　题

乔伊对我说："希望从解决'面对权威更加从容'这个问

题开始，因为这件事情每天都会在我身边发生。"

我注意到乔伊的一些措辞习惯中，"解决问题"这四个字出现的频率很高。这个现象在领导者中也是相对比较普遍的——在职场中，一路高歌的领导者大多都是靠着解决了各式各样的问题才走到今天。

如果不是解决问题那又可能是什么呢？乔伊给我分享了一个典型的她在面对权威时做不到从容的场景。

每次重要汇报前，乔伊几乎都会花大量的时间去润色、排版、全方位地检查准备资料的逻辑漏洞，直到她认为已经照顾到了全部。就算以这样的准备度，当她开会汇报的时候，除去用英文表达可能会影响流畅程度，每一个被上级问到的问题，乔伊都会以最短的时间思考一个更完整的答案后再回答。虽然汇报的结果非常好，但这样的方式让她自己觉得非常累，也是一种高压的体验。

听完乔伊的分享，我请她回想一件曾让她非常有成就感但同时又有高压体验的事情。乔伊思考了片刻说道："过去让我即使有巨大压力但是依然有成就感的事情是我念高中的时候，我可以思考出不止一种方法把一道难题的答案算出来，这让我非常兴奋！"她说这句话时我甚至感受到了那种激动的情绪。

我问乔伊："这两种场景下你面临的都是压力，相同的是什么？"乔伊说："证明自己有能力把这道题做出来。"

我接着问她："那不同的又是什么呢？"乔伊开始了思考，我安静地等着她，她说："卷子上的题是有答案的，而我把工作上的每件事情都当成了解题，那种没有答案的事情带给了我压力。而这个压力导致我不从容，因为我要不断地去证明我是可以解题的，如果可以我依然想用多种方法解工作上的题。"

乔伊讲完后，我邀请她上到"阳台"，问她："在向权威汇报的时候，除了那个要证明你可以解题的意图，还有哪些你可能没看见的其他意图？"

乔伊说："对啊，我脑子里居然忘记了，每一个汇报到底要服务于一个什么样的目的。我已经非常有韧性和主人翁意识了，然而这个想要证明自己的想法却完全占据了我……天啊！这个'意图'的提醒对我太有帮助了！汇报的目的是要邀请更多的人一起来解题啊！"

我问乔伊："以后开会的时候，你要做点儿什么让'意图'发挥作用？"

乔伊说："每次会议前我都会思考，这个会的目的是什么？我真正想要的是什么？如何达成共识？实在不行，我把这些意图都写在纸上，然后贴在电脑屏幕上。这样我再被惯性思维带跑的时候可以看见纸条。嗯，就这么干！"

两天后的一个早上，乔伊给我发来了一封邮件，标题是"我做到了！！！"。我迫不及待地点开邮件，邮件内容如下：

上次会谈结束后，我就在便签纸上写了两点："意图"和"你可以不知道答案"。在昨天早上的月度汇报中，会议一开始，我就清晰地表达了今天我有两个意图。第一是对上个月业绩的一个常规汇报，其次是基于这个汇报，希望和大家有一个探讨并共识出下一步的计划。中间的细节我不展开。但是这一次的会议我非常轻松，不是以前那种压力感。甚至在领导问了一个非常有挑战性的问题的时候，我也非常自在地回答说"我不知道，但今天和大家探讨后可以支持我明确优先级"。

跃 升

乔伊对压力有了不同的感知和解读，对我们后续的教练会谈起到了关键帮助。乔伊也更能够带着好奇心开启我们每一次的教练会谈，那种突破认知边界后，从知道到做到的收获感跃然纸上。

在关于"领导力从任务导向到团队协作，并构建在组织内更大的影响力"这个目标上，我借助了纵向领导力发展七阶段的主要特点来和乔伊展开教练会谈。乔伊在纵向领导力不同阶段的主要认知和行为特点中，看到自己的很多行为集中在"运筹者"阶段，如善于解决具体问题、好胜、尊重权威等行为表现。同时乔伊也发现，在团队协作中，尤其是对待那些让她感觉乏力的员工方面，她意识到在和这些员工的互动过程中自己更多展现了"投机者"阶段的行为。这段教练旅程中,在面对权威的压力认知边界扩展后,乔伊对在"遵从者"阶段的一些行为也有了更理论化的感知。

我问乔伊:"这些对不同场景不同行为的发现,如何支持你的领导力从任务导向到团队协作转变?"她兴奋地说:"我也会用这七个阶段去匹配我在公司里同事、团队、老板,甚至目前公司在中国区的阶段。尤其对于让我感觉乏力的团队成员,我现在看清了自己和业务的需求,但也要看清这个需求是否匹配别人的需求。不匹配的话,我需要调整策略,这个策略是给予他们一定认可并鼓励他们去尝试,而不是按照我对自己的要求和经验去要求他们,这样才是协作。就像咱俩现在这样,你没有告诉我你认为的答案是什么,而我通过你的问题,在我认知边界不断扩展的时候,我自己找到了可能的方向!"

我接着问:"如何确保你能做到呢?"乔伊说:"我要去练习具备阳台视角的能力。然后我要告诉我的团队,以后我沉浸在不断输出自认为的成功经验的时候,他们要鼓足勇气给我反馈!并且我会告诉他们,我不会责怪反而会感谢他们。"

带着对纵向领导力发展的好奇和感受,在一次教练会谈中,乔伊和我分享了另一个她感到非常兴奋的变化。

离公司的晋升选拔还有三个月的时间,乔伊陆续收到了八份利益相关方对于她晋升的反馈。她说:"过去每年,当我看到 360 度反馈时，我都聚焦在别人认为我不够好的地方，这让我非常困惑；但是，最近这些日子我在看别人的反馈的时候，清楚地意识到自己的态度转变了，更加聚焦在别人如何看待我的领导力，并且我的视角转换成了可以支持我持续去提升的可能性，而非聚焦在别人说我好还是不好上。"我意识到乔伊已经准备好迎接未来更复杂不确定性带来的挑战了。

无 限

在我们最后一次复盘教练会谈时，乔伊非常兴奋地告诉我，在和她的导师分享了教练过程中的成果后，导师向她推荐了一本书：《有限与无限的游戏：一个哲学家眼中的竞技世界》。她告诉我，这六个月的旅程打开了她心中那份要将游戏进行下去的渴望，也像一个新游戏的开端，一个要邀请更多人一起参与的无限游戏。

在项目结束大概 20 天后，乔伊告诉我，经过各种流程和层层筛选，她今天得到了晋升的正式消息，她希望自己以后可以用教练式领导者的方式，在组织内支持更多的同事成长。她感谢了我，也告诉我这是最好的一种传递美好的方式，我在电话这端祝福着乔伊！

教练洞见

在和乔伊的六个月教练旅程中,我可以看到乔伊自身有着极强的意愿去突破认知边界和寻求更多维度的发展。随着乔伊和我的信任关系不断加深,以及纵向领导力发展理念的加持,我们看到了乔伊自身对于压力管理和领导力的突破,也收获了来自组织的认可。回顾本案例,成功的关键有三点:

第一,乔伊对自己高压体验的觉察力。在商业场景中面临复杂和变化的情形时,乔伊感知到了惯性的思维与行为方式,同时积极地在商业场景中使用在教练会谈中取得的新认知,这种从"知道"到"做到"的过程支持乔伊可以顺利运用新的认知观察、理解和应对挑战。

第二,教练的伙伴关系支持乔伊看到了高压体验背后她的信念,以及清晰了高压体验的意义。更为重要的是乔伊并不惧怕压力,加上有了不同维度的意义解读,乔伊生发出了新的智慧,从而更加从容。

第三,乔伊在组织内部拥有不同视角和维度的利益相关者支持。比如她的导师——一名英国人。在和不同文化背景的同事的交流中,会让乔伊对具体事件的思维有所延伸。比如乔伊的直接领导——大中华区 CEO,对乔伊的主人翁精神和韧性的欣赏也使乔伊获得了更多的机会,比如那些给乔伊写晋升报告的利益相关者。这些人如何看乔伊和乔伊如何看自己的融合，加上乔伊自己的反思能力，都丰富了乔伊看待自己和组织的视角。

以上三点的融合、延伸和互相转化都在支持乔伊作为一个人的更多维度的成熟和破框。

本案例只借用了宏大的纵向领导力发展里不同阶段的特点描述，它仅仅是有关纵向领导力发展的一个小小局部，相信你在看过本书第一部分内容中有关纵向发展更详细的介绍后，会对此有更加完整的认知。

自我教练

如果你也有和乔伊相似的经历，感知以下几个自我教练问题，对你或许会有所启发：

1. 在高压下，我内在生出了什么情绪？
2. 这些情绪背后，那个未被满足的需求是什么？
3. 持有"想要证明自己"的信念带给我的坏处是什么？
4. 我的意图是什么？这些意图如何清晰地体现在我的行为上？
5. 如何确保自己的反思或思考可以体现在行动中？

23

蝶变，撬动数字化转型

文 / 庄 磊

> 不管你经历了什么样的挫折和磨难，坚信一点，这些都是人生旅程中必须要过的坎儿，能够达成与自己和解，那个发光的你终将破土而出。
>
> ——詹姆斯·卡斯（James Carse）、
> 约瑟夫·坎贝尔（Joseph Campbell），
> 《英雄之旅》（The Hero's Journey）

2018年5月10日，特斯拉（Tesla）高调宣布在上海注资一亿元建厂，给中国汽车市场投下了一颗冲击力巨大的炸弹。传统汽车市场滞涨加重，汽车零部件厂家受到整车厂成本及需求双降的严重打击，短短数月间，仿佛一股西伯利亚寒流奔涌袭来，大家纷纷进入收缩调整的节奏中。

我的客户汪总，在一家欧洲汽车零配件厂商中国工厂任职总经理六年多，生产运营管理和质量控制经验丰富。她工作认真负责，每年都能保质保量达成目标，颇受高层信任。2017年底，她去总部开会，了解到全球汽车市场都开始低迷，中国市场虽然一枝独秀，但情况也不容乐观，总部期望中国工厂在控制好成本的基础上，能积极利用数字化技术提升整体效率，开发新产品，提升盈利能力，对中国区通过数字化转型找到第二增长曲线充满期待。

汪总返程时一直在琢磨：过去六年带领中国工厂一路飞奔，且达成指标都还蛮顺利的，虽很辛苦，但自己倒也没感到有特别大的压力。而这次总部希望自己带领中国区开展数字化转型，如果延续以往的工厂管理模式似乎很难实现这个目标，但到底什么是数字化转型？该怎么转？从哪里入手呢？明年的指标定得不低，她似乎一下子感受到了一股寒意，身体不由自主地紧绷起来，头脑中也突然变得思路全无。

在年底的大学同学聚会中，汪总听到一名同学分享了自己公司在做数字化转型，其总经理有管理咨询的经验，亲自主抓数字化转型，一年多下来在业务模式、组织范式和管理方式上有了很大的改变。同学提醒说，数字化转型是一大系统工程，不能着急先上各种数字化系统，得做好各项准备工作，尤其是第一步——一把手带着管理层先达成数字化转型共识——特别重要，后面不至于返工。同学的故事让汪总有所触动。

汪总平时花不少时间待在车间，一旦在现场发现问题，她就立刻找人过来解决。另外，她习惯直接命令指派任务，有时还会发脾气，这导致一些下属在她面前会紧张得不敢说话，虽然她不理解员工为什么会这么紧张，但这样的结果并不是她想要的。汪总觉得自己平时习惯的管理方式似乎对未来转型不利，从而想学习一些更高效的管理方式，能更好地带领团队开启转型之旅。

一次外部学习机会让她打开了思路，她了解到一些500强企业运用高管教练支持高层管理者提升领导力，并促进组织的转型与变革，这让她在迷茫中找到一丝希望，于是她向公司申请，想请一名高管教练。

近三个月内见过五名教练之后，我被邀请与她见面，这是高管教练项目的第一步——"化学反应匹配"，而这首次见面沟通竟然成为汪总蝶变的开始。读到这里或许你会好奇，为什么她会选择我做她的高管教练而非先前的另外五人呢？

合　约

所谓"看见带来改变"，而看见首先来自价值观的同频联结，同频联结既是高管教练与高管之间的联结，需要教练状态（Being）；又能够促进高管与他们想要实现的目标之间的联结与清晰，需要教练技巧（Doing）。

2018年8月的一天午后,我按时走进汪总明亮的办公室与她第一次见面。只见她端坐在真皮座椅上,整个人给人感觉好严肃,她坐着和我简单打了个招呼,和我轻轻握了握手。开头十分钟对我而言是重要的破冰时间,破冰的核心是如何让对方放松并产生联结感,我一如既往平和地介绍自己后,她提了第个问题:"你能跟我分享一下你自己是如何转型的吗?"

我感到她想了解我的个人转型经历及背后的思考,这也是给予我展示真实自己的好机会,我对她说:"谢谢你的好奇,我想先和你分享我的转型成长经历,然后我们进一步沟通你的需求,可以吗?""OK。"

"我是从2013年在外企的一次职业危机期间开启我的转型之旅的……"我和她坦诚而简洁地分享了我自己2013年遭遇的一次职场危机、在低谷时走进教练课堂、后离开外企成为一名高管教练的转型成长历程。我留意到她在听我分享时,头轻微地点动,眼睛一直没有离开与我的联结,而且慢慢开始流露出一种信任。分享结束时,我问她:"你现在有何感受?又是什么触发了你的感受?"如她后来反馈给我的,她从我的表达及状态中感知到我介绍自己转型时特别真诚,这与她的核心价值观非常匹配,这份认同与信任让她愿意打开自己,并且逐步介绍自己的现状。

当我感受到我与她有了初步的联结时,就用一句"接下来让我们聊聊是什么让你对转型特别感兴趣"把话题自然切换到她那边，她回了一句："好啊。"也表达了她进一步分享的意愿。

接下来，我需要用一些恰当的教练工具来帮助她梳理出公司转型的背景，为转型开启她想要提升的领域，即明晰教练项目的内容。我运用了教练常用的"平衡轮"工具，我喜欢把它叫作"高管增长飞轮"——高管都希望不断找到增长的秘诀，实现更高的目标，体现更大的价值。而高管在转型路上好像登山，如要转型往上爬一座更加险峻的山峰，就意味着对自己的挑战更大，秘诀似乎也更不易找到。作为高管的成长伙伴，高管教练通过什么来帮助高管寻找到驾驭转型的增长飞轮秘诀呢？

"高管增长飞轮"工具简单好用，它让高管自己能系统地看清在转型背景下自己的现状及转型后期望的状态，我通过提问帮助汪总把她的思考线索系统梳理并汇总起来写在 A4 纸上。一步步梳理的过程中，在哪些领域增长以及优先次序变得清晰可见，还激发了她自己的动力。

"如果有一天你带领公司成功实现了转型，那个时候你会是什么样子的？""那时的你会发现自己在哪些方面和今天有所不同？""要实现期望的状态，你希望自己在哪些方面提升？""目前这些方面你会给自己打多少分呢？10 分代表你自己 100% 满意，1 分代表你自己完全不满意。"

我用以上几个提问支持她在一张 A4 纸上逐步梳理希望为

了公司转型她自己需要提升或改善的领域,将想法更视觉化地呈现在她面前(见图 23-1)。

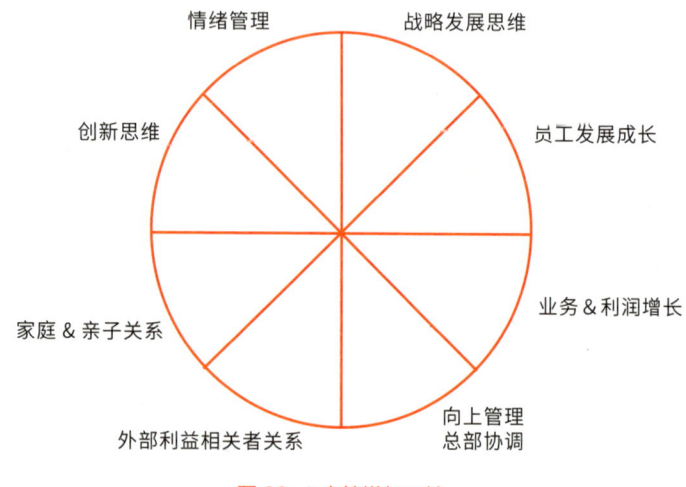

图 23-1 高管增长飞轮

饼图分区标签:情绪管理、战略发展思维、员工发展成长、业务&利润增长、向上管理总部协调、外部利益相关者关系、家庭&亲子关系、创新思维

"教练项目结束时,你希望那时给自己每一项打多少分?""那时的你会是什么样子的?""那时你会对自己说什么?"我继续问她。

"嗯,这个方法特别好,对我来说,设定好目标和畅想一下成功的状态特别能帮助我进入接下来的项目!"

我问:"此刻你的感受像什么?"

"嗯,感觉像一只飞翔的鸟。"

"如果你看着这只飞翔的鸟,你觉得它最吸引你的是什么?"

"轻松自在吧。"

"太好了，期待有机会与你一起踏上一段轻松自在的旅程！"

与汪总告别，我迈步走出他们的工厂，看着蓝天白云，自己内心也感受到了作为教练的一份轻松自在。两天后我收到通知，汪总选择我作为她的高管教练，陪伴教练她一年，总经理的蝶变之旅就这样开启了。

启 动

汪总第一次的教练话题围绕"高管增长飞轮"中的情绪管理展开。这一话题一直困扰着她，虽然她说自己也看了不少领导力或心理学的书，但似乎没什么改观。

人们往往看到的是别人的问题而非自己的，真正的改变需要从认识自己开始。

我们的教练对话开始时，汪总喜欢从陈述现状开始，里面包含了她对下属员工的不满和情绪："生产和质量控制的这些问题我已经说了很多遍，不知为什么，他们老是不上心。艾瑞克，你告诉我，这种情况我该怎么做？"

我说："我能感受到你很希望找到让他们改变的办法。如果有一天你发现他们真的改变了，那时他们是怎样的？你又是怎样的？"当我通过探索未来目标的方式帮助她明确想要的成果,或从实现成果后的角度回看现状时,她往往又回到抱怨他人的模式。这让我意识到,当人缺乏对自己的探索时,往往会从外归因,认为都是他人的问题,教练需要从不同的维度支持他们向内探索、看到自己的内在模式。

我尝试用当时学了不久的"卡牌教练技术",即运用卡牌探索内在的方式,引发她对现状以及她与下属沟通模式的探索。丰富的卡牌画面和新奇的探索方式让她很舒服,也很能打开她的思维,而通过沟通模式及关系模式的探索,她觉察到了自己缺乏换位思考——理解下属的立场是实现转型的关键之一。领悟到这点给了她很大的触动,她说:"我现在理解为什么他们有时会紧张,不敢表达真实的想法,嗯,之前我还真没有想到!"

一个月后我们再次教练,当回顾这个月发生了什么变化时,她又表现出新的困惑与挣扎。因为工厂工作节奏一直很快,她一旦进入忙碌的工作状态就很难再做到换位思考,惯性的不满情绪会立刻涌起,让她情不自禁地对员工发火。

突破之前往往都伴随着无数次的挣扎。有过类似体验的我很能同理到她内心的挣扎,同时让我觉察到这个阶段她更需要被赋能与突破固有模式。于是,我和她有了这样一段对话:

"我能感受到你很想找到合适的方式改变现状。真正阻碍你改变员工管理方式的是什么?"

"我觉得是对自己情绪的管理。"

"邀请你感受一下你的这份发火情绪,它像什么?"

"像老虎。"

"它在哪里?"

"在草原上。"

"嗯,它身边还有什么?"

"还有一群老虎,包括一些小老虎。"

"这是一群怎样的老虎?"

"它们是一群很强壮、很有活力的老虎。"

"你感到什么会触发它的情绪而发火?"

"当这群老虎受到攻击时。"

"是什么让这只老虎看到虎群受到攻击时发火?"

"这只老虎担心其他老虎会受到威胁。"

"这里有什么假设?"

"是这只老虎担心其他老虎抵御不了攻击。"

"我记得前面你提到,它们是一群很强壮、很有活力的老虎,那是什么让这只老虎担心它们抵御不了攻击呢?"

"哦,我好像明白了!"

我第一次看到汪总露出了笑容,她终于从一次深度的隐喻教练探索中看到了自己的情绪模式。"看见即治愈",这一次的觉察帮助她突破了自己惯有的管控模式!

破　茧

差不多半年后，按约定我去他们公司做教练。正好遇到了她的上级领导——亚太区总裁埃文——一名风趣而睿智的英国老头儿。他开门见山又好奇地问我："你对汪总做了什么，她仅仅五个月就发生了这么漂亮的变化？"原来经过五个月的教练，汪总不仅让领导看到了她的积极变化，工厂的关键绩效指标也提升了，这让埃文很惊喜。

后续的几次教练会谈中，我们在系统思维、创新思维、敏捷管理、企业转型、数字化转型等话题上深入探索，让汪总在思维上获得了进一步突破。我能感受到她越来越打开的思维和上扬的能量，好像拼图般在帮助她构建一张大图。

汪总知道自己平时太忙停不下来，思路不够聚焦，所以她特地利用2019年国庆假期，把自己静静关在家里整整七天，一个人从系统视角构思公司数字化转型的初步架构，尤其是如何运用数据寻找业务创新增长模式，如何建立若干个转型项目组，包括生产工艺、设备工程、供应链、质量控制、数字化系统、销售、售后技术服务等，驱动组织各个层面的转型变革。目的是既帮助公司实现工艺和质量控制数字化，优化综合成本，又实现传统经验，从人脑形成数据留在系统里；既帮助从转型项目中打造敏捷项目组，挖掘和培养数字化人才，又帮助公司各层面的管理及运营体系实现数字化运行；

既实现了降本、增效、提质，又实现转型。

汪总显然是很高效的，经过几轮快速讨论，一过年，她就开始启动这一原型项目，而且该项目运营至今，情况良好，收益巨大。

汪总后来和我说，这一顶层构思源于一次教练会谈的灵感——对自己未来身份角色的清晰与坚定，促进了她从系统创新的视角深度思考数字化转型。在探索未来画面时，她渴望在自己退休时能帮助把中国区带到一个新的高度，把整个团队打造成一支具有高度凝聚力的高绩效团队。要实现这一愿景目标，既需要数据驱动业务层面的创新和精益转型，又需要在组织层面创新而敏捷地转型与赋能，她对自己接下来的角色与使命也更加清晰了。因此在思考数字化转型的整体框架时，她既从数字化驱动业务开展重要项目以降本、增效、提质，又把数字化人才培养、组织发展变革与重要项目的落地结合起来，就有了国庆在家闭关孕育出的非常系统而落地的数字化转型战略架构与落地的若干个项目。

很快她又邀请我给管理团队教练，既帮助团队启动数字化转型项目，又能让转型项目组围绕业务创新协同作战。

2019年12月底，汪总还因中国区转型获得初步成功和业务增长及利润均超指标，第一次获得了全球总裁奖，并去总部领回闪闪发光的奖杯。她后来与我分享说，这是她职场的巅峰时刻。

机会总是留给有准备的人，2020年2月新冠疫情暴发，所有总部专家都无法再来中国，汪总反而更有信心加速数字化转型项目更深度地本土化运作。她很清楚，他们必须和时间与疫情赛跑，团队也非常给力，力出一孔，众志成城。

成　蝶

2019年初冬的一天，那时我们的教练项目已经结束，我突然接到汪总的电话（平时她从不给我打电话）。电话里我明显感受到了她的愤怒情绪："我现在觉得压力很大，公司一定要我承担新的职责，我好像根本都没有选择的权利，这太过分了。我需要你帮我教练一次！"我迅速意识到她遇到了一次巨大挑战，立刻答应她晚上八点做教练会谈。

晚上如期给她做了一次关键的教练会谈后，我了解到，她当时正面临下一步职业发展的选择，公司总部高层有意向将亚太区的另外两家工厂移交给她管理，从而设置亚太区的管理架构。当时的她有点儿举棋不定，"不接"意味着保持现状一切都安安稳稳，也没有什么太大的职业风险和职业挑战，继续保持她管理了六年的"全球最佳工厂"的美誉；"接"意味着要付出很多的精力去改善现状，去重构管理系统和管理思维，去适应复杂的汇报关系，以及获得新领导的信任。而且接管一旦不成功，可以说是"身败名裂"，从此，过去的辉煌也会不再，甚至有职业上的风险。

我听到电话那头的她很无力、纠结，她甚至没打开视频，声音明显低落而缓慢。当时的直觉告诉我，需要用非凡的勇气来激发她的内在力量。

"你在事业上真正的追求是什么？

"五年后当你退休时，你回看自己在这里走过的路，你希望对自己说什么？"

"你在这家公司真正想要的是什么？

"这次调整真正让你纠结的是什么？

"你觉得当下公司对你的期待是什么？"

我用几个挑战性问题让她从自己的未来渴望和当下角色、公司现状与团队期待等方面，感知她需要真正面对及突破的是什么，让她清晰自己的初心和追求的愿景目标，她说："我很感恩我的公司。""我希望退休离开公司时，我为曾带领团队给公司创造了辉煌的成果而感到光荣。"因而在这个维度上，她果断地选择"公司这时需要我，我也愿意接下极有挑战的新任务，为我自己的愿景努力"。

在这次教练最后，我推荐她去看约瑟夫·坎贝尔的《英雄之旅》。一周后她告诉我，那本书更加坚定了自己的选择。后来，不论发生什么，汪总始终能保持自己的一份初心、定力和执行力。

两个月后她告诉我，一切进展比她想象得要顺利些，而她自己也因能领导亚洲三家工厂进入新的发展阶段而相当有成就感，同时很感谢我那一次非同寻常的教练对话带给她的突破。

2021年，汪总受到提拔，成为亚太区副总裁，她继续带领两家工厂扭亏为盈，并在数字化转型的路上更快速地前行。

轻盈飞舞

走过四年的历程，汪总认为自己不仅在情商与沟通、团队赋能、系统思维等方面有了长足的进步，现在就像破茧而出的一只蝴蝶，在节奏繁忙的工作中越来越"轻盈"地在更大的空间里飞舞着。

同时公司的数字化转型项目也在她全力以赴的推动和团队的共同努力下，产生了越来越积极的效用，降本、增效、提质的综合效应正在逐年循序渐进地体现出来，助力他们每年达成战略目标。通过与我的后续沟通，她也清楚地意识到，企业数字化转型本质上不仅仅是信息化到数字化的升级，也是业务模式的转型与创新，更是组织转型之旅。在这段旅程中，自己作为一把手的领导力转型是"龙头"、是起点，因为自己的"任督二脉"越来越通畅，也撬动了公司的数字化转型项目，团队也越来越敏捷协同，成为真正的高绩效团队。

问及汪总现在的感受时，她说："虽然工作很忙，但心里是轻松而自在的。"汪总还告诉我，她现在开始学习正念、练习瑜伽和跑步，正进一步训练和加强对自己身体与内在感受的关注及敏锐度，并希望由此及彼，更好激发周围的人。

教练洞见

此案例的关键成功因素有两条线：一是 CEO 的个人转型与成长；二是企业数字化转型，伴随着业务模式创新与组织的转型。其中，CEO 的个人转型是企业数字化转型的撬动支点。

CEO 本人的转型来自个人有提升意愿，并选择了与自己价值观匹配的高管教练，高度信任是基础，灵活运用"隐喻""卡牌"等高管教练方式可以更好促进高管自我认知模式的突破。

该项目涉及企业的数字化转型，教练自己在数字化转型上的经验能更好地陪伴 CEO 高效系统地思考与实践。

给组织和高管的启示与思考是：

每一名 CEO 都需要教练：CEO 在企业发展的各个时期都需要高管教练的专业支持，高管教练通过教练人来助力 CEO 在企业经营与决策的方方面面产生积极的变化和影响。

企业转型往往是常态，而高管往往当局者迷。兼具业务思维的高管教练能让高管本身借事修人、助人成事，并在转型旅程中助力高管走得更轻盈有力。

企业数字化转型是一项系统工程，既有业务模式的转型，也有人与组织的转型，在实践中，高管本人及团队的转型比较容易受到忽略。所以企业可以选择对数字化转型有实战经验的高管教练，不仅能助力高管成长与思维突破，而且从业务与组织维度促进高管对数字化转型项目的设计与推进。

自我教练

即将带领组织开启或正在开展企业数字化转型的你，可以通过以下几个问题促进对数字化转型更深的思考与践行：

❶ 什么才是真正的数字化转型？其本质是什么？
❷ 我们的数字化转型需要包括哪些方面？
❸ 我希望通过数字化转型助力实现企业怎样的战略目标？
❹ 驱动我做数字化转型的原因是什么？应该考虑让谁受益？
❺ 为了高效推进数字化转型，不掉入自己和组织过去成功的经验陷阱中，我自己需要在哪些方面转型与突破？
❻ 在数字化转型旅程中，我如何影响团队，打造敏捷迭代的组织？
❼ 如何培养高价值的数字化转型个体与团队，赋能数字化战略实现？

作者简介

庄磊，数字化转型战略增长教练，高管教练＆CEO教练，北斗数字化转型™创始人、CEO。同时兼任法国欧洲知识经济与管理学院（SKEMA School）、上海交通大学—法国凯致商学院（KEDGE Business School）全球MBA项目等客座副教授、产业特聘导师。

拥有二十多年先进外企营销与战略转型实战经验、近七年的企业高管教练及企业数字化转型实战辅导经验。为超过50家世界500强企业、行业领先企业和国内快速发展创业型企业提供高管与整体组织能力提升辅导、数字化转型服务。

联系作者：Beidoucoach（微信）

24

爱上双人舞

文 / 熊 樱

　　成功的婚姻就像是配合默契的双人舞。只是在这个自我被无限鼓励和放大的年代，多的是才华横溢的独舞，或者潜意识里都希望作领舞的那个人，所以即使有了希望和谐共舞的心，也怕迈错了腿，用错了力。

——李中莹，《爱上双人舞》

　　在公司成立的那一刻，就像探戈舞曲的第一声响起，夫妻两人站起来，四目相对，眼神里充满浓浓的爱意和憧憬。在他们眼里是共同描绘的企业和家庭的各种美好画面——通过创业这个舞台，两人配合默契、彼此成全、更加相爱，共同跳出一支激情澎湃、魅力四射的双人舞。但是没有人会想到，这也是一场艰难之旅，和他们想象中沿途遍是鲜花的场景完全不同，脚下也布满了荆棘，在猝不及防的避让挪腾中，优美和谐的舞步不再，唯见互相拉扯、你踢我踩、伤痕累累，两人心中也是爱恨交织、一片狼藉……

痛：乱舞互踩！

A公司是一家拥有二十多年历史的营销公司，旗下有代理品牌和自有品牌，为王飞和李丽夫妻共同创立。新冠疫情的三年时间里，公司业绩逐年下滑，开始出现亏损。

2022年，A公司引入了团队教练。作为教练团一员，我因此有机会走进A公司。经过接触和了解，我发现A公司的团队整体士气不高，管理团队成员关系表面看似和谐，但缺少共同目标、互相协作不力且追求结果的意识很弱。

丈夫王飞是公司总经理，对行业有深度理解。妻子李丽是财务总监，行动力强。两个人在公司不沟通则已，一沟通就互相争吵，搞得全部办公室都能听到。王飞的话和决定经常被李丽推翻，这让王飞感到很没面子；李丽常常质疑营销费用，王飞又不置可否，只管大笔一挥，签字批准。夫妻二人是公司的创始人，他们之间的不一致让下属无所适从，或者让下属钻了空子。

王飞平时眉头紧锁，一脸严肃，话不多，特别追求完美。他的口头语是"你应该……"，对下属只有批评，没有表扬。

如果公司制订的目标计划没有完成，王飞也经常不问责相关负责人，甚至下属只要到王飞这里求个情，就没事了。而且王飞也不重视公司的管理制度，经常带头违反规则也不自知。他平时在办公室尽量避免和李丽在一起，自己开自己的会，也不通知李丽。在和他的先期访谈中，他说道："只要李丽在办公室，我就想办法出差，离她越远越好，这样耳朵边就没有叨叨叨的声音，心里也就不那么烦躁，也感觉自由了！"

李丽快言快语，人称"刀子嘴，豆腐心"，她处事谨慎，讲规则，又很感性，容易产生情绪波动。当她觉得王飞做错了但又得不到王飞及时回复的时候，就会开始抱怨丈夫。

我们发现更大的问题是两人工作角色边界不清晰。前期访谈中，销售部门私下认为李丽管得太宽了，经常插手不该插手的事情，影响销售人员的积极性；职能部门认为销售部门太乱，经常挑战公司的规章制度，王飞该管的不去管。

针对了解到的情况，我和搭档 L 教练沟通后达成共识：先着手处理两位联合创始人之间的问题，再正式启动核心管理团队的团队教练。我们与王飞沟通了第一次团队教练工作的设计思路和框架，即上午以两位联合创始人为核心，取得目标共识，划清角色，确定规则，下午再扩大到十人的核心管理团队进行团队教练。王飞欣然接受我们的计划。

惊：谁来领舞？

上午，教练以与两位创始人对话的形式开启了。

我们邀请两位创始人各选三张卡片，分别代表自己和对方，并分别描述"我眼中的自己、对方眼中的我、员工眼中的我"。

王飞表情严肃，拿着卡片不带感情地按要求表达，他的眼睛始终盯着斜前方的墙角。在王飞讲述的过程中，我留意到李丽一开始是温柔地看着王飞，但见王飞没有回应，就渐渐把眼神移开，有些坐立不安，她的脸色也暗了下来。但王飞对这些毫无觉察，只是沉浸在自己的世界里。

轮到李丽讲述的时候，她是手里拿着卡片、眼睛看着王飞开始表达的，但发现王飞没有回应，甚至连看都没有看她一眼的时候，她的脸上显出了尴尬，有些无措地转过脸来望着我。我感到空气在这一刻凝固了。

待李丽说完，我问："你们现在感受如何？"只见李丽眼睛一红，说自己感到很委屈，也很焦虑。李丽说这些的过程中，王飞依然没有把目光转向她。

我问王飞："我留意到你说话的过程中，眼睛一直都没有看李丽，能告诉我是因为什么吗？"王飞说："我就是不想看她，我只要看到她，心里就会感受到她的指责。"李丽突然间静下来，两个人都陷入了沉默。这一刻，我没有去打搅他们，只是在一旁默默地看着。我知道，有些新的东西在两人之间产生了。

过了一会儿，我们把前期收集的员工对他们的领导力风格评估一一呈现给他们。这一次，王飞是托着腮认真地听着；李丽则频频点头，就像被微风轻轻拂过，她的脸庞透出丝丝温柔。

看到两位都开始有了一些变化，对自我有了一点儿觉察，我们觉得还可以继续强化。于是L教练邀请他们站起来，将这个房间当成企业的空间，让他们站在自己觉得最舒服的位置。李丽先站出来，快步走到房间中间；王飞一边用余光瞄着李丽，一边远离她，往一个角落走，直到身体几乎贴在墙壁上。我感觉到王飞恨不得把墙凿开，飞到墙外。李丽回过头，看到王飞的站位，脸上满是愕然。她也开始低头慢慢往墙角走，离中间、离王飞越来越远。最后等她站定的时候，与王飞形成一个对角线，二者的距离是这个空间中最远的距离。

我们让两位创始人分享彼此的感受。王飞说："我站在这个位置上，才感到最安全、最舒服。"李丽说："我感到很难过，我不想看到这样。"

然后，我说："在这个真正的企业的空间里，你们两位觉得各自应该站在哪里？请表示出来。"李丽听完又要往前冲，我拉住李丽的衣角，悄悄对她说："你先别动，让王飞先站位。"李丽在角落里，望着王飞。王飞像只初生的小鸡慢慢地试探性走到房间中间，左右看了一眼，最后停了下来。李丽慢慢地绕过王飞，走到他的后面，两人慢慢调整位置，最后变成直线，王飞在前，李丽在他后方两米左右。

我们问："你们确定这是你们应该站的位置吗？"两人都默不出声。

我继续问他们："此刻，你们的感受如何？"王飞说："这个位置比较舒服，我感觉到背后的支持。"李丽难过地说："我很不舒服，因为我只看到王飞的后背，完全看不到前方，这样我非常没有安全感。"

想到他们团队目标感很弱，我想继续探索一下，于是告诉他们："我现在也加入进来，我代表企业的目标；你们依然寻找你们最想去的位置。"于是我故意在房间中先向前，然后就随意走。

然后发现：王飞一直地紧紧跟随我（目标），但是他从不回头看后面人的状态——是跟上来还是原地不动。李丽本来站在王飞的背后，走着走着她就走到了王飞的右后方。最后，他们找到的最合适的位置是：王飞在前，李丽在他的右后方，既跟随支持王飞，又能看到共同的目标。

在后来的分享中，王飞说完全没有想到他俩之间的心理距离那么远，这让他感到太震惊了。李丽明白自己不能站在王飞的前面，在公司里引领舞蹈的应该是王飞，自己需要成为他背后的支持者。

在有了更深一步的觉察之后，我邀请他们说出对彼此的期待、在公司的角色定位和分工以及互相沟通的规则，并要求两人承诺后续的行动。在做这部分交流的时候，他们的目光彼此对上了，能看着对方说话了。最后，两位创始人商量好，都将公司前台的形象墙设定为提醒物——进入公司，看到形象墙，马上提醒自己切换角色。在他们的比画中，我看到王飞的表情开始放松起来，最后还幽默地说了一句："我们是一拍即合的拍档，不是拍死的拍档。"李丽脸上也放晴了，脸上好像有一层柔柔的光晕。王飞似乎也被光晕所吸引，深深地看了李丽一眼，若有所思。

乐：双人舞训练

教练继续进行，下午导入的是团队游戏环节。这个活动的主要目的是让大家充分感知组织系统中各个角色的作用。

王飞上场"领舞"，当王飞迅速变化时，系统中其他人员都默默无语，只是机械地跟着王飞的动作东奔西跑，没有人表达自己的感受，也没有人调整运动模式。其间，李丽看到了引领者王飞的辛苦。

游戏继续，当增加了外部环境变化要素时，王飞自己紧盯着外部环境，手下团队成员则乱成了一锅粥。我问王飞的感受时，他说："有一种深深的无力感。因为自己要盯着环境变化，根本顾不上团队。"我问他："你要继续这样下去吗？"

他坚定地说:"不!"我继续问:"那接下来你会做什么?"王飞说:"我会让团队和我一起分工协作,我要授权给他们。"

我转身问团队成员:"你们的感受是什么?"

他们的回答惊人一致:"累,且有一种无力感,不知道做什么。"

我继续问:"你们看到了总经理在做什么?"

"他在关注外部环境。"众人回答。

我再追问:"当他不能关注到组织内部的时候,你们又在做什么?"

所有人都沉默了,过一会儿,只听到李丽大声说:"要及时补位,做好总经理的左膀右臂!"大家都抬起头看向李丽,只见一旁的王飞也将赞许的目光投向李丽。

爱:爱上双人舞

随后的教练中,王飞有了很大的变化,他开始站在核心团队后面,让出空间,并面露微笑看着团队讨论。我们惊讶地听到句句幽默的话从王飞嘴里脱口而出,他时而大声称赞团队成员,时而转过身和李丽对视一下或轻轻与她说着什么。

而李丽则始终站王飞的身旁,用欣赏的眼光看着他或频频点头回应他,当王飞多次给予团队夸赞时,李丽笑盈盈地向他高高竖起大拇指。看得出李丽满心由衷的喜悦都荡漾在了脸上。她也开始积极点赞团队成员,给他们鼓劲,完全不见平日惯见的指责风格。

这一刻的夫妻两人真正是一唱一和、互为天使、相助支持,在他们的鼓励和影响下,团队的创意不断涌现出来,讨论不断突破和推进。

在教练结束后的第二个月,我们重新来到A公司复盘。一进会议室,我们看到管理团队成员都已经到了,而且一改早先的沉闷,大家都在轻松地交流着,王飞也不时插上几句话。

在会上,当负责营销的陆总谈到她面临的挑战和内心挫败时,王飞看着她的眼睛真挚地说:"陆总,我知道这几个月你非常不容易,这是一个极具挑战的高压项目,你带领团队用心做了各种推广活动,也取得了一定成果,我知道你已经尽了最大努力,我要给你点赞!"听到王飞的话,陆总眼睛湿润了,声音哽咽地说:"谢谢,谢谢王总理解。"这时,一旁的李丽也站了起来:"陆总,你尽管带着营销往前冲,我带着财务部全力支持你,我们打配合。"李丽又转头环顾在座的其他团队成员,说:"营销在前方冲锋陷阵真的不容易,我们一起给陆总一个掌声鼓励!"全场掌声响起。掌声中,王飞抬头望着李丽,嘴角露出微笑。

又一个和风煦日的日子,我们和王飞李丽夫妻坐在了一起,进一步探讨公司未来的方向和愿景。我们四个人围成一个小圈,夫妻二人的凳子紧紧靠在一起。李丽望着王飞,眼里放着光,她说:"虽然公司转型是一场艰难之旅,我们会遇到很多新的挑战和压力,但我相信王总,王总一定能带领我们团队成功转型。而且,我们可以一起去面对,只要我们一条心,没有蹚不过的河!"王飞看着李丽,用力点头:"是的!是的!"他腰板挺直,全身充满了力量,李丽则不易察觉地往王飞的身边又轻轻靠了靠。

眼前的这一幕让我仿佛看到探戈舞曲中的夫妻二人——优雅洒脱、充满活力,他们双手紧握、节奏精准,在一个华美的旋转后,两人同时向着前方迈进,坚定有力、步伐一致。这样的和谐默契,真正展现了双人舞的无穷魅力。

教练洞见

夫妻创业是共创家庭未来美好生活的梦,夫妻都期待在商业的舞池中尽情共舞,构筑更丰富的关系,体验更全面的爱。然而因为场景变得更为复杂,如果彼此的心智未能同步发展,那么应对创业双人舞时更多体验到的将会是互相指责、彼此委屈,甚至彼此心生恨意。还有人会把舞伴踢下场,造成曲未终人已散的遗憾。

在这个过程中,教练技术可以把夫妻二人带到阳台视角,让他们觉察:

1. 回到彼此的初心:我们创业究竟是为了什么?

2. 看到彼此和相互间的关系：我们各自的角色是什么？最需要的支持是什么？彼此间在如何相处？这样的关系模式是否适合在创业中共舞？是否需要调整？

我觉得教练在整个过程中创造了一个安全的空间，让夫妻二人能看清当下的全局和问题所在；教练也给双方赋能，让他们有勇气面对挑战，有力量去采取行动；最重要的是支持他们，让爱重新回归心中，再带着爱前行。

夫妻创业同样关键的还有要明确界定好家庭与组织中的角色区分。因共处的场景不同、系统也更加复杂，以前的关系也需要重新调整和发展，夫妻二人都需要有更成熟的心智，怀着升华的爱去接纳、包容、理解、欣赏和支持对方，如此才能在创业这个舞台上真正享受双人舞。

自我教练

基于本案例内容以及在我的教练实践中接触到的大量夫妻型创业团队遇到的问题，这里提供几个问题，可用于夫妻创业的读者自我教练：

❶ 我们为什么要创业？我们共同的目标是什么？
❷ 在家庭和企业中，我们各自的角色是什么？差别是什么？我们需要通过这个角色实现自己什么价值？
❸ 我们需要如何自我发展以适应不同角色的要求？

作者简介

熊樱，组织发展、团队与高管教练、国际身心语义学会（NSTT）认证大成教练导师、国际行动学习协会（WAIL）认证行动学习教练、游戏/应用戏剧及隐喻带领者、中山大学—花旗中小企业创业"培训师培训"（TOT）项目培训师、广东中小企业局首席管理专家。

曾在大型国企、上市企业及民企担任中高层管理职务，引领公司转型发展。在管理咨询、教练领域深耕多年，拥有组织发展、领导力发展、流程管理、团队发展和教练等多方面经验，现致力于企业及个人转型发展教练服务。

联系作者：13925016090

25

唤醒初心，再次"点燃"创始团队

文 / 刘立平

> 做领导的要对他所领导的人更直率些。分享好消息很容易。当负面消息来了的时候，要直率，要承担起责任。不要隐瞒不好的情况，不要推给下属去宣布坏消息。要把出现的问题及时、坦诚地告诉员工。
>
> ——乔恩·M. 亨斯迈（Jon M. Hunstman），
> 亨斯迈（Huntsman）集团创始人暨名誉主席

X 是健身行业一家公司的 HR 负责人。公司于 2014 年成立，原始合伙人有两人，后来管理团队陆续扩展到七人。2020 年疫情来临之际，原本经营一路向好的公司业务一夜间遇到了前所未有的挑战，尤其是面对从国外引进的昂贵器材费用和公司扩张带来的人员支出这两项同时发生的成本，管理团队针对资金的使用出现了前所未有的不一样声音。而七人管理团队分散在北京、武汉、杭州三地，也为平时的沟通带来了阻碍。X 向我描述公司情况时，客观中立地说了团队的现状，管理团队中最初的信任是存在的，但目前两位原始合伙人相互不理解，导致团队很难统一力量继续向前走，原始合伙人 K 尤其感受到了同时袭来的内外压力。

X 找到我是希望通过教练支持到管理团队，以期他们对战略理解保持一致。否则不一样的声音会让其他管理团队成员和下面的合作伙伴有很多猜测和不解。我听完她的描述和需求后，决定先约 K 进行一次探索真正需求的教练对话。

初见原始合伙人 K

在我和 K 沟通的大概一个半小时的时间中，他从一开始淡淡地描述希望团队跟上他的想法，到慢慢表露出自己的情绪。因为团队不能理解自己说的东西，他感到很焦虑和无助；又因为经历了疫情引发的各种事情，他又有很多无奈和疲惫。他几次叹息和眼圈泛红，最后形容这种感觉时，他说自己就像一匹同时拉了好几辆车的马，没有人和他分担压力，感觉很累但仍然要拼尽全力向前奔跑。他希望团队能朝着一个方向，每辆马车都能独立地奔向目的地。

结束了对 K 的需求访谈，我又向 HR 负责人 X 具体了解了管理团队每个人在公司的情况，以及他们彼此之前的关系——有的以前是合作关系，有的是同学；也说到刚开始创业时两位创始人就在一家咖啡馆里办公，那时是如何维护客户的，那时是如何干劲十足……

教练目标与方法

根据前期访谈和信息搜集，我们约定了七人管理团队的团队教练方案。本次团队教练的合约是唤醒初心，再次"点燃"疫情下的创始团队，并让他们回到创业时的信任和协作状态。

基于教练合约，我在教练设计中运用了行动力（POA）组织决策思维模型，设计了五个步骤的团队教练方案。

POA组织决策思维模型源于"POA行动力公式"（见图25-1），由连续创业者张宁于2009年提出，其中组成公式的三项分别为：伙伴（partner）、目标（objective）和方法/手段（acceleration）。在个体行动力发展中，三项间的相互关系为：目标凝聚伙伴，伙伴共创方法，方法服务目标。

$$行动力 = \frac{伙伴 \times 方法/手段}{目标}$$

图 25-1 POA 行动力公式

我于 2018 年参加了首期 POA 认证课程，2019 年与张宁共同为 POA 双证班授课，在学习后快速应用在个人职业转型中，并在企业教练客户中运用 POA 组织决策思维，帮助他们打造高效的组织行动力，激活组织中的每一名成员完成从被动执行到主动行动的转变，成为自己使命的负责人。

POA 组织决策思维示意图如下：

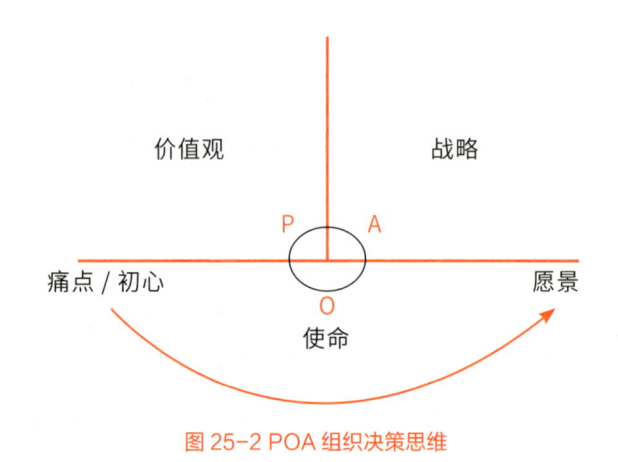

图 25-2 POA 组织决策思维

运用 POA 组织决策思维进行团队教练有如下五个步骤：

1. 前（Before）——唤醒痛点 / 初心；

2. 后（After）——重启愿景；

3. O ——共识使命；

4. P ——以价值观识别可以共担的伙伴；

5. A ——共创十倍速提升行动方案。

具体而言就是：

1. 从创业初心到达愿景实现，需要达成共同的使命；
2. 使命的实现需要有共同价值观的真伙伴，并自带资源；
3. 真伙伴需要有支持使命实现的有效方法进行加速；
4. 使命凝聚伙伴，伙伴共创方法，方法服务使命。

唤醒痛点 / 初心

第一次团队教练时，我把地点选在了两位原始合伙人最初创业时常去的那家咖啡馆，首先在环境上让大家身临其境，感受两位原始合伙人对这家咖啡馆和那段日子拥有的特殊感情。

首先我请 K 为当天的教练对话做个开场，能感受到他对当天会发生什么有些紧张，但他仍然表达了大家从三地赶来聚在一起非常不容易，也表达了对这一天大家都放下手头工作全情投入的期待。

因为我是首次和另外几位管理团队成员见面，同时也感觉到 2020 年秋末的咖啡馆里除了热饮还是有一些冷意飘在空间中，所以我请大家做自我介绍来暖场。在自我介绍环节，大家纷纷说他们彼此都太熟悉啦，但我似乎在这种"太熟悉"中感受到彼此间又有些顾忌。借着大家自信满满的状态，我向大家抛出了第一个问题："既然大家都彼此熟悉，相信对公司也很了解了，那么公司的'出生日'具体是哪天呢？"大家纷纷回应说肯定知道答案，但结果是七个人的答案并不一致！

团队教练的第一轮沟通，开启了每个人对自己加入公司时的状态和情景的回忆，包间里此起彼伏的笑声传到了咖啡馆的其他角落，这时秋天的阳光也射了进来，室内的温度也感觉高了起来。

重启愿景

在大家的谈笑中，教练会谈到了午饭时间，大家在吃简餐时依然沉浸在回忆中，每个人都继续讲述着当时自己为什么加入这家公司选择一起创业。从回忆当时接到的第一单业务，到如何拒绝了客户——他们那个时候就相信，给客户提供的价值不仅是一次性的短暂收益，对原本可以挣快钱的业务主动说了"不"。退回客户主动塞到手里的钱，坚定地相信能为行业提供持续的价值，赋能行业的广大从业者。这份拒绝的勇气也是他们对公司愿景的执着和信任。当然，也有人最初加入只是因为相信创始人本人，凭着这份信任走到了今天。

大家再次回忆起为什么自己放弃当时还不错的收入而进入这个行业时，更加相信那个曾经的自己依然还怀揣梦想！大家也再次为出发时的愿景点下"确认键"，并畅想愿景实现时的画面和场景。大家一起将脑中的画面慢慢勾勒完整：到那时，行业内提到我们会肯定我们的价值；那时候的办公室不仅主要在北京，在全国的重要城市都会有；客户如果需要这方面的咨询会第一个想到我们。这一次的笑声不再只是玩笑似的嬉戏，笑声中弥漫着的是对实现未来画面的笃定！

共识使命

顺着大家的状态，我们一起回顾了2014至2020年公司的大事记，每一年发生了什么？我们做了什么？可以传承的是什么？随着回忆，大家进入到每一次的成功和每一次的挑战中，以及团队成员一起克服困难后庆功时的状态！大家为每一年都共识沉淀总结出可以传承的关键词，并就这些关键词在未来为什么如此重要达成一致。

时间来到了下午，4点左右的阳光没有中午那么足了，公司大事记的回顾也来到了2019至2020年的关键时期，这时候的讨论氛围出现了前所未有的冰点。当业务逐渐发展成熟，大家对业务后续扩展方向的想法和决策产生了冲突，疫情的原因更加剧了大家的矛盾。原本可以创新的项目此时因资金投入大而暂停，原本持续盈利的项目现在却处于停摆的状态。大家开始出现对彼此的不理解和抱怨情绪，沟通的声音和嗓门也提高了一个八度。甚至在彼此都无法说服对方的最激烈时刻，有人提出将公司清算掉，就地分家，公司解散！

这时候的K看向我，目光充满了无助，我给了他一个坚定的回应眼神。他开始将心中从未和团队说的"秘密"说出来，将自己最脆弱的一面展示给大家。原来，在最困难的那一个月，要付器材费用尾款，要付员工工资，可是账上又没有营收，K 四处借钱又处处碰壁，他不想把这个压力传递给公司其他成员，决定自己扛下来，最终将自己在北京的房子做了抵押。

这时候在场的管理者都瞬间安静了下来。尤其是两位女性合伙人，纷纷表达因为不知情和未能给出支持而充满内疚。但过了两分钟，最早和 K 一起创业的 T 却愤怒地说出自己的不解："你为什么不和我们说？还拿我们当兄弟吗？"

情绪在这一刻得到了真实的宣泄！时机到了，每个人都开始发泄自己隐忍的情绪和内心的期待，让冲突浮出水面，开诚布公的交流反而使信任开始回来了！每个人说出来自己想法后的表情都显得如释重负，撕掉了早上刚进门时戴着的那种熟悉的陌生人的"面具"。

这时，我再次将前面大家达成共识的愿景画面描述给他们，同时请他们想一下现在大家还坚信那是他们要去的地方吗？沉默片刻后，大家还是给出了肯定的答案。我问他们："为了实现那个画面，此刻需要一起做些什么改变呢？"从发泄情绪回到理性的现实中，既然决定往前走，那就一起面对需要解决的问题，大家经过激烈的讨论，最终共识了使命，并坚定地认为之后再有决策上的意见不一致时，要遵循使命原则进行讨论和决策。

以价值观识别共担的伙伴

这个转机让大家都吃了一颗定心丸,为了缓解前面激烈的讨论和紧张的气氛,我邀请大家一起开始"打牌"。此环节用了游戏化的价值观卡牌,让大家进行有趣的互动。

我首先邀请每个人在桌上的一摞价值观卡牌中按顺序选五张拿在自己手中;再一次选牌时,放弃手中的一张才能选新的一张,手中始终保留五张牌。这个过程每个人需要说明自己为什么抛弃手中的牌和保留新选的牌,沟通中需要有清晰的自我表达和认真倾听,因为放弃的这张其他人也可以选走。虽然彼此都很熟悉,但当大家说明选择和放弃的原因时,也更了解了彼此的想法。在讨论过程中,有赞同,也有不解和反驳,还有沟通后的理解和统一。

图 25-3 通过卡牌讨论共识价值观的过程

在数轮卡牌游戏过后，大家手中都留下最终选择的五张牌，我让大家把这五张牌按照重要级别排序。这次的选择和取舍更加困难。排序完成后，每个人都需要向大家说明排序的理由。这一轮的讨论更加尖锐和充分，结合公司现阶段的使命，最终大家一起选择了五张目前组织最重要的价值观。

在价值观卡牌游戏中，努力澄清表达自己和积极说服对方的状态也是大家希望在未来工作中呈现的，当大家看到价值观最终敲定时，每个人脸上都露出了欣喜的笑容。

时间已经到了晚上 9 点，大家讨论和共识价值观后很兴奋，同时也约定在公司年会时做一次全员价值观共识。管理团队这时有一个担心，这几个价值观词语是他们讨论出来的，如果全员再共识一次，价值观还会是这几个词吗？如果员工和我们的不一样怎么办呢？最后要选哪一版执行呢？

值得一提的是，两周后是他们的年会，在年会上我们用了半天时间通过团队教练的形式再一次给公司全员做了一次价值观卡牌游戏。虽然最终员工选择的有些不是管理团队共识的词，但后来与创始人和管理团队总结时，大家认为公司员工共识出来的词更贴合他们的组织！管理团队肯定了他们想传承和执行的意愿，同时让员工都有参与感和主人翁的自豪感。企业的价值观虽然未经提炼，但其实一直都在组织中，且长在每个人的心里，接下来就需要大家用行动让它生根发芽。

共创提升行动方案

团队教练的尾声环节是制订下一步行动方案。每个人根据自己的角色和在公司负责的项目，由原来的等待任务到现在分别主动承担了各自的任务，并讨论了下一步推进的规划和如何相互协作。整个落地方案在40分钟内高效地达成了一致，大家在相互击掌中结束了这个收尾环节。

原始合伙人K在总结中说，他感觉原来自己在拉的几辆马车现在管理团队成员每个人都分担了一辆，而且大家是朝着一个方向齐头并进。

最后，我邀请大家总结这次的团队教练带给自己的启发与感受。

K说，从创业到现在，有很多经历是自己的家人都不知道的，感恩最开始需要支持的时候大家给他的力量，希望自己保持创业初期的那份初心和大家继续走下去。

合伙人T说，今天再次回忆这几年经历的事情，一路走来真不容易，非常相信大家都希望在一起去做好、做成大家最初想实现的事业！

新加入管理团队的其他几名成员都说，虽然每天和大家一起工作，现在才发现不知道很多人之前的经历。现在更加了解了大家和这个团队，走到现在经历了太多不容易，未来的合作中，希望能承担更多的责任。

HR负责人X说，这次团队教练开始前她有很多担心，也不知道能否对管理团队起到作用，现在感觉到团队的沟通似乎有了些不一样，看到大家把心声都说出来，共识了接下来的方向，真的很开心。最初创业的状态又回来啦！

后来，在后期和 X 沟通时，我得知他们那天晚上结束后并没有直接回去休息，大家感觉聊得意犹未尽，又找了个串吧继续畅聊到半夜，大家真的又回到了创业初期时可以无话不说的状态。

教练洞见

疫情带来的考验对中小型创业团队而言尤为艰难，在疫情期间，我支持过的几家企业客户在摸爬滚打中活了下来，可谓九死一生。随着业务的逐渐成熟，他们开始快速发展并快速调整战略做到逆袭。在教练陪伴客户的过程中，我就教练是如何支持团队继续前行进行了反思，总结如下。

唤醒痛点/初心，重启愿景

疫情期间，我支持了三家公司，他们都经历了疫情的不确定性带给他们的不适。当他们回想自己当时为什么创业时，似乎都不仅仅是因为挣钱，而是都怀着当时想实现的愿景来开启创业之旅，这股力量现在回忆起来还能让他们坚信不疑。教练可以在这种不确定的环境下陪伴大家唤醒初心，重启愿景，接受不能改变的现实，改变能改变的并做到积极应对。

共识使命，统一方向

企业在快速发展中面对挑战时经常会方寸大乱，难免会为眼前需要解决的问题出现内部冲突。面对大家对于发展的分歧，教练可以带领核心管理团队从"系统"视角看到局限自我的信念，让他们看见利益相关者之间的不同视角，从自以为"好意"的担心到相信每个人可以为目标主动承担责任。

真伙伴需要信任，包括展示脆弱面

在团队教练中，共识价值观也就共识了成为真伙伴继续前行需要遵循的指引。信任是团队协作的底层基础，真伙伴的信任不仅是让对方看到好的一面，也需要在团队协作中学会求助，而这往往是高管都不愿意去面对的。他们认为将好的一面给团队成员，自己承担困难才是理所当然的。高管团队同样要明白相信自己的团队成员，也是相信自己，要运用脆弱的力量。

面对冲突的勇气，充分利用竞争机会

只要彼此都没有准备离开对方，任何冲突都是良性的冲突，都是彼此更加深入了解对方的机会，也是为了更持续地走向更好的未来！面对 BANI 时代，"不确定"是过往的认

知,无法为我们解释当下的挑战,过往的经验也不能帮我们解决当下的难题。但是无论多难,我们都要在"不确定"中仔细寻找哪些是我们可以掌控的,我们可以做什么。从那里开始努力,就有可能将挑战转化为优势,将难题转化为机遇,开辟出一个充满可能性的新世界。用包容度和灵活性去抵御"脆弱性",用信念和同理心去抵御"焦虑感",用适应力和学习力去抵御"非线性",用直觉和透明度去抵御"不可知"。

自我教练

作为公司创始人,在创业过程中会经历不解和无助的时候,你可以使用POA组织决策思维模型自我教练,支持你抽离出来看组织,做出最适合的决策。

前——我当初创业时的初心/痛点是什么?我为什么放弃了其他选择,而选择了现在的创业?

后——我希望通过创业实现什么?它对我的价值和意义是什么?

O——我和创始团队始终坚持的方向统一吗?大家都清晰地知道吗(包括阶段性目标)?

P——我为什么选择这些人成为自己的创始团队合作伙伴?我们之间理想的关系是什么样的?

A——从创业到现在,能够走到现在我们的优势是什么？我们做了哪些重要决策？这些决策是如何做到的？还有哪些可以改进与优化？

作者简介

刘立平（Julie），国际教练联盟认证专业级教练，POA双证班导师及教练，高管教练、团队教练。

教练风格：大太阳教练，希望在自己从事的教练工作中，用太阳般的温暖陪伴支持中国本土企业组织进化。温暖陪伴，擅长陪伴客户找到自己力量的源泉，洞察情绪背后的积极影响，提升高效行动力，职业迷茫期顺利突破卡点。陪伴高管在团队初创和变革期间快速与团队建立信任，高效开展工作，同时运用教练式培训落地提升团队能力，快速培养高潜人才，使业务可持续发展。

16年HR从业经历，10年外企快消行业从业经验，曾任百事公司（PepsiCo）人力资源业务合作伙伴、瓜子二手车大政委、国美互联网人力资源业务合作伙伴总监。教练服务客户遍及科技、金融、医药、快消、教育文化、健身娱乐、建筑服务、新零售等多个领域。

联系作者：18910419865

26

居安思危,以战养兵

——团队教练助力企业并购后深度整合

文 / 王 玮

> 哪有什么无心插柳,都是努力过后的水到渠成!
>
> ——刘嘉远,2022 年世界杯央视解说

某日,我接到自称是艾丽丝的一名陌生人的微信好友申请。加为好友交谈后,我了解到她对我在一次教练沙龙中的分享印象深刻,于是经历多番周折联系上了我。我们约了时间具体交流。

艾丽丝所在的 A 公司是一家居于世界 500 强前列的欧洲科技公司,她在里面任人力资源部负责人。一年前,A 公司收购了 B 公司。两家公司合并之后,A 公司吸纳了 B 公司的部分管理层及员工,并与现有团队整合在一起,成立了一个新的 C 公司。A 公司采用的是典型的跨国公司矩阵式组织结构

管理模式。新的 C 公司位于中国，中国区总经理斯蒂夫直线汇报给法国总部，虚线汇报给 A 公司的大中华区 CEO。部分相配合的职能部门虚线汇报给斯蒂夫，直线汇报给法国总部。由于行业赛道不错，合并后的一年间，C 公司超额完成了既定的业务目标。

然而，总经理斯蒂夫与人力资源部负责人艾丽丝并没有因此而松气，他们觉察到整个组织貌似一团和气，但底下暗流涌动。A 公司和 B 公司之前的两种组织文化交错在一起，并没有完全融合。团队成员在协作时，总有些磕磕绊绊的不顺畅情况。这个行业发展迅速，管理团队都比较年轻，尚未完全成长起来，管理经验也不够老到。现在因为业务发展态势良好，掩盖了底下的问题，如果哪天行业或市场环境发生变化，问题就会暴露出来。

斯蒂夫和艾丽丝居安思危，看到了未来的潜在风险，希望请外部专业教练来帮助并购后的深度整合，提升团队有效性，打造健康组织。

以战养兵

斯蒂夫和艾丽丝与我分享了他们对组织和团队的观察，包括团队的优势、潜在的问题，以及希望实现的目标。特别针对领导团队，他俩希望能打造出一支来之能战、战之能胜的高绩效队伍。同时，合并后的公司文化不是简单地采用原先 A 公司或 B 公司的文化，因为之前的文化不再适合新的业务需求，需要共创出一种新的"A + B = C"的公司文化。只有文化层面的融合才是这两家公司真正意义上的整合。也只有两家公司的员工拧成一股绳，在理念、价值观、使命等层次深度整合，才能更好地支撑 C 公司的业务发展，支持公司内各个部门高效协作，实现业务和组织目标。

经过协商，我们在"教练服务聚焦在高管团队的融合和提升有效性"方面达成了一致。我们也达成共识，认为打造高绩效团队不是一次教练就能实现的，需要双方都投入一定的时间和精力，多维度协同打造。

我和教练伙伴安妮讨论后，建议客户采用团队教练的方式，从组织诊断开始，给高管团队做个"体检"，看看团队优势在哪里，哪里需要提升。然后开展一系列团队辅导工作，打"组合拳"，其形式包括：

团队教练工作坊： 针对高管团队需要提升的几个重点方面，采用不同手法，以沉浸式体验携手共创。

影子教练辅导： 团队教练参加高管团队会议，如影子般旁听，会议中间不发言，会后就如何让开会更高效、如何彼此支持赋能等话题，带领团队展开讨论和反思。

行动学习： 根据既定的业务目标和战略重点，领导团队确定了若干战略项目，分组实现。团队教练定期带领团队做行动学习辅导，深入探讨项目状况，复盘、反思、学习，以及推动项目进一步落地与实施。

一对一教练：对于在重要岗位上、新加入、要重点培养或有挑战的领导者一对一教练辅导，定制化地支持其发展。

业务发展迅速，不可能允许公司停下来把队伍盘整齐了再出去打仗。领导层唯一能做的是以战养兵，小步快跑。以上各种团队教练方式紧贴业务需求，融入团队日常工作中去，强调实战，而非纸上谈兵。通过学习、行动、反思复盘、再实践，系统提升领导者个体与高管团队的整体能力，最终实现合并后的深度团队融合与业务转型。

深度整合

考虑到C公司高管团队的业务特点是以销售为主，研发、战略、售前技术、市场营销、服务、合规管理等部门配合协同，涉及内外业务的多重维度，所以我们采用了"PERILL"模型（见图26-1）展开组织诊断以及团队教练。

"PERILL"模型由欧洲导师与教练协会创始人之一戴维·克拉特巴克（David Clutterbuck）基于20年来对团队绩效和职能性阻碍的观察和研究总结而成。"PERILL"模型是将复杂的适应性思维应用于工作团队的一次重要尝试。它从广泛的文献分析和研究中确定了驱动或阻碍集体表现的六个

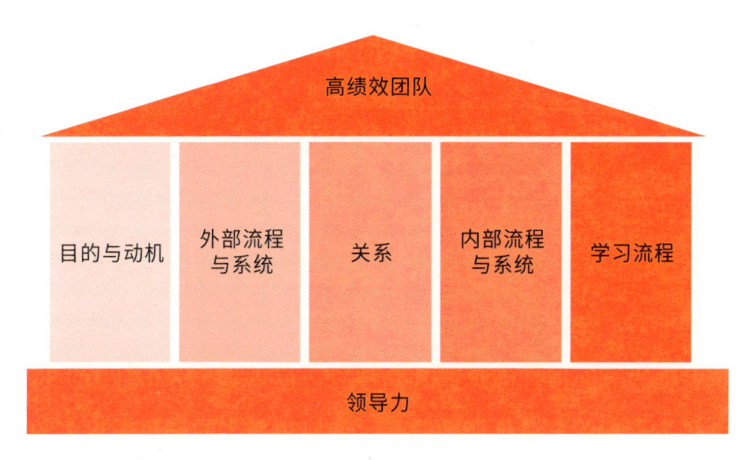

```
                    高绩效团队
┌──────┬──────┬──────┬──────┬──────┐
│目的与│外部流程│ 关系 │内部流程│学习流程│
│ 动机 │与系统 │      │与系统 │      │
└──────┴──────┴──────┴──────┴──────┘
                    领导力
```

图 26-1 "PERILL"模型[1]

相互作用的因素。在最简单的情况下，这些因素在三个维度上相互作用，但有的情况下，这六个因素之间都在相互影响。如图 26-1 所示，这六个因素分别为：

目的与动机：目的是团队存在的意义，包含对共同愿景、目标和优先级的清晰度。

外部流程与系统：团队如何与多个利益相关者，包括客户、供应商、股东、组织内的其他团队和更高级的管理层等相互关联。团队如何理解这些利益相关者，利益相关者又如何理解团队，团队如何管理相互冲突的期望，以及获得资源等。

---
[1] "PERILL"模型：摘自戴维·克拉特巴克，《教练工作团队（第二版）》[*Coaching the Team at Work (2nd Edition)*]。

关系： 团队成员如何共同工作，真正关心彼此的福利，建立信任。

内部流程与系统： 包含了团队如何管理工作流程，互相支持和高质量地沟通（即包括工作任务和团队感情）。

学习流程： 团队为应对多变的环境而保持持续进步和成长的能力。包括团队如何提高绩效（如何完成今天的任务）、提升能力（如何提高技能和获得资源以处理明天的任务）以及扩大产能（关注长期的愿景，如何用更少的资源做更多的事情）。

领导力： 为了能够让团队成员作为个人或者为团队做到最好，团队需要怎样的领导行为 [指团队和领导者如何合作，能确保领导力（无论以何种形式出现）都能带来最佳结果]。[1]

组织诊断

在确定了教练任务、策略和团队教练模型之后，我和搭档安妮首先开始做组织诊断。这次组织诊断涉及直线汇报给总经理的高管团队成员 8 人，另有虚线汇报给总经理的各个职能部门负责人 7 人，共计 15 人。我们采用了以下多种诊断方式：

问卷调研： 调研对象包括这 15 位领导者以及他们的部分

---

[1] 以上 "PERILL" 模型内容部分选自《创衡团队教练国际认证课程》内容。

利益相关者（包括公司内部与外部）。

一对一访谈：访谈对象包括 15 位领导者和总经理本人，以及 6 位利益相关者。

焦点小组访谈：邀请不同部门的员工组成两个焦点小组，听取员工的声音。

资料调研：收集并研究团队业务、组织与人事数据，包括：兼并后的公司业绩状况、人员流动状况、15 位领导者的背景、员工敬业度调查报告等。

经过四周的问卷调研、深入访谈、研究分析，我们看到了团队的优势，但也观察到一些不足。这些数据一方面验证了斯蒂夫与艾丽丝之前的猜想，另一方面也发现了一些之前没有看到的盲点，这些都可以视作能够进一步提升的机会点。

通过以上一系列方式，我们对组织进行了 360 度扫描，最终总结出 C 公司的现状：**这是一个"团伙"，而非团队。貌似和谐，但彼此之间、与利益相关者之间的信任度不够，底下暗流涌动。**主要问题体现在以下几个方面：

1. 领导者缺乏全局观，更多只关注自己带领的团队的小目标。每一位领导者都说自己清楚公司战略，但具体描述时他们谈论的仅是自己那部分业务，需要做"拼图"才能拼出总经理斯蒂夫描述的大局。
2. 团队更关注当下的业务状况，以完成今年的业务目标为己任，但缺乏长远的战略性思考。

3. 团队与职能部门协作流程混乱，沟通成本高，工作效率低。
4. 团队会议多，但会议目的、议题、参与者等不清晰，会议低效。
5. 会上一片和谐，没有争论，但会后不执行，或者开小会，个别还会找总经理谈话。
6. 员工抱怨多，士气低下，流失率比往年高。

根据如上组织诊断的结果，我们设计了为期12个月的"团队教练辅导计划"，并用鱼骨图的方式呈现（见图26-2）。

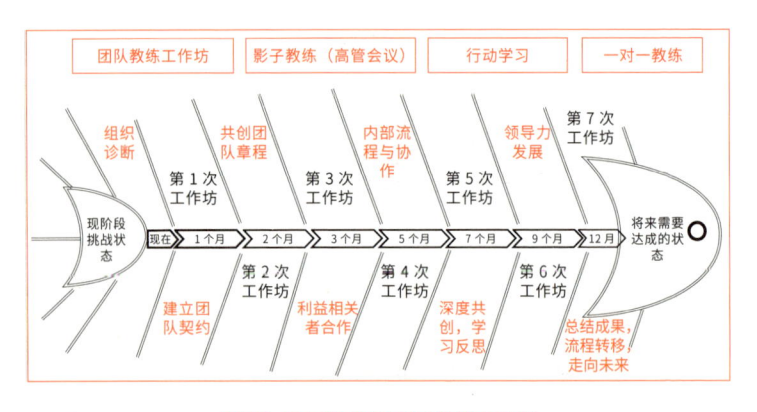

图 26-2 团队教练辅导计划鱼骨图

团队教练综合辅导

整个团队的教练辅导计划由四大板块组成。

第一个板块：团队教练工作坊。结合组织诊断的结果，针对团队需要提升的部分，从探讨团队愿景、共同目标入手，帮助团队看到更广阔的系统，而不仅仅是关注各自带领的小部门的目标。

首先，我们带着团队探询使命——我们从哪里来？探索未来愿景——我们要到哪里去？然后，去审视周围都有哪些利益相关者——他们对我们的期待和影响是什么，我们又是如何影响他们的？借此来支持团队定义清楚共同目标，共创团队章程，并达成一致。

这是非常关键的一步。有了这个基础，团队才会开始拧成一股绳、劲往一处使，团队凝聚力才开始逐步形成。之后再进一步探讨内部流程、领导力，学习、反思、复盘。通过七个不同主题的工作坊，经过12个月，支持团队成就不凡。

第二个板块：影子教练。团队教练参加高管团队月会，辅导团队高效开会。开会是团队沟通较常见的方式之一，但我们发现多数团队其实不太擅长开会。有的会议是每个人做汇报，说完自己的部分就低头看电脑，干自己的事情；有的会议则是几方各执己见，吵得不可开交，难以做决定；也有的会议是会上大家不说重点，一片和气，但是会后另找老板开小会，搞得老板不胜其烦，来回沟通。以上症状，C公司的高管团队都发生过。

我们带着团队从探讨为什么要开会、每次会议目的是什么、你希望与会者带走什么、我需要别人给我怎样的支持等话题入手，一步步地深入。同时，探讨团队应该如何沟通、如何做决策、如何相互担责等话题。经过一次次集体照镜子和反思、讨论、共创，团队开会逐步发生了改变，从形式到内容到结果的产出均更加高效了。

第三个板块：行动学习。整个组织每年年初都会制定本年度业务目标以及战略重点。为实现目标拆解战略重点，确定若干战略项目。运用行动学习的方法，我们将来自不同部门的领导团队成员组成若干小组，每组负责一个战略项目，推选一人来领导，从立项、组队、计划、实施、落地到最终汇报，完整地走一遍。

团队教练在关键节点指导团队做项目梳理、复盘、反思与学习。我们一起分析项目推进顺利的成功因素，同时就遇到的卡点分析原因，运用团队辅导的各种模型和方法，激发团队看到新的可能性，突破瓶颈。更进一步，通过双环学习和反思，在总结经验之余，团队成员也照了镜子，看到自身模式的局限性，有更深的自我觉察，从底层突破自我。通过行动学习，一方面用实战的方法锻炼队伍，以战养兵；另一方面随着项目的完成，也顺利实现了业务目标。此外，为了实现一个共同目标、一起为同一个项目的成功打拼时，团队心往一处想，力往一处使，凝聚力会空前高涨。

第四个板块：一对一教练辅导。在高管团队中，有几位重要岗位的领导者需要一对一教练支持。他们中，有的人相对年轻，缺乏带领大型团队处理复杂业务问题的经验；有的人从国外调任到中国，需要尽快熟悉中国市场、业务与团队，快速融入；有的人由于业务扩张，团队规模变大，需要做团队组织架构调整，从一层变为两层，领导者本人从直接管理员工转变为领导经理。针对每个人的不同状况，教练对他们定制化辅导。

通过这一系列举措，眼见着团队变得越来越好。我和安妮每月也会与斯蒂夫和艾丽丝开会，看看各方面的工作进展，随时调整节奏，或者根据当下业务进展或面临的挑战及时调整教练重点与方式，最大限度地支持到团队。

2022年3月至5月，这支年轻的高管团队经历了上海疫情管控的考验，同时也顺利地渡过了这次前所未有的危机：C公司在中国其他城市有许多客户，公司需要确保持续供货，但货在上海的仓库，物流停发就意味着没法送货。那段日子，当我们和团队交流时，能深深地感受到大家的焦虑——团队领导者一方面希望满足客户的需求，另一方面又被现实情况影响，难以周转。但是在此期间，我们也欣喜地看到，这个高管团队发挥了极强的领导力。首先领导者自己没有慌，他们相互支持，相互补位，稳住了各自的团队，让员工不安的心态得到缓释。进而又调动公司、客户、政府等各方资源，从总经理到高管团队，带领公司全体员工，包括销售、技术、客服、研发、贸易、安全，甚至仓库安保部门，紧密协作，群策群力。从上至下，就奔着一个目标去，以客户为中心，尽全力保障供货，满足客户需求。事后，有好几家战略合作伙伴客户都发来感谢信，有的甚至颁发了"最佳供应商"奖给C公司。在他们身上真正体现了团队精神和以客户为中心的文化。而高管团队在这次危机中体现的领导力也得到法国总部的高度认可。

教练支持一年之后，这个领导团队不仅依然以50%的速度保持业绩增长，而且团队整体有了"背靠背"的感觉，成了一个富有凝聚力、战斗力和生产力的高价值创造的真团队。

在最后一次工作坊，当我和安妮与团队成员告别的时候，我们彼此拥抱，依依不舍。但有再多的不舍还是要离开，让团队自己独立往前走。我们也与团队做了教练转化，让他们能够在未来教练不在身边时也能展开自我教练，继续成长。我和安妮，以及斯蒂夫和艾丽丝也相信，团队有这个能力不断自我学习、自我成长，去迎接未来的挑战。

教练洞见

这一年来，我特别欣喜，因为亲身感受到了客户的转变，看到了两个合并后的团队实现了深度整合。同时，也令我进一步反思，团队教练是如何助力团队成长与成功的。总结一下，有以下几点：

领导者的远见卓识、居安思危。我在撰写本文时，C公司又经历了一次危机。由于一些西方国家发布的新法令对该行业的进出口管制更加严格，给C公司所在的行业带来灾难性打击。外部市场环境的变化使得原先的优质赛道瞬间滑坡，公司业务举步维艰，几乎停滞。所幸这时的高管团队经过过去一年的学习、成长与历练，已经有所准备。他们扛住了来自客户、公司总部及团队内部等各方的巨大压力，以平稳的心态，视业务危机为团队历练的时机。同时，领导团队迅速做出反应，按不同职能对接各利益相关方。一方面，C公司与总部去澄清新的法令到底有哪些限制、有哪些产品受到影响、估测对业务的影响可能会到什么程度、探讨应对措施；另一方面，C公司也积极与客户沟通，获得客户的理解。公司内各个职能部门就危机事件迅速定义新的沟通与协作流程，成立应急小组，一起努力，在最大程度上支持到客户。经过一段时间的共同努力，随着对法令的解释一步步清晰，公司能做什么、不能做什么也逐渐明朗化，团队终于转危为机，业务逐步恢复正常。当我和斯蒂夫、艾丽丝再次见面交谈时，感慨万分。如果没有他们当时居安思危的考虑，共同开启了团队教练的旅程，可能此刻团队上下都在忙于"救火"。正因为领导者的远见卓识，看到了平静水面下隐藏的危机，在业务尚且健康的情况下，以战养兵，致力打磨团队，才能有今天的转危为机。

思维转变是团队整合的基石。 当两个团队合并后,往往会受到以往的思维方式、工作习惯的影响;大家的观念不同,做事方式不一样,就会产生碰撞和冲击,由此造成团队协作问题。团队整合首先要转变的是领导者的思维模式。在这方面,通过团队教练,我们运用"成长型思维"带领团队突破固化的思维,改变原先已经不适用的思维、习惯和做事方式,带着好奇心,以全新的视角看待公司业务、团队与伙伴,迎接挑战,创新突破,成就不凡。

用使命牵引团队共同前行。 公司完成兼并后,有明暗两条线的整合。明线是业务层面的合并。新公司开始运作,领导者擅长做业务,往往这部分比较快就能实现整合。还有一条暗线是团队整合。两家公司的领导班子、管理团队以及员工如何上下同心、协同作战,这是深度整合,也是很多合并企业面临的挑战。团队教练帮助高管团队探询使命,让团队成员清楚地知道,我们这群人在一起是为了创造什么?实现什么?把这一使命层层传递,让团队和员工真正理解,这一使命对于我意味着什么?从"要我做"转变为"我要做"。同时,用"系统"视角带领高管团队突破自我限制,看到更广阔的系统,以及不同利益相关者的期待。团队站在"阳台"上,可以看到"舞池"中的自己在扮演的角色;站在更高的维度,可以看到公司业务的全貌,培养全局观和系统观。这进一步加强了领导者的使命感，带领团队携手同心，一起前行。

在"人"与"事"两个层面建立信任。一般我们说到信任，往往指人与人之间的信任。这份信任能够带给我们很好的体验，但很难建立。在工作中，当需要两个团队相互协作、两名员工相互配合时，我们首先需要建立的是基于任务或者事件层面的信任，也可以是说定义相互协作的方式。在团队教练工作坊中，我们带领团队共创了团队章程，其中就包括定义协作方式。有了规则之后，怎么落地呢？团队选择了"开会"这个每天都在发生的工作场景进行实践。比如，规则中鼓励团队彼此要做"爱心挑战"。通过实践，我们发现大家能更开放地开展对话了。会议上，如果 A 发现 B 的项目中有潜在风险，会马上提出来，提醒 B 要注意。而 B 也不会觉得 A 是在当众挑战自己，因而会非常乐意地接受对方的善意提醒。显然，通过在工作中的"事"上建立信任，团队逐步提升了人与人之间的信任度。

总而言之，团队教练的陪伴与支持有效地助力兼并后的团队深度融合，也帮助团队持续在其生态圈内领导创新，解决全新市场带来的全新问题，不断地蜕变成长，成为高价值创造团队。

自我教练

如果你是一名团队领导者,正在阅读本文,是否也在思考如何让自己的团队甚至组织变得更有凝聚力、战斗力和生产力?思考以下问题,或许可以帮助到你:

❶ 团队每名成员是否持有共同的目标?是否清楚这个目标对他们自己意味着什么?

❷ 团队是否有清晰的战略、流程、协作方式,来实现共同的目标?

❸ 团队具有怎样的文化?什么对团队很重要?是什么让团队在一起?又是什么激励团队前行?

❹ 团队有哪些关键的利益相关者?他们对团队的期待是什么?团队对这些利益相关者的期待又是什么?

❺ 团队是否经常学习、反思、复盘、总结经验和教训,持续成长和突破?

作者简介

王玮（Anita Wang），国际教练联盟认证专业级教练，欧洲导师与教练协会认证"国际团队教练实践者"（ITCA Practitioner），组织发展顾问。专注助力中国领导者成功，打造高绩效团队，提升企业核心竞争力。曾在微软工作二十余年，先后服务于市场营销、技术支持与服务及人力资源管理部门，在领导力发展、人才管理、组织发展及文化转型领域积累了丰富的实战经验。

是霍根测评、全景领导力、贝尔宾团队角色（Belbin）、克服团队协作五种障碍、领越领导力、英国洞悉自我（Insights Discovery）等多个领导力项目认证顾问。

联系作者：anitawa2014（微信）

27

解决事，看见人

文 / 周晓江

天下难事，必作于易；天下大事，必作于细。

——老子《道德经·第六十三章》

本案例呈现的是企业内部教练就打造"高效会议体系"项目与CEO乐总开展教练合作的过程。

"成功的创业者"是乐总进入E公司之前的身份，靠着自己的打拼，他经营的公司排名行业前三。在事业发展得如火如荼之际又受资本青睐，乐总再一次改换角色成为跨国企业的CEO，怀着更大的梦想砥砺前行。乐总擅于赋能，始终寻求团队成长和融合的路径，善于征求和听取反馈。长期的创业经历也使他习惯了亲力亲为和微观管理。

因为新公司同在熟悉的行业，行业整体又处于高速发展

成就卓越

阶段，所以乐总上任后立即进入了状态。由于公司是资本通过融资并购而成，团队成员之间仍然处在沟通磨合之中，他积极通过组织各个层级的会议提升团队内部和团队之间的沟通和了解，并且尝试不同形式的企业文化打造活动，让大家有更多的时间相互了解和磨合。但是一段时间之后他发现，很多高管最重要的日程安排是开会、共创和培训，一周的工作时间经常是在和各个部门沟通，更大的问题是，密集的会议和沟通似乎并没有提升沟通效率。

乐总隐约感觉需要梳理和优化会议体系，于是打造"高效会议体系"的项目提上了日程。前期公司 HR 通过调研和咨询，找到很多同行业公司的会议安排以及会议体系构架，各部门负责人也给到自己部门的会议日程来重新梳理，但是汇总后的方案离他心目中的"高效会议体系"相差甚远。别人的东西看起来很美，却怎么也装不下自己的内容。

内部教练介入

作为公司内部教练，我的本职工作是 E 公司的"销售培训总监"，虽然没有职级上的直接汇报关系，但乐总还是就这个项目找到我，这可能源于之前合作产生的信任，我总结这些信任来自：

第一，作为高管教练，我理解纵向领导力，也就特别能够理解CEO所处层级的思维方式。也能够理解乐总为什么会在有些时候特别注重细节，而有些时候又能够置身事外地去观察和理解。在理解的基础上，我们之间的沟通变得非常顺畅和谐。

第二，乐总需要高管能"听懂"自己的想法，这一点上，我的教练基本功能够让沟通更加深入和有效，深度的聆听能给到乐总更广阔的空间去思考、去觉察。

第三，在个人特质上，我很享受和乐总共事的感觉，感觉能量满满且充分受到信任和赋能。CEO也对我的工作态度和专业度非常认可，化学反应早在我们第一次见面时就已经开始。

第四，我具备同行业内标杆公司多年销售、培训的背景，又认可公司的战略方向。

乐总希望我在打造"高效会议体系"的工作中扮演"参谋"的角色。说到参谋，区别于做纯粹教练的角色，作为内部教练的我除了深度式聆听和开放式提问，也会在适当的时候提供参考建议。其实组织的内部教练确实常常扮演这样的综合性角色，包括很多企业在落地教练技术，提倡经理对下属进行教练式辅导，教练方式更像是升级版本的导师辅导。

在本案例中，所谓的"参谋"就像一位穿正装出席会议的男士。他的西服展现的是他培训和解决问题的能力，他的衬衫是教练的流程，而领带则呈现出教练状态。也就是说，互动中有可能需要给出自己的看法和建议,有些谈话也不像是传统意义上的教练式对话,但是教练的流程和教练的状态又是引领整个沟通的重要内核。

教练的具体工作

我的教练目标是支持乐总打造"高效会议体系"。乐总把会议体系视为目前非常重要的管理工具,在面对众多事业部和职能部门,面对不同时间维度,面对不同的会议类型、时间点、参与人、内容、时长等变量时,他希望通过会议能够让各个事业部、各个职能部门之间更加高效地信息互通,更快地达成共识,甚至在一些战略问题和难点问题上能够有效共创。

我和乐总首先围绕打造"高效会议体系"项目的目的展开了教练式对话,通过提出和回答如下问题来确定项目的目标、目标达成的意义以及衡量标准。

1. 为什么"高效会议体系"如此重要?需要投入如此的精力和时间?

2. 高效会议体系打造成功后,会对企业有什么影响?

3. 如何衡量一次会议是否是高效会议?

关于目标的探讨坚定了乐总打造"高效会议体系"的决心,同时也勾勒出衡量成功与否的标准。以"以终为始"的原则确定每次会议的产出内容成了高效会议体系最重要的衡量标准。乐总为"打造高效会议体系"设定的目标是：找到贯穿会议体系中各个会议之间的统一线索；定义每个级别会议的产出；定义每个级别会议的产出和其他会议之间的关系；定义高效的标准。

在目标的探讨中，我能够深切感受到乐总逻辑的严谨、对细节的掌控以及在工作中满满的自信，也能理解他如此强调会议体系对业务重要作用的原因。

接下来，我们就目前的会议现状进行了讨论：

1. 目前的会议体系是怎么样的？
2. 和目标的差距有多大，原因是什么？
3. 不同部门的人如何看待目前的会议体系？

这个阶段，我和乐总特意收集了一些部门对打造"高效会议体系"的看法。我们在逐条查看高管反馈的时候，其中一条建议明显戳中了乐总的觉察——一位高管认为体系包含小部门会议的日程和产出有些过于细节管理。在停顿了十几秒之后，乐总向我讲了他的婚礼故事：婚礼的所有细节、流程都是他亲自策划和准备的，其中包括求婚的时候走多少步、婚庆公司主持人的台词、家长的台词等，以至于婚庆公司都不好意思拿他的服务费。而且在几年后，他弟弟的婚礼，乐总拿出当年的全套流程，又操办了一遍。

故事讲完，他又停顿了下来。我问他："那么你现在怎么看这个如此注重细节的你？"他看着我说，前几天自己去参加一个行业大佬举办的会议，因为去得早，发现那位企业家正在亲自安排桌卡摆放的位置。当时的自己还在想，为什么这样的事情都要亲力亲为。但是结合今天看到下属反馈时的觉察，他认为：有没有细节管理不重要，重要的是在自己认为重要的事情上要做到极致，且保有觉察。看到他像触电般的表情，我突然意识到，这何尝不是像在"舞池"和"阳台"间切换时带来的瞬间觉察呢？

经历了对现状的讨论和突破，似乎高效会议的打造不再有阻力，只剩下执行的部分。随即我们进入头脑风暴阶段，根据目标和现状讨论了这几个议题：

1. 如何让部门汇报有价值的内容？
2. 如何让大家在规定时间内完成规定动作？
3. 如何让讨论环节更加落地且形成闭环？
4. 如何让更多的人能积极参与讨论？

讨论到这里，因为有了清晰的目标和坚定的信念，乐总和我邀请了人事部门和更多的高管加入，一起讨论，高管通过共创确定了执行改进的方案。这一部分有点儿类似日常的工作分配，我也承担一部分流程设计、表格设计、邮件起草等工作。

最后，"高效会议体系"项目在各部门的共同努力下完工了。体系涵盖为期两天的季度性部门发展和人才盘点会议，也包括为期半天的月度跨部门沟通协调会，以及半天的集团圆桌会，甚至还包括更小部门的两小时周会。这个体系既充分体现了对组织发展、人才的重视，又能够将颗粒度聚焦在最小的部门会议，来获得最真实、最一线的市场信息。

项目意义

本次教练项目围绕打造"高效会议体系"工作开展，发现高效会议涵盖的范围大、层次多，从最小业务单元的周会信息收集，到职能部门内部的月度重点工作总结和计划，再到跨部门间的团队合作会议，甚至于以季度为周期的企业文化建设和战略研讨等内容都可以纳入进来。

同时，这样的会议体系也体现出了一位 CEO 对组织管理重构的理解、对自己管理方式重构的理解和对会议重构的理解。CEO 不断将内心的想法呈现出来，"高效会议体系"在不断优化迭代中成为组织建设和发展的重要抓手。

更重要的是，乐总也在这一过程中找准了自己的定位。比如他曾经引以为豪的细节管理，又在某个阶段强迫自己放下它，直到现在能够像旁观者一样观察自己，细节管理变为一种可取舍的工具。我也感受到了一个进化出更大格局的 CEO 对于不同维度的自己的清醒认知。

教练洞见

在企业内部，除了正式的教练对话，教练在工作场景中运用高管教练状态以及教练流程来工作是更为常见的方式。教练的流程和状态不仅适合教练谈话，也非常适合引导会议以及讨论和解决问题。当你在会议或者讨论中带着完整的教练流程（如目标、现状、选项和下一步行动）去促动的时候，会议或者讨论将会变得具有逻辑性和章法。基本功扎实的教练还能在每一个环节带领大家展开深入探讨，让每一次会议和讨论都带来满满的觉察和清晰的行动计划。

同时高管教练所具备的能力也为其横向管理和向上管理提供更大的影响力。拥有高管教练能力的高管更容易理解处于不同领导力层级的同事或者CEO，也能更有觉察地在舞池和阳台视角间切换。所以，在别人眼中他是有格局、懂得聆听、会赋能，能干实事又有高度的管理者。

自我教练

我们身处职场，既要能在舞池中热舞，又要能够站在阳台上审视舞池中的自己，如何做到视角的切换呢？你可以用以下问题自我教练：

❶ 我在热舞，利益相关者在做什么？我们做这些事情的意

义是什么？和我们的目标有什么关系？

❷ 我在热舞，问题定义清楚了吗？随着我的行动，问题有什么变化？我需要什么变化？

❸ 站在阳台上看着热舞的自己，我表现出了什么样的价值观？我有什么感受？

❹ 如果 CEO 和我一起站在阳台上，他会如何看待舞池中的我或者利益相关者？

❺ 如果我现在从阳台回到舞池，最想做的一件事情是什么？

作者简介

周晓江，高管教练，外企培训负责人。

拥有十年医疗器械外企行业的销售和销售管理经验，八年培训和培训管理工作经验，目前负责行业头部外企的培训管理工作。工作内容涉及销售培训体系的搭建、团队教练和企业文化建设等。坚持在企业内部践行教练文化，创建并组织实施内部各层级的教练领导力课程和教练活动。

联系作者：18621853936

28

CEO 的真相

文 / 夏小白

如果我对你不够直接，甚至拐弯抹角虚与委蛇，那我和围绕你身边的人又有什么区别？

——曼弗雷德·凯茨·德·弗里斯，
欧洲工商管理学院教授

起

2021 年春，应路博士的邀请，我去他所在的大学管理与经济学院在职 MBA 班做了一次题为"从教练思维透视领导力"的分享。分享过程中，教练的直觉告诉我有束目光在追随着我，然后我就认识了 A 公司创始人兼 CEO 兰曦女士。她以一个管理着市值好几亿美元公司的创业者的理性，好奇教练是怎么通过对话、提问、反馈支持一个组织发展的。在分享结束后的第三天，我应邀去她办公室，与她交流了整整四个小时，她决定让我来支持她和公司高管团队的领导力发展。

A公司是一家高科技智能产品公司，已有十余年历史。其产品应用于某特定行业，暂无技术壁垒。兰曦是位教育背景、工作背景都很闪亮的优雅女士，也是一对六岁双胞胎男孩的母亲。创业前，她就职于世界500强外企，担任中国区销售副总裁职务。目前，她带领着研发、产品、市场、销售、客服、财务、人力资源的七位高管团队成员。公司产品主要分布在亚洲、欧洲、非洲，公司发展平稳、资金充裕。高管成员都是追随兰曦多年的老员工，在创业的这些年，大家沟通交流比较坦诚开放，但也习惯了很多事，比如大家基本上都是听从兰曦的，大方向都是她来定。

近几年，在"一带一路"国家战略背景支持下，公司业务发展迅猛，随之而来的是人才发展与业务的不匹配，高管团队开始面临挑战：人才招募一直跟不上业务发展的步伐，人才来了又留不住，与"95后""00后"的沟通不在一个频道上，对CEO的指令日不暇给却又无可奈何，每个人时时刻刻都很忙碌，却成效不大。以前的安稳日子似乎在兰曦的焦头烂额中灰飞烟灭。

通过访谈、问卷、观察、测评、投射等方式，我用1＋6

模型[1]快速诊断和评估了 A 公司，也与兰曦、每位高管进行了一对一和团体交流。在这个过程中，大家看到我不仅是在专注地聆听、照见他们，还把晦涩难懂的管理理论框架化、工具化、游戏化，梳理了公司现状。有位高管甚至对我说："兰曦要是也这样听我们说话该多好，和你聊天（客户通常把教练对话称为聊天，他们不了解对话背后的技术性'套路'）时同样是聊工作，一下就放松了，可以迸发出好多自己都想不到的想法，很久没有人这样听过我说话了。"所以在短短时间内，我和他们都建立了比较好的信任关系。

承

作为公司的 CEO，兰曦自认为清楚地知道她面临的挑战是什么，但是她需要一个外部力量支持，这也是她主动找到我的原因。她说："小白，你知道吗？业务的发展虽然也很挑战，处处需要我去搞定，可相对容易些。更让我糟心的是人员跟不上，公司事情太多，哪件我都要顾及。我也想过是不是我的原因。一家企业的天花板是我，团队发展的天花板是高管团队。我们需要共同改变，转换思维，让公司健康持续地发展。如果天花板真的是我，那我退出都是可以的。你之

---

[1] 1＋6模型：通过社会背景、资源系统、企业家系统、家族系统、治理系统、企业系统、领导力系统这七个方面对企业进行系统而全面诊断的一个框架模型。

前在分享中提到用教练的方式激发团队自驱力、愿意度，实现高绩效的自运作组织，这是我想要的团队，想用教练的方式改变。"

我说："听到你这么说，我特别开心，我能感受到你的真诚、开放与迫切，也特别感谢你的信任。你说要共同改变，那我们召集高管团队一起来看看怎么共同工作，怎么样？"取得兰曦的同意后，我紧接着问了她一个问题："刚才说到天花板，你怎么知道你和你的高管团队就是天花板了呢？"兰曦愣了一下，喃喃道："其实我也不太知道，就觉得这个词特别好。"我笑着再问："要是有一天你真的可以退出，那么高管团队具备什么能力、达到什么状态时你就可以安心退出了？"我听她提及过，想在两个男孩身上倾注多点时间和精力，所以这样问道。

兰曦沉默了一会儿说道："小白，公司里从来没有人和我聊起过这些。从你的问题里，让我看到我是有团队的，我不能一个人扛起公司所有责任。"

通过这次的深度交流后，我与兰曦达成共识，建立了要和高管团队一起发展团队领导力、建立人才发展机制的教练合约。我们约定了首次为期半年的合作，每个月举办一次兰曦与高管成员都必须要参与的团队教练，以及每月进行两次和兰曦的一对一约谈。在前期访谈与诊断中，由于高管团队看到了不同的工作方式，也都想要改变，所以都对这个教练项目表达了期待与支持。

第一次团队教练的目标是梳理团队现状，让高管对整体领导力有相对清晰的认知。我运用了成就者团队教练钻石模型[1]，高管以前从未参加过类似活动，以为来了一个老师要教他们什么。当他们来到现场时，发现除了围成圈的椅子，中间居然没有"课桌"，对场地中间地上铺成美丽形状的意象卡[2]也充满了好奇。和大家共同制定了团队教练规则后，高管成员就投入到对自己团队的诊断与看见中。透过这个过程，我对他们有了一个新的发现：每当犹豫不决时，大家的眼光都会不约而同地望向兰曦；在分组讨论时，兰曦时不时会插话发表自己的意见，大伙儿或沉默或附和；自己这组讨论还没完成，她还会很热心的去到另一组"串聊"。观察到这些，在进行两轮小组讨论后，我站到和他们平行的位置上对这些进行了反馈：

1. 团队有了任务指令后，大家会迅速投入其中，执行力非常强；
2. 制定决策时似乎都是兰曦在拿主意，大家觉得呢？
3. 我问兰曦，她在小组讨论时的表现背后是基于什么考

---

[1] 团队教练钻石模型：包含8个要素、21个维度、84项行为，为增强团队凝聚力、人际情感及生产效率而创建的模型。
[2] 意象卡：一种带有寓意的卡片。意象是非物理存在的客体，是内在精神状态、外部世界信息和认知主体过去经验的重构与融合后形成的产物，这种非事实存在或创造新世界的新境界需要通过语言的理解和图像的呈现得以表达。在教练过程中，以卡片方式呈现，作为工具与客户共同工作。

虑？我感觉她好像不大放心的样子，不知道平时在工作中是不是也是这样？

对于反馈1，高管团队相当自豪，纷纷说："对，到我们手上的活儿，再难都会去想办法完成。"

对于反馈2，他们其中马上有人说："我们说了也没用，反正说了也是白说。"兰曦道："咱们经历了这么多事，我说的哪件事大方向不是对的？我也期待大家能各担其责，不想这么操心的。"

对于反馈3，兰曦沉默了一会儿，望着远处不看任何人说："我确实是有些不放心，担心他们达不到我的要求。"此刻其他成员安静了，市场部VP首先站出来打破了这份沉默："兰曦，我们部门在招聘时有合适人选，你经常说不符合你的要求。"然后别的部分负责人也纷纷跳出来了："你上次还要求我炒掉我们部门的一个小姑娘，你都不了解具体情况，让我特别为难，其实她挺适合这个岗位的。""我们部门的例会你也经常来参加，你一来，部门里的小朋友就不敢发言了……"此刻，会议室的氛围热烈起来，每个人的发言像一把小刀，嗖嗖嗖地去到了兰曦的方向。

在大家"吐槽"时，我往后退了一步，把讨论空间充分地留给这个团队。当我感知"火候"到了，再上前一步对他们说："说了这么多，你们现在感觉怎么样？"大家都说很久没这样真实表达过，舒爽了，大伙儿居然哈哈笑了起来。

我趁热打铁让他们自己选择，为了支持团队领导力发展，钻石模型八个要素中的哪几个要素是要优先发展的，这几个要素里要重点聚焦在哪几个维度。他们选择了相互信任、知人善用、团队协作、团队领导者匹配这四个要素，每个要素里再去聚焦2~3个维度；每个维度里，兰曦和高管成员要共识在行为上调整的是什么。

转

第一次团队教练目标达成。结束复盘时，兰曦和高管团队感触良多，在教练这面镜子身上，他们看到我并未做过多干预，仅在流程设计、适当的时候把反馈及观点给到他们。团队在此时能自动运转起来，还能在短时间内实现目标。相互的看见、交流与行动中的信任、内部的信任等是他们回到工作环境中要去持续行动的。有了对团队的看见，我们自然而然产生了第二次团队教练主题——对团队发展有了方向后，我们个人要如何提升才能支持到团队发展，从而促进绩效的实现呢？

然后我们有了第三次、第四团队教练……直至首期项目结束。

在团队教练中，我没有当场反馈对兰曦个体的观察，而是选择了在一对一约谈时切入这个话题。我们分享了彼此的观察、看法、感受，对兰曦来说最受用的是：教练会说出真相，而不是像她团队成员一样去揣测她的想法、说她想听的。虽然我经常很直接也很犀利，但给她的感觉是真诚而不带着预设的评判，这反而是每次一对一教练中她最期待听到的。

第一次团队教练结束后，在一对一教练时我问她：通过团队教练，你看到团队最大的优势是什么？她说："其实我一直知道我的高管团队努力、勤奋又忠诚，对工作任务可以说是使命必达，一想到这些，我心里很感动，也很感谢他们。"我说："要是你亲口把这些话说给他们听呢？"当我问出这个问题时，看到兰曦眼中开始慢慢湿润起来，良久后她说："我几乎没有对团队成员表达过对他们的欣赏和感激，觉得他们应该都是知道的，我对他们相当信任，觉得彼此心里是清楚的。公司每天这么多事要处理，没必要经常把这些挂在嘴上。接下来，我可能要多关注他们的感受了。"

作为教练，我也不忘挑战她，让她从新的视角重新审视自己：你有想过吗，为什么你的团队成员对你的依赖比较重？一个什么样的 CEO 会创造出这样的团队，为此，你要承担什么责任、准备做出什么改变呢？

通过第一次团队教练后的一对一约谈，兰曦说对自己过往管理方式的发现是相当震撼的。这也是比较常见的管理者模式，管理者用自以为对团队发展有效的方式在管理团队，而团队成员却基于组织文化长期形成的习惯，陷入了一种劣构性问题的循环中。

基于这个发现，兰曦决定从打破自身开始，时刻有意识地抽离出来，站在更高远处像教练一样去关注团队，从更广阔的视角去审视环境、行业，追寻这个组织高远的意义，与高管团队建立属于他们的独特互动方式。她还要求教练在这个过程中严格要求，一定做好监督工作。看到她想转变的决心这么大，我也颇受感染，更感受到教练这份工作的使命感。

合

经过几次教练约谈后，兰曦对自己还有了一个重要的发现：信任与掌控间的关系。她在像母亲一样关爱这个团队的同时，也像大多数父母一样不能放手，把高管团队当作孩子一般对待。在与双胞胎儿子的相处中，她也是采取这种教育模式——管控多于关爱和支持，指责多于欣赏与感激。这个发现既让她难过也让她兴奋，她说，一下就明白未来要怎么做了，从知道到做到是很艰难的，所以更需要教练的支持。

兰曦作为 CEO 的同时也是一位母亲，虽然她每天身处繁杂的事务性工作中，却是一个对自己有很高洞察力的人。在没有教练支持之前，她对自己的行为并不自知，现在每次听到我或鼓励或尖锐甚至略带评判性的观察和反馈，她都会反思自己，从而做出行为上的调整。

我们的项目还在持续进行中，兰曦用自己领导力的成长去支持了手下高管的发展，而高管团队也把这套理念和方法实践到了自己部门。整个组织呈现出慢慢向学习型、自主型、互依型组织靠近的状态。

至今我们还进行着一对一的对话，不过时间从最初的一个月两次调整到了一个月一次，她也有了更多自我反思与自我教练的意识。公司的人才梯队也搭建了起来，兰曦对高管成员慢慢放手、更大胆地授权，让他们独立承担属于自己的那份责任。在她双胞胎儿子身上，她也更深刻理解了什么叫传承，因此这份事业的意义和价值变得有所不同。

教练洞见

这个案例成功的第一关键因素是兰曦自我改变的强烈意愿和发展动机，在她有意识要做出改变但又不知如何是好时，恰好有了教练照见和一定程度的辅导。借助教练，她开始认知自己、认知团队，重新去思考和理解这个世界、要为这个世界留下什么。

第二，在支持兰曦个体发展的过程中，同时把重点放在她个人纵向领导力提升与组织系统发展两个方向，这样结合，让它们相互影响、相互促进。

第三，对于高管教练来说，除了教练专业技能这个基本功，还需要在商业、政治、经济、心理学、社会学、哲学、历史、美学等诸多方面综合提升自己的认知和素养，扩展视野和格局。更重要的是，教练自身要具备真实和真诚表达的勇气。

第四，作为创始人的兰曦，能站上高处审视商业、审视自己，把一切发生当作过程而不是目的时，无论身处什么时代，都能保持一分清醒，做出最适合的那个选择。同时还让我看到，在每个发展阶段，组织都需要一部分第三方视角输入。

第五，高管需要听到真话、看到真相。

自我教练

作为公司创始人，身在高处难免孤独，在进行自我反思时，以下几个问题或许对你有用：

❶ 创立这家企业时，我真正的意图是为了实现什么？那将是什么样的愿景和画面？
❷ 我要成为一个什么样的领导者才能带领团队去向未来？
❸ 我是如何与团队共同去实现目标的？做了什么，没做什么？
❹ 我所领导的组织面临的挑战是技术性挑战还是不确定性因素引发的挑战？二者的边界如何区分、如何融合呢？
❺ 抽离出来观察这个组织和自己，我要做哪些方面的调整呢？

作者简介

夏小白，本名李沁历，国际教练联盟认证专业级教练。意为用小白的心态做一名终身学习者，用夏天般的热情与舒朗去支持中国组织的进化。

教练风格轻松幽默，支持中有挑战，温暖中有犀利。专注于组织高层管理者及高管团队，协助一把手推动组织变革。具有二十多年职场HR高管经历，与互联网公司CEO、大企业的总裁/副总裁级别的管理者等能很快建立信任，深度同理，开展坦诚深入的对话，支持管理者提升战略领导力、面对信息时代的复杂适应力和纵向领导力，以及支持高管团队融合协作和组织转型。至今已为数十家企业提供长期教练服务，客户行业跨度广泛，包括互联网、游戏、新零售、汽车、教育、医疗、建筑服务业、生物科技、奢侈品、贸易、医美等多个领域。

联系作者：13911539755

29

组织变革中的蓝色交响曲

文 / 曹珑瑛

> 由于智能正在与意识脱钩,而且无意识的智能也正以惊人的速度发展,人类如果还想不被踢出去,就得积极将心智升级。
>
> ——尤瓦尔·赫拉利(Yuval Harari),
> 《未来简史》(*Homo Deus: A Brief History of Tomorrow*)

这可能是一个比较特殊的高管教练实例,因为整个高管教练过程贯穿了组织的变革。在这个实例中,我看到一位高管对待问题的态度、心智转化带给组织富有创造力的发展;同样,组织的变革又带动了高管个体心智的扩展——在包容、开放、学习等能力上的提升。这种交互式影响、共同推进犹如一首交响乐,且因领导者的蓝色展望型人格[1],使得交响乐带

---

[1] 蓝色展望型人格:4D全能人格模型中的四种人格类型之一,详见后文。

有蓝天般高远激昂的色彩。而我作为一名教练，在这个过程中是陪伴者、观察者和反馈者，也是一名学习者。

案例背景

三年前经朋友介绍，我成为阿甘的教练。当时他的团队正处在扩张初期，需要一位懂人事的教练来支持团队工作。

阿甘原本拥有一家经营状况良好的公司，团队也很成熟，他自己也是国内较有影响力的业内专家。有一次，阿甘受邀参加一个国内大型救援活动，受到当时的情景触动以及生活中发生的一些事，让他开始反思作为一名企业家的社会责任。恰逢机缘，在欧美考察到相关的成熟案例后，阿甘带着满腔的热情全身投进了一个新型的服务行业，以期能为人们带来富有创造力的生活以及更好的生活体验。

在新公司运营的前三年中，团队呈现了非常良好的发展态势，到第4~5年，随着影响力、知名度的打开，企业开始需要扩大业务范围，团队也慢慢变大了。但是一段时间下来，阿甘发现一个问题：留不住人——新人难培养，熟手留不住。

发生了什么？为什么会留不住人呢？"应该是我们的薪酬体系有问题。""我们如何创造一套有效的薪酬体系来激发员工内驱力，让其感到有上升空间后可以留下来？"这是阿甘和我第一次对话时的诉求，也是他强调需要有人力资源管理背景的教练的原因。

面临的挑战

阿甘有丰富的高校资源，在新人的招募及专业理论支持方面有一定基础，且个人有着坚定、富有前瞻性、饱满的学习热情及开朗、爱运动等特点，在组织发展方向的把握与和外部相关方的业务联结方面都有明显的优势。

但他现在面临的是以前没有接触过的新行业，最大的困难是他需要从一个技术型领导者转型成为与人打交道的服务型领导者。管理的内容发生了许多变化：以前的企业中，每个单位都是独立自主的单元，而现在的组织存在着内、外部的协作关系，沟通成本高。阿甘觉得一方面工作人员的主动性、积极性欠佳，人员流失率高；另一方面觉得沟通是个大问题，尤其在内部沟通方面：为什么我说的是这个，而员工会理解为那个？这里面到底出了什么问题？

阿甘觉得，目前的问题主要是没有好的激励机制，所以员工没有积极性，留不住人；内部沟通不理想，需要开展全员的沟通能力学习。

综上可以看出，技术型企业与服务型企业在工作环境、背景方面有很大不同，比如员工的专业能力、思维方式、关注点、语言习惯以及相关利益方特质等。而阿甘在原技术型企业中对目标完成、对需要做重要决策时的直觉力,对事处理流程、框架、想法等方面都形成了自己独特的经验。在新的工作背景下,不确定、不稳定、复杂、模糊等境遇对领导者提出了新的课题,要在提升企业中团队的集体智慧方面获得突破,在模糊中实现共建共创,要求领导者是引领者的同时更是支持者,去支持企业内部人员的成长。而这对富有成功经验的技术型领导者可能是很大的挑战——不自觉地"做对事"的思维、行为模式很可能是成为支持者的阻碍。

前期考察

在正式的教练介入前,我通过和阿甘的一对一高管教练对话与旁听公司的工作例会,给阿甘做了前期评估与反馈。反馈基于客观事实与阿甘的意向目标进行了比对。比如,在一次三小时的工作会议中,我发现阿甘打断并阻止他人发言五次,两次拿过主持权等,这样的反馈让阿甘意识到自己的行为与他想要激发员工内驱力、主动性、创造力等总体目标间的冲突,也让他从中了解并理解到员工看问题的不同角度。

奥托·夏莫(Otto Scharmer)在《U型理论》(*Theory U*)中曾讲述:"盲点是我们内部或周围的注意力和意愿的发源地,是我们行事的源头。"当有第三方介入,镜向式反馈有助于当事人更清晰地看到事实本来的面貌。这恰恰反映了教练干预的常态，客户常常以为的问题并非是真正的问题，通过基于事实的观察与反馈让真正的问题与需求浮现出来。汉诺威保险公司（The Hanover Insurance）前 CEO 比尔·奥布赖恩（Bill O'Brien）曾说："一项干预措施的成功取决于干预者的内在状态（interior condition）。"因而，这个阶段也是对我作为教练是否可以做到中正客观这项教练核心能力的考量与学习的过程。

接下来的教练会谈中，我们总结了总体的支持框架，其中非常重要的一点是阿甘对于达成目标的坚定——"三年，我们要成为一个青色组织[1]，在组织中形成主动担责与自主创新的工作氛围，从而支持企业实现十年规划"。

由此，教练合作的目标由一开始的创建一套激励员工主动性的薪酬机制改为组织变革。

实施方案

框架与结构

实施方案分成了两个部分与三个阶段。两个部分分别是：一对一的高管教练，一对多的团队教练。三个阶段分别是：第一阶段——前期内部培训，第二阶段——团队教练工作坊

---

[1] 青色组织：以人类共同愿景为背景，以企业总体愿景为驱动，组织中的个人具有对角色范围内目标自主管理的权力甚至自主设定目标的权力，以支持组织总体目标达成的一种扁平化组织结构的生态化组织模式。

及一对一个人成长教练,第三阶段——内部团队教练培养。

其中,第一个阶段展开的是为期三个月的全体成员关于沟通、讲演、情绪等方面的培训与训练,同步发展内部讲师;第二个阶段刻意训练集体意识中的平等、贡献、认同、支持、全人、分享等元素,重构工作流程并通过一些沟通机制,如大兄弟反馈制度[1]、张力池,让问题透明、公开;第三个阶段是内部教练培养(阿甘全程参与,并认真投入练习)。这三个阶段都着重团队的信任、勇气、创新方面的关注与反馈。

奔向目标的两驾马车

在三年的教练服务过程中,有一项重要的课题,这正是阿甘反复提到的"青色组织"。在前几个月的培训期间,我们反复琢磨薪酬与岗位描述、组织架构,并应用在具体事件中反复推演。有一天,阿甘问我:"你知道'合弄制'吗?""合弄制"是什么?我已经被岗位、薪酬等问题弄得头昏脑涨,根本无心理会了。直到阿甘第三次问我同样的问题,我特意上网查找相关资料,但所获甚少。幸而最终打听到有两本相关的书:《重新定义管理》(*Holacracy: The New Management System for a Rapidly Changing World*)、《重塑组织》(*Reinventing Orga-nizations*)。读完之后我才大致了解了"合弄制"是怎么

---

[1] 详见本章附录一。

回事，于是课题翻开了新的篇章。

成为"青色组织"的模样令人向往：自主管理、全人模式、平等、创新，但过程中对权力的分配带来很大挑战。布莱恩·罗伯逊（Brian Robertson）在《重新定义管理》中说道，在合弄之中，权力分配并不是简单地把权力从领导的手中转给任何一个人，更确切地说，权力是从上层人员那里转移到了工作流程之中。更具挑战的是高管习惯的管理模式转化及目标任务的重新定义能力（关于'青色组织'转型这又是另一个主题了，此处不赘述）。

新的组织架构会带来新的企业文化、团队背景，以及思维模式的转化甚至组织内部语言体系的重建。而有利的是，进化型组织的价值观与教练秉承的价值观非常接近，加之阿甘的企业还处在发展初期，所以"一切都可以重新定义"。

正如《4D 卓越团队：美国宇航局就是这样管理的》（*How NASA Builds Teams*）的作者查理·佩勒林（Charles Pellerin）所说，团队 80% 的问题源于沟通。所以在教练一开始，我们用了两个重要的教练工具"反馈表"与"张力池"提升团队中的沟通与交流能力，创建团队文化背景。

反馈表主要用于支持个人成长，根据各自目标应用平衡轮得出八个反馈项，分阶段反馈给利益相关者，以调整工作状态、提升工作绩效。张力池（见表 29-1）是一个用于发现团队或组织中问题并及时处理的工具，其流程是"发布—认领—处理—确认"。张力池是一个开放的问题呈现平台,每个人都有权反馈,问题相关人有机会即时发现工作中的问题并及时处理。日常处理不了的张力将在每月一次的学习会上集体讨论解决。

表29-1 张力池

日期	张力名称	内容	反馈者	建议	相关人	处理结果	完成日期	备注

备注:
1. 反馈者是指张力的提出方;
2. "建议"一栏任何人都可以提,仅供"相关人"参考;
3. "相关人"是指该张力的处理负责人。

运用反馈表与张力池能够很好地帮助当事人情绪脱敏,使用时间长了,大家看待问题便没有被"问责"后的紧张与应激反应。

内部教练，实现自我完善

第三个阶段的内部教练培养以内部主持读书会、主持张力处理环节等促成内部团队形成教练能力，确保每个子团队都有一名类似教练的角色，主导团队内部关系处理。

以"张力处理环节"练习为例，这个角色会通过第一阶段的"观摩主持"——学习流程、规则并参与处理整个过程初步了解主持要领；进而到第二个阶段的"被观主持"——在教练旁观下主持张力处理，所有参与者会给予主持者反馈；最后是第三个阶段的"自主进行"——如有需要，可以提前邀请教练加入流程设计或现场反馈。

历经三年的教练陪伴，阿甘的公司团队规模扩大了，新人离职率也下降了70%，企业各个项目的管理者基本都能独当一面，而且员工在工作上的主动性、自主性、创造性都非常出色。通过第一阶段的沟通力培训与制度重建，很好地构建了团队共同的语言体系，沟通已不再成为困扰的问题。

最后，我们回到一开始时阿甘提到的"薪酬体系"，你还好奇它到底怎么样了吗？

实际情况是：在进化型组织中，这个在一开始感觉最复杂的工作最后竟用了最简单的办法解决——在任何项目组中的分配都是平均分配，这个问题在不知不觉中就化为无形了。

成就卓越

领导者风格转变

在"4D"[1]评价体系中，阿甘是一位典型的蓝色展望型领导者——有远大的愿景、有使命感、学习力强，但也因此可能会表现出对细节不敏感、缺乏温和的态度等，创建团队和谐温暖的氛围是他需要发展的，而借助教练干预，他很好地实现了这些方面的平衡。如果从纵向领导力的七个层级来看，阿甘离开自己成功的领域开辟新的业务领域，他拥有"成就者"的自信与坚定的力量，同时拥有"重构者"开阔的眼界和好奇心，勇于打破常规。

在写本文前，我采访阿甘（详见本章附录二）以便了解他在教练三年后与组织内部成员的沟通状况。从采访中，我明显感受到他开放、平等地看待他人的态度。我进一步请教他处理问题时如何跳脱情绪的干扰，比如员工自主管理意识加强，出现不接受阿甘的观点或建议时如何应对？阿甘回答："重复地提，如果还不接受，就进入程序。"（阿甘说的"程序"是指张力处理程序。）他在说这些的时候态度平静而稳定。最后我问阿甘："您能够在有挑战的对话中摆脱情绪的干扰，是什么让您做到了这点呢？"阿甘回答："也许是这几年的个人

---

[1] "4D"：查理·佩勒林根据荣格"意识的四种属性"发展出的 4D 全能人格模型，以决策依据直觉、感觉、情感、理性为四要素，形成凭直觉理性决策的蓝色展望型、凭感觉情感决策的黄色包容型、凭直觉情感决策的绿色培养型和凭感觉理性决策的橙色纪律型四种人格。

学习与修习，意识的提升吧。"

领导者意识的提升让沟通变得简单，让人变得简单，而这份简单提升了团队的工作能力。

记得在 2020 年阿甘公司年会时，有个环节是分享"你喜欢听到的话"，有名员工分享的是："我喜欢听到的是：丹丹，我想请教你……"而这名员工正是阿甘的助手。我"脑补"阿甘用这样的语言结构与丹丹对话的场景，和我在三年前见到的一次会议多次打断制止他人言语的那位领导者似乎有很大的反差，但有一点是没变的，那就是一位领导者内在的勇气与坚定的力量。

教练洞见

在过去的三年中，我见证了这位理性而富有热情的领导者由满头乌发变成头发半白，而眼神里却透着坚定与智慧，言行谦和、内敛而有力量。

有些事看起来很难，但成功了；有些事在推进过程中压力很大，但柳暗花明又一村。从阿甘的故事中，我看到这位蓝色展望型领导者在向全能型领导者发展和转型成为服务型领导者过程中，与组织变革的交互推进。很难说在这个过程中，是因为组织变革对领导者提出的要求促成其转化与成长，还是领导者勇于接受挑战实现了内在转化从而促成了组织顺利变革。但可以确定的是，我从这位领导者身上学习到了面临新挑战时的那份坚定。也许到现在，他还不能算是一位高情商的沟通强者，但他用自己擅长的方式在组织中创造了良好的沟通环境，用他的坚定与信心带来了领导者与团队成员协作的一种独特方式。

作为一名教练，我非常幸运能因此有机会学习到组织变革中的那份别样的灵活与多样性；也向这位优秀的领导者学习到了在心智成长过程中开放地反思与反思中的开放。

自我教练

在企业的日常管理中，我们遇到的管理问题常常可以通过经验的积累、能手、专家或师父带徒弟的方式解决，但总会遇到一些新的机遇、新的挑战或一些非常规的管理问题，如果你也有遇到，下面五个问题也许可以支持你看到一些新的可能：

❶ 在管理中，什么是我擅长的？我将如何描述自己的管理风格？

❷ 我的管理风格中的哪些元素是促成团队与组织目标达成与团队成长的？

❸ 我可能需要发展或与自身互补的管理风格是什么？将怎样来实现？

❹ 如果团队实现了突破性进展，那时的团队看起来会是什

么样子？

❺ 基于第四个问题的回答，团队的成功是因为我做到了什么？

附录一：大兄弟反馈法

大兄弟反馈法就是"WWW & EBI"反馈法[1]，是一个成长支持性小工具，尤其适合一些项目或学习初期时的应用，用来支持自己、他人或团队慢慢实现转化与成长。

反馈内容：三个做得好的，一个也许可以提升的。

"做得好的"与"也许可以提升的"遵循 3∶1 的关系，比如你觉得反馈内容中有两个也许可以提升的点，那么你需要提出六个做得好的，以此类推。

练习：每天给自己一个正向积极的反馈。

从给自己的反馈开始，形成正向反馈习惯。

我邀请你每天给自己做一个反馈：今天有哪些部分你觉得自己做得好？今天在哪里也许可以有新的可能？

在一开始的时候，也许你无法列出三个做得好的地方，那么你可以降低要求。比如：

---

[1] WWW & EBI（what worked well & even better if）反馈法：强调思考"我做到了什么有效的点，让自己比以前更好"以及"如果我做到什么，会让自己比现在更好"。

"今天看到天很蓝,我很开心。"

"阳光照在身上,感觉温暖。"

"见到一盆花,让我感到舒服。"

"今天在回家时,我走了一条不常走的路线,对自己的习惯有了一个新的突破。"

坚持这个反馈练习,慢慢地你就会发现,每天让你感到做得好的部分多了起来。

用这个工具建立正向积极的思维习惯,你关注哪里,哪里就会成就你。也许有人会说,你只关注积极正向的,那负向的难道就不存在了吗?印度哲学家吉杜·克里希那穆提(Jiddu Krishnamurti)说,天使和魔鬼都在,不同的是,当一个人想着天使的时候,天使就进入那个人的心。"WWW & EBI"好比是你射出去的箭,它总是瞄向你想要的目标,经由你心想的方向带你走向理想愿景。

这里有一个隐喻也许更利于我们理解:关注正向是踩油门,关注负向是踩刹车,油门和刹车是汽车的标配,缺一不可。油门用于保持速度,驶向目标,刹车便于确认方向,调整状态。油门常踩,刹车偶用。

需要注意的几点:

1. 当习惯了这样的反馈结构,你可以让反馈更聚焦:设定一个明确的目标，列出达成目标的标准，之后对应着标准反馈。（标准你可以设定为：怎么知道目标实现了呢？做到、实现了什么就可以认为目标达成了？）

2. 由简入难易。从最低标准、最小的突破做起。

3. 反馈的内容需要做到：正向积极（包括正向表达）、关注相关、可控（可达成、有时限）、具体、可衡量。比如：

"看到路边的一朵粉色格桑花，很开心"比"今天心情不错"更具体。

"这次演讲比上次提前10分钟就结束了，得分9分，比上次提高了3分"比"这次演讲很精彩"更可衡量……

"也许可以声音更高些"比起"声音太低了"具有更正向积极的要素。

4. 持续练习。

附录二：采访内容选摘

教练： 在这次项目中，我看到大家都很有创造力与热情，您是通过什么样的沟通实现这些的呢？

阿甘： 我认为沟通实际上和机制有关，就比如说我们是选择进化型组织架构还是选择层级制的管理组织架构，这两种组织的形式不同，所以沟通的方法和渠道可能都会有不一样。

教练： 您能具体说一说吗？

阿甘： 比如说，现在我和员工沟通的话，就采取进化型组织的沟通模式，随时沟通，发现张力，大家一起去讨论处理，这个流程是清晰的，而且在这个过程中大家都是平等的，没有什么"你比我大，你就比我权威"。这是一个敞开的机制，在这种机制下，实际就和以前的那种层级制的沟通方式完全不一样，因为企业的管理模式决定了沟通的模式有所不同。现在采用的这种模式，我们会强调地位的平等，在这种平等条件下，我们会基于事实本身去沟通。

基本上，沟通有两种形式，一种是由上而下，一种是由下而上。由上而下就是我要去找他们的话，可能会对他们兴师问罪，发现他们做的这个不对、那个不好；但是由下而上就不一样，如果他们来找我，基本上就是求助我什么事，他们需要我的一些支持，我和他们之间的任何沟通，包括我对他们的评价或者是评判之类，他们都有可能更容易接受一些。这可能就是组织方法的变化导致沟通方法上有所不同。

教练： 当您有情绪（接上文的沟通话题）的时候，又如何让团队成员能够乐意接受？

阿甘： 那就走程序，进张力池。只要程序中某个问题的发布人对结果还不满意，那就让它还在这个程序里面循环，这都是我们在做进化型组织时确立的流程。我用这种方式来让大家都知道：一定要让这个问题获得解决或者收到明确搁置或暂缓的结果。搁置或暂缓也是解决方案之一，反正要明确。

教练： 您现在和三年前最大的不同是什么？

阿甘： 我干的活儿少了呀，做成的事多了；团队变大了，沟通反而简单了。归结到底，我认为沟通并不是个人问题，是个机制问题。与单个人沟通的话，我会采用教练式沟通方式。之前我与人沟通，好像与现在的方法就不一样。以前更多是命令，现在更多是协商，跟他们平等商量也是讨论的一种方式。

作者简介

曹珑瑛，国际教练联盟认证专业级教练，人力资源管理师，团队教练，高管教练，谈判教练。

专注组织人才梯队培养，支持组织或团队中领导者打造高绩效团队；开办系列工作坊"开启内在创造力"，支持个人发现自己的内在优势，开启创造力及创造热情，你会发现"你就是富有创造力的天才"。

联系作者：13901584560

30

走出混沌，共创未来

文 / 姚蕾、邹伟平

> 只有超脱于混沌将自己置于高处，才能看清一切态势。
>
> ——侯敬喜，国际组织与领导力协会执行主席

D 公司是 J 集团根据一项新业务成立的新公司，已运行十个月，初步跑通了六个城市站。新业务的市场前景预期很好，J 集团期待 D 公司能在未来一年业务范围扩张到 40 ~ 50 个城市，迅速占领市场。公司和集团都很期待这块新业务在未来几年能够融资上市，内部团队目前处于有激情、有梦想的状态。

同时，D 公司和 J 集团都意识到，尽管取得了一些成果，但当前城市站仍处于混沌状态并面临很多挑战。比如，初步跑通的六个城市中有一半仍在亏损，需要集团不断"输血"。D 公司的业务模式和平台运营简单粗犷，客户体验没有达到预

期效果，快速到位的管理团队人员水平参差不齐。由于不同城市的消费者需求差异大，新城市站也开拓艰难，城市拓展速度没有达到预期目标。因此，D公司和J集团希望借助外部顾问优化当前模式，并提升当前模式复制到其他城市的可能性。

由于具备类似项目的咨询和教练经验，我们成功竞聘成为供应商。整个教练项目采取以下三个策略，以咨询为框架，通过贯穿始终的教练式对话，与客户共创解决方案。

1. 视觉化核心业务流程、对话流程的风险点；

2. 从愿景和战略目标出发，优化当前城市站的组织能力并构建可复制模式；

3. 共创关键岗位角色模型，规划人才储备和发展路径。

看见日常救火模式

我们的访谈从城市站的实地考察开始。

城市站空间不大，很多人挤在一起上班，给人一种人声鼎沸的嘈杂感。墙上到处贴着对外宣传海报、通告、岗位责任制、各种规章制度和表格……很难想象，一个运作十个月的公司竟然有这么完善的管理体制，让我们不禁想起了当初看到公司提供多达20多个制度流程时的那份诧异感。接着，城市总为我们介绍了平台系统以及各项操作，讲述过程中，时不时有人打断他的介绍、找他处理事情，他不得不先去处理突发情况。

等他介绍完毕，我们建议一起找个安静的地方访谈。访谈从他如何理解公司业务模式和战略目标开始，接着谈及他所负责城市的业务目标、核心任务和关键产出以及相关的支持系统。我们在访谈过程中发现，城市总对公司的业务模式很了解，对公司战略的描述停留在"复制模式扩展层面"；虽对考核指标很清晰，但谈及实现路径时却多次出现"难""不好管"这样的表述。

当问及他为什么考核指标在半年内发生变化时，他说："不太清楚，运营部下什么指标，我们就完成什么指标。"当问及遇到的管理挑战时，城市总一脸困惑地回答说："公司采用了业内最好的制度，但员工的执行五花八门，问题层出不穷。"当我们问及如何应对执行挑战时，城市总回答说，他采用定期抽查方式，用罚款或抄写制度来提升执行力。问及这样做的效果，城市总颓废地表示效果不佳。

最后，我们将访谈要点呈现在一张纸上，邀请他站在CEO角度看他的工作。刚开始他有一点蒙，说很难转换到CEO角度看这些要点。我们稍做解释后，他慢慢进入了角色。过了一会儿，他说，站在CEO角度看，这名城市总大部分时间忙于应对日常突发事件，思考工作重点的时间不多，管理效果尚需提高。我们回应道，感觉城市总忙于浇灌一棵棵"树木"，对如何建设"森林"（如制度流程的落地）缺少一些方法论。城市总深有感触地说，他确实每天忙于各种"救火"，忙于处理紧急琐碎的小事，忽视了对城市站业务发展非常重要的方面。

访谈接近尾声时，我们询问他对项目的期待，他脱口而出：期待项目能够支持到梳理工作重点，让城市总在繁忙工作中不仅看见"树木"，还要看见"森林"。教练回应道，期待他在探索角色模型时找到答案。

识别业务潜在风险

第三天下午，我们邀请所有城市总到公司进行焦点访谈，访谈的重点是梳理核心业务流程。

介绍完教练项目后，我们邀请每位城市总在白板上画出关键业务环节。不一会儿，一张完整流程图跃然纸上。看着错综复杂的流程图，一位城市总感慨地说："这流程看起来好像绕了地球两三圈，以前真没注意到这么不顺畅。"

接着，我们将业务流程分成五大块，并给每个模块命名。教练指着一个环节问："这个流程为什么这么设计？"城市总们面面相觑，说："一直都是这样做的。"教练追问："如果不这样做会有什么结果？"城市总集体陷入沉默，其中一位城市总有些坐不住了，不耐烦地说道："今天还有一堆事情需要处理。请问老师，讨论还需要多长时间？"空气中顿时弥漫着火药味，其他几位城市总齐刷刷看向教练，教练回应道："我们每天都忙于各种救火，却对为什么着火不是很好奇。这种现象让我想起希腊神话中西西弗斯（Sisyphus）推大石头的故事。西西弗斯每天把一块巨石推上山顶，由于巨石太重，每天都没能上到山顶就滚下山来，前功尽弃，于是他就永无止境地做这件事。你们觉得当前工作状态和西西弗斯推大石头有什么区别？"城市总都愣住了，教练顺势说："我们现在就是写下日常救火事件，然后系统寻找着火原因，同时简化可绕地球两三圈的流程。"一位城市总回应道："我们平时也觉得流程有些不顺畅，但每天忙于处理各种问题，完全静不下心来思考流程系统的事，现在这样帮我们梳理挺好的。"于是他带领其他几位城市总开始回顾各种应急场景，并简要标注在流程图上。

过了三十多分钟，城市总们的思考似乎穷尽了所有应急场景，教练问道："还有吗？"一位城市总很快地回答："没有了。"另一位城市总马上说："别那么快下结论，我们刚开始觉得没什么问题，现在梳理出这么多，再捋捋！"教练回应道："非常好！你们刚开始没有强烈意愿去思考流程设计的目标，并忽视流程中的风险点，现在已经意识到这些忽视的问题对日常管理的影响了！"过了不久，城市总们又发现几个需要跨部门协作的风险点。

教练邀请在旁观看的 D 公司 CEO 对讨论成果进行点评。

CEO兴奋地说，流程和风险点梳理很到位。同时在这个过程中，他意识到城市总对上下游需求和公司战略的理解还不够精准。教练回应道，下周工作坊中将会设计利益相关者诉求和战略理解。

在当天的最后环节，一位城市总感慨说："以前我试图画过业务流程，一直比较零散，今天集体智慧将零散拼图整合在一起，以后工作中着火后就知道沿着哪些点能找到源头。"

清晰方向，拉齐认知

到了下周一下午，我们用战略引导工具帮助CEO梳理了公司战略全景图，其中包括愿景、战略目标、核心竞争优势、主要战场以及未来一年的必赢之战。

周三的研讨会上午从澄清战略方向开始，接着讨论了关键外部利益相关者的期待。我们将高管团队分成两大组，A组作为公司方，负责描述公司愿景、战略目标、核心任务以及对关键利益相关者需要实现的价值；B组作为外部关键利益相关者，描述对公司的需求和期待。整个活动进行两轮，每个小组分别扮演公司角色和关键利益相关者角色。

B组的终端用户开启了犀利的挑战模式："我觉得贵公司的服务很糟糕，你们不能按时交货，给我们的日常生活造成诸多不便；另外，平台经常出现问题，热线电话反应很慢；最糟糕的是，时不时拿出政府监管的理由来限制我们的消费。"B组的企业客户接着说："引入平台后，尽管利润提升了，但终端用户量却减少了，我们担心长期发展！"听到这些犀利的抱怨，所有管理者都陷入了沉思：虽然平时工作汇报也会谈到客户投诉，但听到如此真实的声音仍被深深地震撼了。最关键的是，大家发现有些终端用户、企业客户和政府需求是相互冲突的，不同人员对三方关系平衡有不同的声音。经过一番讨论后，CEO站出来对用户、客户和政府三方关系表明了公司当前立场，并对有分歧的方面进行了认知拉齐。

下午从分组讨论组织能力评估结果开始，精彩部分出现在质量管理的讨论环节。质量部门强调公司采用了业内标杆企业实践并制定了完善规章制度；而城市总反馈制度太多，造成业务员根本记不住，质量不达标的奖惩力度不一致，导致不公平现象。质量部门和业务部门的矛盾似乎一触即发。这时，教练介入道："我们看到了质量部门在体系和制度方面的诸多努力，看到了业务部门想要服务质量落地的渴望，这涉及标杆企业实践与公司战略和业务模式匹配问题，涉及从制度制定到落地中不同部门的角色问题，涉及打造高质量服务的企业文化以及提高全员质量意识和行为的规范，需要跨部门协作才能得以实现。"高管们豁然开朗，决定成立两个行动小组确保制度落地和质量文化宣贯。

研讨会临近尾声，高管归纳总结优势领域和待改进领域，并用投票方式选出了最重要的五个优势领域以及五个待改进的领域，研讨会最后以高管对模式优化行动计划的承诺结束。

研讨会结束后，加入公司两个月的运营副总裁走过来和教练说："公司在运营和质量方面一直存在挑战，我曾对复制模式有过担忧。今天的工作坊让我们看到了公司整体优势领域和待改进领域，并将改进行动计划落实到部门和人员，现在对复制模式的信心上来了，期待老师继续帮助我们梳理出复制方法。"

规划人才发展路径

两周后的周三，教练开启了关键岗位角色建模工作坊。

首先，我们邀请城市总列出日常所做工作。半小时后，五颜六色的纸条贴满了引导墙，接着邀请城市总分类总结任务，一切看起来井然有序。教练问："还有补充吗？"一位城市总回答道："很全面，没有补充了。"

接着，教练介绍了一位哈佛教授关于舞池和阳台的说法，邀请城市总走出舞池，走上阳台，并说道："作为一名优秀经营管理者，你将如何影响利益相关者？现在邀请你们站在行业和政府的角度，看看你们带领的项目公司在行业价值链和所在城市发挥什么影响？你们是如何做到的？"我们将城市总分成两个小组安排讨论。半小时后，讨论结果贴满了另外一面引导墙。

教练说："现在，邀请你们比较一下：第一面墙上是你们的日常工作，第二面墙上是你们站上阳台后看到优秀经营管理者需要做的事情，你们有什么发现？"

不一会儿，城市总开始你一言我一语地发言了："我们在忙小事，重要的项目没有落地。""我们按照自己的理解在办事，与集团和利益相关者的期待有些差异。""业务策略与落地执行好像出现了断层……"第一位接受访谈的城市总兴奋地说："访谈时我的期待是梳理工作重点，今天舞池和阳台视角的切换让我找到了既要躬身入局解决问题、又要站上高处看到全局的感觉。以后在工作中要学会运用这种工作方式，抓大放小！"教练回应道："你们还记得项目启动时引入的诊断框架吗？这个框架就是一个很好的阳台视角，同时也是一种系统思维工具，帮助你们从繁忙工作中抽离出来，用系统框架诊断现状，识别问题的关键点；看到问题关键点后，步入舞池，对正在发生的事情施加影响。这种在阳台和舞池视角之间不断切换的习惯将帮助你们实时观察全局，同时又能及时采取行动。"

经过几小时的讨论和共识，城市总的角色模型清晰地呈现在了引导墙上。教练继续道："现在我们邀请大家回顾一下自己的成长阶段，你们觉得新城市总从刚入职到胜任这个角色模型，需要经历几个阶段？需要哪些支持？"大家迅速共识出三个阶段及发展路径。看着"战果",城市总脸上都露出了笑容:"工作思路清晰多了,如果当初上岗时看到这份全景图,我们不会经历那么多挑战,后面的城市总太幸福了。"

最后,教练邀请城市总根据角色模型自我评估,互相分享评估结果以及给利益相关者创造的价值,提炼三种最佳做法并进行分享。工作坊以城市总根据自我评估结果和工作坊启发做出的个人发展计划结束。

项目成果

在教练项目汇报总结会上,教练带着集团和公司高管回顾了整个教练项目历程——从公司愿景战略和核心竞争力出发,优化业务流程和风险点,厘清关键岗位的角色模型,规划人才储备和发展路径。一条从愿景、战略、运营到人才的一致性发展路径和可复制模式清晰地呈现出来。

CEO满意地说:"项目启动的时候,我们不清楚项目成果会是什么样子。随着项目不断推进,我们从刚开始对城市站复制有质疑声音,到现在大家对模式复制都充满了信心。同时,通过这个项目我们学习了新的工作方法,例如舞池和阳台的切换、系统框架思维等,这将对我们以后的工作大有益处。非常感谢你们!"

教练洞见

本案例截取了团队教练项目中的几个片段来展现一家高速发展的公司中高管经常出现的挑战场景,希望能够给有类似挑战的高管一些启示,例如:

从忙碌救火到抓大放小: 在业务迅猛发展阶段,高管的日常工作非常繁忙。我们支持高管从繁忙混沌的舞池中走出来,站上阳台清晰看到完整系统的运行和对利益相关方的价值,培养高管形成不断切换阳台和舞池视角的习惯,支持他们既能实时觉察全局,又能及时采取行动干预局部。

从战略方向到执行落地: 在项目启动前期,我们发现 D 公司照搬了标杆企业的管理制度和流程,造成公司战略和业务模式与制度流程匹配度差,制度流程执行流于形式。解决此挑战的关键在于将战略和业务模式与制度流程保持一致,并将流程制度固化在关键岗位的角色任务中,从而支持高管从管理的混沌中走出来,达到从战略方向到执行均落地有声。

从探索验证到提炼复制: 公司在业务模式探索期常常会投入大量的人力物力,但是找到投入产出的平衡点是决定业务模式能否成功复制的关键。本项目通过高效储备和复制优秀关键岗位人才,支持公司在业务模式复制的混沌与不确定性中找到确定的投入产出平衡点。

自我教练

一家企业在新业务起步和快速成长期常常会出现组织能力跟不上业务成长速度的情况，团队上上下下有干劲、有热情，管理者也忙于招新人、冲业绩，但是没有时间停下来系统思考业务和组织，最后就会陷于忙乱、混沌和"救火模式"，希望处在这一时期的高管可以用以下几个自我教练问题重新审视业务和组织：

❶ 公司的战略全景图（包括愿景、战略目标、核心竞争优势、主要战场以及未来一年的必赢之战）是什么？管理团队的共识程度如何？如何达成一致并对未来一年的必赢之战做出承诺？

❷ 目前在公司占主导地位的信念和价值观是什么？未来三年里需要建立和接受的新信念和新价值观是什么？

❸ 公司目前的组织架构和制度流程支持战略全景图的有效程度如何，尤其是绩效激励管理体系承接公司战略全景图的有效性如何？

❹ 目前公司的战略性关键岗位有哪些？这些关键岗位的人才数量和质量支持新业务拓展的程度如何？

❺ 综上分析，有哪些方面需要完善（建议举措控制在重要紧急的3～5项）？谁或哪个团队将负责完善这些举措？什么时候完成？跟进的机制是什么？

31

家族民企变革之旅
——系统、边界与周期

文 / 熊　樱

如果你想了解一个系统，请试着去改变它。

——库尔特·勒温（Kurt Lewin）

每个系统都有自己的生命周期，企业作为一个系统也不例外。它们诞生、成长，除非管理层采取正确的干预，否则它们就会衰老和死亡；同时企业也会涉及多个系统之间的交织。在生命周期的不同阶段，系统都会面临某些变化，领导者需要感知并管理那些导致系统崩溃的变化，然后将旧系统重新整合为一个新的系统。作为同时处于各个系统中重要的要素——创始人——只有超脱于混沌将自己置于高处，才能看清一切态势。

董事长的诸多烦恼

A公司作为一家新三板挂牌的家族式民企,为达成三年首次公开募股(IPO)的目标,在原有传统业务的基础上尝试了新兴业务,但是新兴业务一直未能取得好的成绩。公司在新业务中逐步引入职业经理人,尝试进行产品的统一和标准化,以及管理和运营的规范化。在这个过程中,各种冲突不断、暗流涌动。

年近半百的董事长于丽最近压力巨大,频频失眠。她从朋友口中知道我曾帮助类似她这样的发展转型期的民企做过发展转型,于是约我到一家茶馆分享她的诸多烦恼:

最近擅长整合各种资源的于丽在市场上融了一大笔钱,解决了公司当下的资金问题。但是融资带来的后果是业绩对赌,面对今年业绩尚有挑战、团队士气又不足的现状,她忧心忡忡。

A公司新来的职业经理人往往比老员工薪资高,导致老员工抱怨公司不公。同时,那些新进来的职业经理人来一个走一个,尤其是最近离职的一位经理给公司带来很多负面影响,让她心情极为糟糕。

于丽的老公李阳是一名高知分子,担任A公司总经理并负责新兴业务。李阳喜欢讲情怀,有自己的一套做事逻辑,但是新业务的目标一直完不成。李阳还在继续扩大队伍,还瞧不起董事会其他成员,包括对于丽也常常吹毛求疵,她的两个兄弟对李阳颇有意见。没有人理解和支持她,让她时常感到委屈和孤独。

A公司的新兴业务一直没有起色,公司最近用传统业务的利润来补贴新兴业务的拓展。公司不但没有钱分,还在继续亏损,导致家族的其他几名成员也向她发起挑战,质疑是否要继续把大量资源放在新兴业务上,这让她感到筋疲力尽,产生深深的无力感。

于丽谈着谈着就哭了起来,我静静地看着她。待她慢慢平静,我对她直接反馈了我看到了她的灵活多变、擅长抓短期机会,以及她关注问题时仅有点对点的思维模式,并和她一起探寻了这种模式对企业当下发展所带来的影响。

调研与反馈

于丽很喜欢我真诚、直接并直面问题的沟通风格,她和董事会沟通后让我进行企业调研。

我采用了意象卡、一对一访谈和在线调研问卷三种调研方法。调研内容分别从组织、团队和个人三个系统层面进行,以伯克-利特温的组织绩效与变革模型(见图31-1)和企业生命周期模型(见图31-2)为框架。调研结束后,我整理好报告小范围反馈给了董事会。

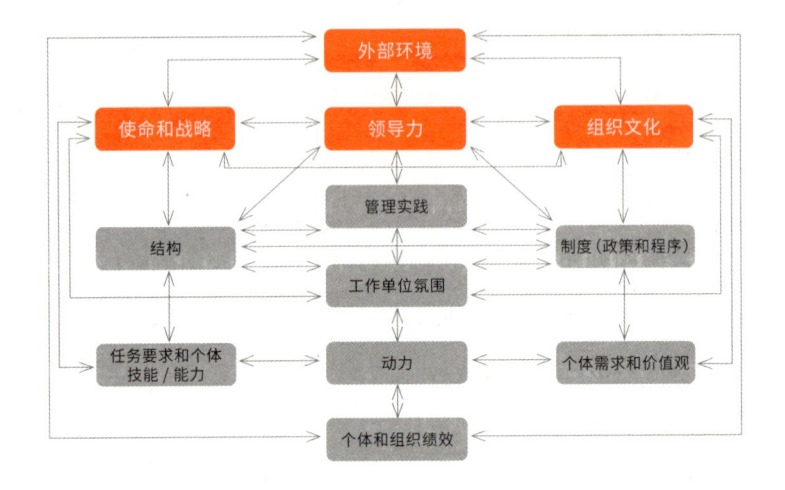

图 31-1 组织绩效与变革模型

调研结果显示，本次项目核心涉及家族系统、董事会系统、高管系统及企业管理系统。这四个系统目前的边界很模糊，犹如蜘蛛网交织在一起。

根据组织绩效与变革模型，A 公司需要发展的转型性因素有：

1. 战略落地执行未形成有效系统；

2. 公司高管团队还未完全形成合力，高管团队成员在纵向领导力方面长于各自专业领域，缺少具备全局观的运筹者；

3. 公司文化为依赖型文化，董事长未充分授权，喜欢一竿到底，董事长安全感较低。

根据组织绩效与变革模型，A 公司需要发展的交易型因素有：

1. 公司传统业务流程需要标准化运作；
2. 公司项目经理团队需要增强项目管理能力。

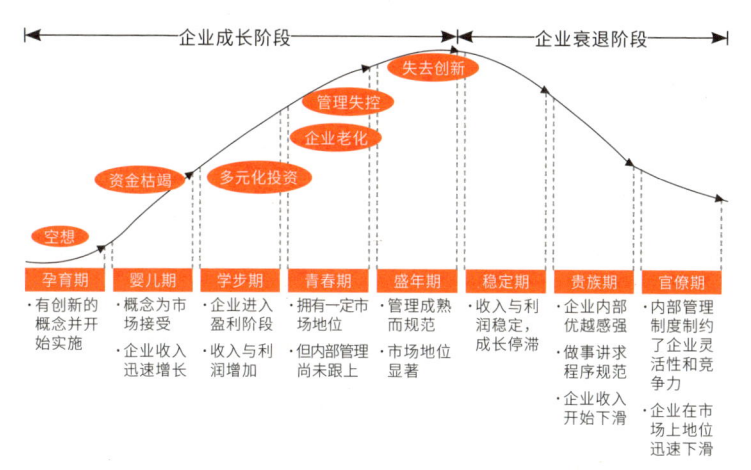

图 31-2 企业生命周期模型

根据图 31-2 的企业生命周期模型，A 公司正处在学步期到青春期的转变时期，主要面临四个挑战：

1. 董事会成员从集权到授权；
2. 管理和运营从随意发挥到专业化管理；
3. 新聘职业经理人与"老臣"从权力斗争到有凝聚力；
4. 公司目标从"多就是好"转化成"好就是多"，从而更聪明地工作。

就以上调研的发现，我们双方讨论之后就本次教练项目达成四项目标，分别涉及传统业务、新兴业务、高管团队、组织文化的系统性解决方案，具体包括：

1. 促进当年战略落地的新兴业务发展转型；
2. 打造高管团队的集体领导力；
3. 逐步将依赖型文化往独立、互依型文化发展；
4. 促进公司传统业务规范化管理。

变革准备

与关键影响人交流： 首先，单独与四位董事一对一深度会谈，沟通他们对这次变革的期待及他们在变革中扮演的角色。在沟通过程中，我发现其中一个弟弟曾被于丽深深伤害过，那份受到伤害的痛苦影响到了姐弟之间的信任。

其次，与两位分管业务的职业经理人一对一深度会谈，沟通他们对未来职业的规划，以及这次变革会给他们带来的意义和价值。

召开管理层变革方案说明会： 我用了三个小时，以团队教练方式召集核心团队，就变革愿景、路径及他们在变革中的角色达成了共识。与平时会议截然不同的是，每个人都在这次会上发表了自己的感受与观点，大家都喜欢这种群策群力的方式，对变革充满了期待。

变革方案设定与实施

本次教练项目采用了团队教练、关键人员一对一教练及微咨询方式进行。具体干预方式如下：

表31-1　A公司教练项目方案

序号	内容	方式	输出结果
1	董事会核心团队工作坊	团队教练	界定家族、董事会、公司高管角色边界；董事会成员之间信任度增加；确定了董事会沟通规则、共识今年核心目标及四位董事分工要求，并确定了每个人的行动改进承诺
2	管理层战略解码工作坊	团队教练	管理层就目标、策略、路径及关键里程碑达成共识；个人做出行动改进承诺
3	董事会核心团队季度复盘	团队教练	事：任务推进、经验总结及计划调整； 人：董事会成员的行动变化
4	纵向领导力工作坊（三次）	团队教练	事：挑战任务推进（业绩、文化、流程）； 人：核心成员能力发展往上一级
5	关键人员每月一次一对一教练	一对一教练	核心成员能力发展往上一级
6	管理层双月度复盘	团队教练	事：任务推进、经验总结及计划调整； 人：管理层领导力发展
7	流程工作坊	培训＋咨询	传统业务流程优化

在整个项目中，转型因素干预以战略共识、高管领导力为主线，将业绩目标、流程体系及文化变革作为三大高压挑战任务并分成三个小组讨论完成；交易型因素通过轻咨询方式，带领团队优化流程体系，同时通过定期复盘固定改变行为。

董事长的喜悦

教练项目结束的那天阳光明媚，冬天的湿冷在阳光的照耀下一扫而空。我们在山清水秀的郊区度假村会议室开始了项目教练。会议室的一整面墙壁上贴了一张长长的卷轴，画着一年中的春夏秋冬，大家在不同的节气上写着自己的故事与收获。总结下来，获得的整体成果有：

1. 整体业绩增长了47%。

2. 团队看到了新旧业务所处的不同生命周期阶段，并采用不同的管控指标与资源分配，保持现金牛业务的同时，让新业务获得良好发展。

3. 董事会成员直面自己的优劣势，直面过去带来的伤痛，建立开放、信任与真诚的团队关系，聚焦解决方案与行动，将李阳调整岗位，由于丽的哥哥担任总经理。因董事会成员的变化，带动高管团队的相互信任与协作、目的感、知人善用、结果导向等集体领导力的整体提升。

4. 团队感知并相信互依型团队文化的价值，复盘会议得以顺利进行，团队成员敢于亮出自己的观点，直面冲突并建立议事规则，团队成员开始补位协作。

5. 优化了项目管理流程，并建立了相关配套制度。

在晚上的集体用餐中，李阳搂着于丽的肩膀呢喃细语，于丽面露微笑。我远远地望着这一幕，内心涌起一股暖流。

教练洞见

家族企业变革是一趟复杂的旅程，它涉及不同的系统、边界与周期。企业主需要有更多元的视角才可能带领企业走向一条光明之道。所谓更多元的视角包括：

多个参照系统视角： 企业在发展转型中，需要关注到不同系统的边界与周期，采用更系统化的解决方案。

阳台视角： 企业主需要超脱于混沌将自己置于高处，才能看清一切态势。

时间视角： 比如第一增长曲线业务与第二增长曲线业务因所处周期不同，又面临着资源争取，企业需要采用不同的策略。

权力视角： 从单边权力向多种权力方式发展，在不同的场景应用不同的权力风格。

自我教练

如果你是一家家族企业的创始人,发展转型之时,以下几个问题可以帮助你自我教练:

❶ 我们为什么转型?我们现在处在哪个阶段?我们将要发展到哪个阶段?

❷ 发展转型会涉及哪几个内部系统?这些系统的边界该如何界定?

❸ 转型过程中会涉及哪些利益相关人?他们之间的核心冲突会是什么?

❹ 作为企业主,我是否拥有足够的领导力打造核心团队的集体领导力?

32

企业变革干预的阴阳之道

文 / 雨 田

太极者，阳不离阴，阴不离阳；阴阳相济，方为懂劲。

——王宗岳，《太极拳论》

这是一个以管理咨询框架为枝干，让教练技术随之生发的组织及个人干预案例。咨询带来成形可见、清晰有力的思维逻辑，好似太极里面的阳；教练技术如流水，渗透于每个环节中，帮助成员深度探索，好似太极里的阴。

整个案例起于愿景共识，忠于行动计划的大方向制定，以有形的咨询线条为承托，在深度联结下通过教练式设计，将团队成员潜意识里的防御、对抗、恐惧与焦虑浮现出来，让个人和团队获得认知突破，为接下来团队行动计划的落地和管理团队个人一对一教练旅程打好基础。

X公司是一家由中国和欧洲的公司共同设立的合资制造企业，双方各占50%股份，总经理张涛直接向由双方成员共同组成的董事会汇报工作。合资公司下设三家工厂，分布于上海、南京和东莞，分别由中方和欧方合资之前各自的工厂整合而成。管理层除了总经理还有五个人，分别负责生产运营、商务、人力资源、财务和质量控制。由于历史原因，五名成员分布在上述三个地方。

总经理张涛通过他的个人网络联系到高管教练晓梅，希望晓梅能帮助他的管理团队做一对一教练。于是晓梅找到了我和另一位教练共同组成教练团队，开始了此次教练活动。我们三个人优势互补，从个人教练到组织教练再到人才发展，三人各自擅长的方向可以整体覆盖企业的变革需求。

问题没那么简单

事情远没有我们想象中的简单，这次教练并不是六次独立的一对一教练活动可以解决的个体问题，而是由组织和个人挑战交织并存的系统问题。

张涛是两年前从竞争对手那里空降过来的，从商务总监转为现在的总经理，是第一次全面管理一家公司，因此欧方特意派来一名负责生产技术的管理者辅佐张涛。张涛有抱负、有干劲，他感到公司哪里都需要改变，希望全面提升公司的绩效。

通过诊断采访我们发现，X公司的愿景、战略描述不清晰，部门之间缺少信任，团队协同作战效果差，甚至有两个部门领导处于水火不容的状态，需要通过张涛间接进行沟通和协调。张涛事必躬亲，甚至跨级指挥工作。他对下属的能力描述也是模糊的，下属的哪些能力是达成公司愿景及战略最需要的也需要我们和他进一步澄清。我们的初步诊断结果总结如下：

1. 团队对主管的变革意愿是不抵触的，整个团队希望变革，但是不知道变革路径；

2. 公司整体组织变革能力需要提高，首先需要做的是团队从愿景到战略、从挑战到行动方向形成共识；

3. 团队合力还没有形成，需要将阻碍因素探索出来，让大家看见并寻找解决方案，团队需要共同应对挑战，而不是张涛一个人"孤军奋战"；

4. 张涛的个人领导力需要提升，他的领导力升维是管理团队升维的先决条件，并且他现在听不到下属的声音，越听不到就越按照自己的想象和假设处理问题，和管理团队脱节。

阴阳相济，全面干预

因此我们说服张涛接受了我们设计的一套从系统到个人

的全面干预方案,方案具体由如下几个维度组成:

1. 辅导管理团队共同梳理公司未来五年的愿景和战略。

2. 组织一天的教练工作坊让团队成员之间加深彼此的联结,通过运用心理动力学工具配以团队教练的方式,助力团队看见自己、聚焦挑战,并进一步在组织领导力和行动方向上达成共识。

3. 进行线下 DISC 个人特质测验[1]、DISC 团队成员领导力自评和互评。通过第一个测试全方位了解自己的性格和外在行为表现,再通过第二个报告告知个体在组织最需要的领导力上与同事的观察量值。每个人结合两份报告与教练的沟通,制订个人的发展计划。

4. 由三位教练和六位管理者配对,分别进行六次一对一教练对话,和教练对象一起深度探寻,对自己、他人及组织获得新的认知,实现个人的突破。

心与脑的碰撞

在三位教练的通力合作下,我们的前期准备工作进行得很顺利,也和张涛及 HR 负责人敲定好了每个重要环节。以下

---

[1] DISC 个人特质测验:DISC 个性测验由 24 组描述个性特质的形容词构成,每组包含四个形容词,即支配性(Dominance)、影响性(Influence)、稳定性(Steady)、服从性(Compliance)。DISC 个人特质测验用于测查、评估和帮助人们改善其行为方式、人际关系、工作绩效、团队合作、领导风格等。

我会重点描述那一天教练工作坊的实施过程和结果，因为它将是整个团队深度转型的启动之旅。

工作坊于早上九点正式开始，张涛八点半就到了现场。看得出来，他有些兴奋和不安，手一直插在兜里在屋子里来回地踱步，关切地问候今日前来的两位教练，也就是我和晓梅，昨晚是否休息好，是否需要咖啡……

其实工作坊的整个设计逻辑很清晰，有发散思维环节也有收拢聚合环节。我很有信心，这会是一次集体智慧的共创，一次团队成员加深彼此了解的机会，一次走脑又走心的深度体验。虽然整个框架是可见的，但我还是有一种将要和大家一起探索未知之旅的兴奋，因为在教练过程中我们无法预测每个人的现场呈现情况。我们运用心理动力学理论进行设计的目的，就是要让整个团队的动机、欲望、防御机制、信念和假设这些潜意识在行为中得到显现。简而言之，就是让未被察觉的察觉到，让潜意识的意识化，让未表述的表述出来。这会是一个高能的过程，随之而来的还有学习焦虑，这种焦虑我有，张涛有，大家都有。

在开场阶段，我们就鼓励大家分享一定要坦诚、真实和有勇气。我们的分享从对自己成长中最有意义的一件物品的回忆开始。第一个分享的是总经理张涛，他生动的故事不仅带动了气氛，还让我们看到了家乡、童年、青涩的毕业季和陪伴父母的珍贵时刻，还有旅行中忘我的一刻……每人短短的八分钟分享给我们呈现了一个又一个鲜活的个体。作为教练，我也参与其中，我们此前从未谋面，但现在似乎已无须隐藏什么。

这场工作坊最核心的环节是每个人关于为实现组织愿景和战略所面临的组织性挑战的大讨论。这场讨论需要先发散后聚拢。每个人需要有足够的时间去沉思、描述，还需要足够的倾听与共情去理解别人的想法。

挑战的难度在于如何让团队成员彼此敞开心扉。于是我们运用隐喻方式，邀请大家通过画画来表达，每个人用各种彩笔将自己所理解的挑战通过绘画形式表达出来。在整个分享过程中，我以教练的身份针对发言者和其他人不停地发问，激发大家解读画面，鼓励大家表达自己的观察、情绪体验和对其他成员的期望。

接下来的个人陈述环节将整场工作坊的能量推向了高潮。张涛又是首先发言："我的画里面，这个人在用他的全部力气试图搬动一块巨大的石头，石头上承载着太多的东西：过往的行事理念和行为方式、多年积累下来的沉重的成本，还有搬动石头的勇气和信心。画面中这个人非常地孤单，旁边没有更多的人和他一起搬动这块石头。"此时我注意到，他的几位下属脸上都显现出一些诧异的表情，张涛的发言似乎超出了他们的心理预期。

此时财务总监罗娜按捺不住了，她似乎想立即回应一下第一个发言的张涛："我的画里有五个人（张涛的直接下属正好五个），每个人要去的方向都不一样。我用了不同方向的箭头来表达我的意思。我们好似跋涉在绵延群山里，而团队中有的人去了这里，有人又去了那里，真的很让人心累。"几位中方管理人员都频频点头来回应她的发言。

生产运营经理马克是一名从欧洲总部调过来的法国小伙子。他毕业于法国顶尖的工程学校，已经在欧洲几家工厂轮流工作过，具有相当丰富的技术和生产管理经验。马克来中国还不到一年，他带着清晰的使命而来——在三年的时间里帮助中国的工厂提高精益生产水平，降低生产运营成本。在前期的诊断中，有其他管理团队成员反映，可能是由于马克的语言和文化差异带来的障碍，他不太下车间和基层员工沟通，最常做的事情就是把自己关在会议室和张涛或是他的直接下属开会。马克的发言提供了另一个视角："我的第一幅画里是一艘轮船在大海上航行，水面上风平浪静，船好似在平稳地运行，但是水下布满了礁石，而且前方不远处就有一处裸露的礁石将要挡住我们。""我的第二幅画里是一个人坐在水里，头部伸出水面，人们叫他起来，起来就不会淹死，但他感觉自己动弹不得，由于习惯了长期坐在水里，对他来说站起来是不可能做到的。他的口头禅就是'我不能'，可是只要他稍微努力一下，就可以做到。"马克的语气和表情里透露着不解和无奈，还有获得理解的渴望。

人力资源负责人韩雪接下来的发言又给出了一个新的反馈："我的画里是一个射箭的靶子，代表着我们核心的东西。我们每周开会都会多出来很多新的要做的议题，旧的还没有处理完，新的又叠加了上来，每个人都很忙碌，也很疲惫。我们可不可以抓重点，大家集中精力聚焦在最重要的事情上？"韩雪的发言引发了一连串的反应，话题又延伸到职责分清和充分授权上，似乎一半以上的挑战都和张涛的管理方式有直接关系。

在这个环节的前期，我们曾给团队成员导入过用非暴力沟通方式进行建设性反馈的工具。这个"小插件"确实起到了助力有效沟通的作用。张涛也表现得非常坦诚开放，专心听取每个人的发言。看得出来，他是在有意地控制自己的防御系统，建设性地倾听团队成员的分享。他的这一行为起到了带头作用，同时也给予了团队成员很多的空间去表达自己真实的想法。

作为教练，我们除了鼓励和调节现场的氛围，最主要的工作就是发问，在这里教练式发问的作用在于：

1. 引导发言者进入到事实层面，避免泛泛地谈论。比如：有什么例子能帮助到大家理解你的描述吗？

2. 陪伴当事人向更深处探寻，比如：为什么这件事这么重要？如果团队做了的话，它的意义在哪里？

3. 帮助当事人更多地反思，比如：张涛跨过你和你团队直接讨论解决方案的时候，你有什么感受？如果这件事你没有这样做，会发生什么？站在对公司最有利的角度，你希望他怎么做？

最后，我们两位教练根据大家的描述，以专业的视角帮助大家解构并重新定义了挑战，而团队通过投票的形式选出了四个主要的挑战目标，并且进行了排序。

1. 对公司愿景和战略需要沟通到位，要渗透到组织各个层级；
2. 项目发起要有重点，集中精力干最重要的事；
3. 领导要充分授权，组织的角色职能要清晰；
4. 组织的自满情绪及"我不能做"的观念要改变。

三个小时的高能讨论得到了大家的一致好评。午餐时，张涛特意过来告诉我们上午的讨论超出了他的预期，他听到了很多平时根本听不到的团队声音。人力资源负责人也特意称赞了画画环节。"没想到张涛总经理感到很孤单，我天天和他在一起都没感受到。画画比干巴巴地说要更有效，它里面承载的内容更丰富、更立体。"

下午的工作坊继续让走脑和走心交替、融合。团队从四个挑战出发，甄选出了团队最需要的领导力和行动计划大方向。不出所料，团队最需要的前五项领导力落在了决策质量、行动为先、合作、优化工作流程和自我发展上。

在我们愉快地结束一天的工作坊之前，每个团队成员都做了最后的分享。张涛分享了自己对自己的看见，包括他发现的几个行为盲点。马克承认他以前都没有感受到中国管理成员的很多反馈，事实上他和大家有些脱节了。罗娜惊讶于今天自己的大胆直言，不知发生了什么让她今天多了一分勇气，而且她和负责质量管理的周力都承认在今天的讨论中更多地照见了自己，发现在让别人改变的同时，自己也有要改变的。我们高兴地看到每个人都有了各自的收获。

教练洞见

企业组织变革需要领导者具有综合的组织变革能力，而变革战略是实现企业愿景和整体业务战略的有机组成部分。通过管理咨询和教练相互助力，能够更加系统全面地挖掘和梳理企业改革的痛点，并且展开靶向干预，从而避免了仅仅使用一对一教练可能会带来的"头痛医头，脚痛医脚"的问题。

张涛的案例体现了企业管理者面临的一个典型问题。张涛们知道企业出现了问题，但由于个体防御机制的作用，他们的第一反应是认为下属出现了问题，于是积极寻找外部力量帮助下属提升领导力。其实团队最高领导者可能是纠缠在一起的链条中最应该被解开的那一段。

自我教练

基于本案例,我想留给企业高管一些问题去思考:

❶ 为什么企业的很多问题非要等到外部教练的干预才能照见呢?

❷ 从这个典型案例中是否看见了自己的影子?

❸ 如果我是文中的张涛,那在工作坊之后想对自己说些什么?

❹ 离开了教练团队的高管如何能继续保持这份坦诚、真实和勇气,继续深度地碰撞,有效地推进改革呢?

❺ 如果我是教练,我将如何进行这场变革干预?会有哪些做得不一样的地方?

作者简介

雨田，先后在位于德国、法国、比利时和美国的世界500强企业从事战略原材料采购、市场、人力资源和变革管理工作。曾在外派欧洲的六年半期间担任集团事业部和职能部门的人力资源和变革中心的高级副总裁，在变革中心负责企业全面战略转型的项目。曾先后和贝恩（Bain）、麦肯锡、埃森哲（Accenture）咨询团队一起深度合作规划并实施变革战略。在欧洲工作期间，同时就读于欧洲工商管理学院并完成了跨文化领导力的硕士研究工作，并在法国巴黎默塞克国际（Mosaic International）和英国霍特国际商学院（Hult Ashtridge）完成了高管教练课程。

联系作者：dl19102177180（微信）

后 记

非凡的英雄之旅

文 / 鲁 兰

这是一本书以及一本书背后生命缘起的故事,是一颗种子长成一棵树的过程,是一群平凡人的非凡的英雄之旅。

这场旅程起始于 2022 年,与公众初见于 2023 年,而种子与树的持续成长与影响力散播必将延绵数载。

缘 起

一群人,一群普通人,曾经或现任的企业高管、高管教练的信奉者、领导力发展的实践者,卓越高管教练同修村的村民,在日常的静好时光里,各自散在地里勤快忙活,间或聚在一起切磋高管教练、领导力发展和人生成长的技艺。

在 2022 年这不寻常又充满甜酸苦辣的一年,7 月下旬的一天，村长吴雁燕的锣声又当当当地响起。不知今天会有什么新鲜玩意儿，村民带着好奇，陆陆续续从田间地头聚到了村委会。

见人到得差不多了，村长开了口："各位乡亲，不知大家是否知道，著名的威利（Wiley）出版社今年出版了由全球50位领先教练共同撰写的教练案例集《教练我！你的个人董事会：来自世界上伟大教练们的领导力建议》。作为参与其中的三位中国教练之一，我也贡献了一个高管转型的案例。"村长话音刚落，村委会里响起一片祝贺的掌声，太棒了，期待这本书早日来到中国。

只听村长清了清嗓子，接着说："嘿嘿，其实我的念想是咱们这群人，一起出一本中国的高管教练案例集。咱村目前七十多人[1]，至少可以出50篇案例，每年出版一本，出成系列的，人多力量大。"

这可有点儿石破天惊啊，村委会里瞬间鸦雀无声。静默5秒后，平时惜言少语的村民鲁兰好像内心受到了一些触动，回应道：有念必成。王玮马上肯定：是的，念念不忘必有回响。村里大管家一样的宝藏胡丝雯似乎已经迫不及待了："大家案例先酝酿起来，等着我来跟大家征集吧。"

村委会里热闹了起来。赵磊一如既往地积极主动："这个

---

[1] 截至2023年3月，"卓越·高管教练同修圈"的村民已经有120名了。

好玩，我要来凑个热闹。"鲁芳欣喜地说："写书本来就在我的愿望清单上，看样子可以提前了。"熊樱说："蛮好的，我正想要有人逼一逼，翻朵新浪花。"庄磊则说："我早就想写书，记录下陪伴高管成长的故事，但知道自己不善写作，所以迟迟没有动笔。""是的，是的，我也从来没有写过案例，不知怎么写，不知是否能写好……"好几个声音在附和，听起来有些村民信心不太足。

不可能的任务？不，不。村长的声音很坚定："我了解你们，相信我们这群人能做出优秀的高管教练项目，也一定能写出来。"而刚刚被赵磊拉进门的村支书王留全，环顾四周后，稳稳地说："我有很多年商业管理类书籍的编辑和出版策划经验，可以给大家提供系统全面的出版与写作专业技术支持。大家不用太担心，只要你能说话，就能写好案例。而且看到在座的大家，让我也很有信心，我要为中国的教练行业策划出版一本好书，也支持大家每个人都能有自己具有生命力和穿透力的代表作。"

其实，大伙儿本来心里就有着朴素的共同愿望：要为推动中国的领导力发展和高管教练事业做些什么，让更多人和更多组织了解高管教练，了解高管教练的价值，让高管教练的作用得到更好发挥。而写一本以组织高管为第一目标读者群的"爱马仕品质"级别的中国高管教练理论及案例集正是一个合适的方式，是一件对的事，一件值得用心做的事，何况还有村长领头、支书护航、村民结伴同行。于是，二十几个村民就这样兴高采烈、浩浩荡荡地上路了。

耕　耘

高高山顶站过，便是俯首深深耕耘。教练案例的书写是把教练过程中真实发生的丰富场景和对话，提炼概括成想要表达的思想、逻辑和情感，再通过文字的形式描述成读者能看懂、有共鸣的故事，这是思维整理的过程，也是心、脑、手相互碰撞的过程。何况，这还不是简单地站在教练视角的案例过程记录与复盘，而是要换位站到高管视角，以及抽离上升到阳台视角的二次创作过程。

可以说，这是一个村民不太熟悉的世界，或者说是还没有完全熟练掌握的技能。虽然有个别村民如鲁芳，童子功傍身，提起笔来思路清晰、落笔流畅，唰唰唰，两篇案例从初稿到完稿只花了不到一周，高高挂在飞书文档案例的文件夹里，引来一片羡慕的目光和纷纷的赞叹。但大多数的村民并没有如此得心应手，从完成支书为大家设定的1500字提纲框架到5000字的完稿，是吭哧吭哧在键盘上，数着字数一个字一个字敲打出来的。更有村民在思路整理和文字产出的过程中不时卡住，花了很大力气才最终"憋出来"。

每一篇案例，从提纲、初稿到定稿，都经过一轮又一轮的过堂会诊，即点评、探讨和指导。面对这群写案例的菜鸟，村长和作为资深出版人的支书，写作要求的标杆一点都没有降低。所以每轮过堂会诊之后，便是又一次大大小小的埋头修改或续写。甚至有名村民为了赶截止日期，两宿通宵不眠……其中滋味，唯亲历者自知。曾听一名村民描述说，那晚子时已过，狗已入睡，鸡尚未啼，万籁寂静，我看到一行行的字在天花板上冒出来。看官，你可以想象到这样的画面吗？

话说，这也是一群普通的村民，但又对自己有着极高的要求。当觉得自己思路混乱、搅成一锅粥时，当内容太多不知如何筛选和精简修改时，当怎么写都写不出自己想要的样子时，当觉得语言不够美、不够精准，还原不了案例本身的精彩时……村民内心也一样会风起云涌：有纠结、有沮丧、有焦虑，有自我怀疑，甚至在最艰难的时候也有放弃的念头。但最终，令村民放不下、能坚持着走下去的，还是对自己和对大伙儿的承诺：和大家在一起，共同创作这本案例集，让这些领导者的教练故事传播出去，让更多的领导者感受到其中的价值。

同样能让村民坚持的还有村长和支书。他们在严格把关、引领前行的同时，给予村民大量教练和写作技术上的悉心指导、精神和情感上的托举和鼓励。村长的过堂会诊俨如真正大师级的教练督导，严谨、细腻、笃实，让村民清晰照见自己的风格模式和提升机会，得到宝贵的学习，从而继续拓展教练技能的广度和深度；护航的支书总是在关键时刻金句迭出，比如："列提纲就像拍照片，不管怎样先拍出来，然后再修，实在不好就重新拍一张。""半小时、一小时、两天没写出来，太正常了！那是没有创作出来之前的生长步伐而已。""千万记得，不用特别担心，给自己时间和空间，可能你那个后台程序突然就被触发。""先不用考虑写的是不是经典，经典是自然的结果，现在先把想表达的表达清楚就可以了。""带着好奇心，看看自己能写什么出来。""写作中最大的陷阱跟教练会谈中的合约目标类似，就是主题与方向的不清晰。"如此种种，使村民的写作压力得以释放，从而继续前行。有村民说，看村长和支书这样用心和给力，实在不好意思不坚持下去了。

村民自己也在写作过程中更加紧密地互动起来，支持彼此。大家会互相阅读在写的案例，会参与其他村民的案例会诊，学习探讨，并互相给予反馈和建议。还有的村民会用温暖的教练方式激发同伴厘出新思路、跳出困局，再继续写作和精修。为了进一步保证质量，村民还纷纷引入更多资源来支持写作。如找家人、找朋友、找相关客户或与案例主角相类似的高管来阅读所完成的案例，寻求反馈意见，再精心雕琢，以此使案例的表达更精准、更贴切、更容易读懂……

就这样，在全体村民一遍遍坚持不懈地用心打磨下，高管教练案例集开始慢慢褪去生涩，变得润泽，变得清澈醇厚，变得韵味绵长，变得丰盛而完全成熟。每个案例故事都真实而鲜活，栩栩如生地呈现出独特的价值。张申说，我自己都佩服自己写出来的文字，犹如神助。

收 获

收获的时节如约而至，饱含着对读者、对高管教练这门科学与艺术相结合的学问、对出版一本书的敬畏，超过 20 万字的中国第一本高管教练理论与实践案例相结合的本书，在 22 位作者的共同努力下，最终完成了。

2022 年 12 月 24 日，村民重聚村委会，一起回望来路，大家感慨万千：一起写作本书的过程像极了生命的孕育和创造，开始只是心里的一颗种子，播在了村民团队的院子里，在大家伙儿共同的精心浇灌和培育下，长成了一棵健壮的大树。

对此，刘立平有自己独特的感受，她说："带着腹中小小的胎儿参与写作过程会感到并不容易，有时甚至觉得很难。但当我真切感受到案例集和胎中宝宝一起在成长时，心里就会非常感动，为自己这样的双重创造，为和孩子的深深联结，也为和团队的深深联结。"她说的联结激发了熊樱的共鸣："以前我觉得自己很强大，不屑关系和共存。但这次写作中得到的支持让我真实感受到关系里的美好。这激发我以后会更多与人互动、合作、共创和见证彼此。"

村民纷纷感慨,这真是一场信心重塑之旅,一场潜力激发之旅。刘新说:"当书完成的时候,我最感慨的是共创的力量。我刚开始的时候是相信的,但到了中间就动摇了,尤其在第一稿会诊交流时发现大家写的稿件风格各异,当时就怀疑这些很不一样的文章能弄成一本书吗?现在我真正相信了,这群人可以做成大事。"杜建莉接道:"这也正是我所学到的,就是要行动起来,在行动中改进和提升,而不是准备好了再开始,这会给我今后的工作带来很多的影响。而且我发现,经过这一段,自己和团队的力量都远远超过以往。"赵磊也说:"这段经历让我相信一切皆有可能,和强大的团队在一起就能完成我一个人完成不了的事情。"

是的,真正的收获超越了写作本身,是关乎人、关乎对人的深远影响。所谓借事修人,在共同创造案例集的过程中,村民个人和村民团队都在不断转变和获得成长,变得更有力量。因为融入团队,因为心存高远的共同目标,村民勇于接受挑战、突破自我、担起责任,成为非凡之人;非凡之人为实现共同的目标而精诚协作,众志成城,更铸就了非凡的团队力量。这样的团队将能持续地吸引和成就非凡的人,共同成就非凡的事。

在你阅读的这一刻,村民已然返回各自的田间地头,一如既往地继续勤奋耕作。岁月依然静好,但不同的是,经过共同走过的这一程,村民的内心平添了更强大的对自我的相信、对村民团队的相信、对高管教练的相信、对由此激发的潜力和创造力的相信。所有的这些相信将引领和激励村民，如你一样，一次又一次地在非凡的英雄之旅上凯旋。

这是本书的缘起故事，是本书创作团队自己的领导力成长故事，特此奉上，作为本书的结尾。

感谢有缘在《成就卓越》书里与您相遇，期待在高管教练的真实世界与您再相逢。

编后记

从成果共创到共生共赢

本书的具体内容,想必读到此处的你已经有了详尽的了解。本书的出版缘起及目的,在自序、后记和致谢中,作者也已有过详细的说明。这里,我作为深度参与了本书的策划、创作、出版全流程的出版人,以及一名专业的企业教练,从自己的角度,为你分享在本书策划与创作过程中的一些思考,或许有助于你进一步理解本书的内容和价值。

作为一位从业近 20 年的出版人,我常对我的作者说,从策划到创作,咱们一起努力,为你的读者在书架上留下一本好书,让你的创造力能够为这个世界上的更多人所用。

那么,什么样的书才算是好书?每个人都有自己的答案,在我这里,一个简单的衡量标准是:阅读本书的读者认为对其有价值,就是好书,不是作者认为,也不是评论家认为,而是读者自己认为。这和其他产品的逻辑一样，产品满足的是客户的需求，而不是产品创造者自己的需求，更不是其他原因。正如颠覆式创新之父克莱顿·克里斯坦森（Clayton Christensen）的看法：客户购买的不是产品本身，而是通过产品帮助其达成的某个目标。

也因此，我做出版的价值主张是："我们成就作者代表作，而非出版一本书；我们创造有生命力的好产品，而非制造快消印刷品。"

毫无疑问，一部有生命力的真正好作品，对作者、对读者、对出版者而言，都是"难得"的。

于是，将本书定位为"写给企业领导者看的一本书"成为我与吴雁燕老师及创作伙伴在本项目启动初期和项目团队达成的第一个重要共识。明确一本书是为谁创作的也是能创造出有生命力的好作品的重要前提。

基于为读者——企业领导者——创造价值而创作和出版一本书这一共识，首先需要满足的是读者的阅读价值需求。这给本书作者的创作带来了挑战：写作时需要站在读者视角，而非教练视角。这也成为我此后反馈作者的创作内容时最频繁的提醒，所幸我们共同应对了这一挑战。

之所以能够很快形成这一共识，是因为我们之间有着共同的身份和标签：高管教练。在我们每个人的教练学习、进阶、实践中，我们深刻地知道，教练是以客户——教练对象——为中心的，教练事业也是建立在客户因为受到教练而更成功的基础上的，没有客户的进一步成功也就不存在教练的价值空间。教练事业的发展是围绕客户的，一本与客户和教练相关的作品自然应以客户这一读者目标为中心。

有了这一核心定位，知道了本书是写给谁的，那么创作什么样的内容才能真正给读者带来价值呢？

基于对读者需求的理解和过往的出版经验，以及项目团队有关教练学习与实践、目之所及看过的和看到的相关作品，我们决定将本书的内容在结构上设计为两个部分：高管教练相关的理论知识与高管教练实践实战案例，将理论与实践有机结合起来。又基于整个项目团队成员的实际情况，由吴雁燕老师结合自己多年的教练研习、教学、实践积累来创作第一部分高管教练理论相关的内容，由21位"卓越·高管教练同修圈"的资深高管教练结合自己大量、真实的教练实战创作第二部分案例内容。

这成为项目团队达成的第二个共识：创作和出版一本高管教练理论与实践结合、写给企业领导者看的教练类作品。这也因此将成为本土第一本写给企业领导者看的高管教练书。

这一共识成为项目团队的共同使命。

带着这一使命，项目团队开启了本书每一部分内容从提纲设计到初稿创作、再到定稿打磨的创作旅程……而为了让本书能够带给你更好的阅读体验，我们还为第一、第二部分内容设计了"导读"，并为第二部分每篇案例增加了有助于你理解案例中教练策略的"教练洞见"，以及帮助你进行"自我教练"的问题清单。

以上，正是我想作为出版人从策划与创作的角度为你重点分享的内容：从一开始，我们就决定为你写一本有价值的作品。当然，这是不是一部好作品完全由你说了算，我们期待你的反馈，以期让我们能在为你创作第二本书时，更能够理解你需要的是什么。

实际上，需要说明的一点是：虽然将本书的核心读者定位为企业领导者，但毕竟本书是一部由高管教练理论与实践结合而成的作品，书中大量与教练相关的专业知识、工具模型、案例场景、教练策略与反思洞见等，对于从事教练工作的同行而言有着同样的阅读价值，也许能够在你的教练道与术进阶之路上助你一臂之力。

更重要的是，企业教练事业的生态是由企业、教练对象、教练等多方共同组成的，因此，除了企业领导者和教练，这也是一本适合所有管理者看的作品。传统管理方式（尤其在领导力方面）在现实中越来越受到挑战，而教练型管理者及其管理方式正越来越受到欢迎，从全球已采用教练式管理的企业的具体实践效果反馈来看，这一趋势正得到越来越多的管理者的认同，也因此，我们同时期待着本书也能够为更多的管理者带来应有的价值。

最终，一个多方共生共赢的生态系统将成为各方共同努力的目标，这一愿景的实现恰是希望本书所能带来的最重要价值。

除此之外，一个意外的收获是，由于我一开始就将一本书从策划到创作再到出版的诞生过程，及所对应的"主题定位、结构设计、内容创作"等一系列服务作者的方式同样开放给了本书的所有创作者，进而在这个过程中，创作者伙伴纷纷表示，随着对本书内容的不断打磨，他们也因此"学会了如何创作一本书"（比如主题设定、提纲规划、样稿打磨、文字规范表达等），更理解了出版一本书的不容易，甚至有伙伴说，自己再看一本书时，都会觉得和此前的感受不一样了，对书有了更多的敬畏和尊重，本书的创作过程成了一种美好的体验。这是创作伙伴的收获，也是我自己从事这么多年出版工作以来，一次"管理"这么多的作者同时创作，不断调整自己的应对状态，修炼内心韧性的成长过程。

从成果共创到共生共赢，好了，谢谢你，亲爱的读者，你是我们这一生态系统的核心，没有你，高管教练的一切都将是无水之源。谢谢对高管教练生态发展有着大愿的吴雁燕老师及 21 位"卓越·高管教练同修圈"的伙伴为读者共创了本作品，过程中你们所展现的对高管教练事业发自内心的热爱、对高管教练专业技术严谨对待的态度、遇到创作中挑战时的无畏勇气以及碰撞讨论过程中源源不断的创造力，所有这些，都已成为我与你们一起完成本作品从策划到创作再到出版过程中最美好的记忆。

让我们与更多的企业领导者一起，在一个共生共赢的生态系统中越走越远。

王留全（Jason）

山顶视角创始人、资深出版人、高管教练

2023 年立春，于北京

致　谢

文 / 胡丝雯、吴雁燕

在本书完成之际，我们谨此表达对所有共创者最诚挚的敬意和感谢！

首先，感谢本书 26 篇实践案例和理论部分 4 篇迷你案例中的每一位主人公，以及你们所领导的团队、所归属的组织。出于遵守教练行业保密原则的考虑，我们无法透露你们更详细的信息，然而正是因为你们在与高管教练合作过程中所展现的真实、开放与当责，才使得每一个高管教练项目得以成功交付，才使得教练获得了向更多领导者传播和分享高管教练的生动素材。你们是本书真正的创作者！

其次，感谢所有参与创作的 22 位高管教练。身为教练，我们一直秉持终身学习成长的理念；身为由吴雁燕创立的"卓越·高管教练同修圈"里的同修伙伴，我们还共享"信任、分享、挑战、创造"的价值观。本书是国内第一本有关高管教练从理论到实践的系统性总结，在此项开创性的工作中，从 2022 年 9 月初至 12 月中旬的理论与案例创作过程也正是我们所有人彼此信任和陪伴、相互鼓励和挑战、突破个人与集体发展边界，达成了单个人难以达成的成就的过程。感谢我们自己！

再者，特别感谢本书项目团队的成员，胡丝雯、鲁兰、赵磊和吴雁燕。他们在创作自己的高管教练实践案例和撰写高管教练理论部分的同时，参与到从 2022 年 7 月底至 2023 年 1 月中旬的项目策划与执行全过程，从台前至幕后，从白天到夜晚，为成书过程中大大小小无数的事项无私贡献出了大量的热情、时间、心力和创造力。他们展现出的不计回报、不分彼此，自我驱动与担当，只言为集体高质且高效付出的精神和行为既是一种领导力典范，也是高管教练圈中不多见的心胸与视野开阔、教练能力与教练状态兼达的利他主义。

同时，感谢项目团队中的两位特殊成员。一位是顶级商业出版策划人、山顶视角创始人王留全先生，我们称他为"编辑出版界最懂教练，教练界最懂编辑出版"的斜杠高管教练。本书能顺利付梓离不开他数月专业地指导、悉心地关照和时刻散发出的影响力。另一位是行动学习、教练和引导的资深实践者王澜女士。她不计报酬，为作者精心设计和交付了一场线上工作坊，令我们在项目收尾阶段得以做个人和集体的回顾与沉淀。

还有，我们也万分感谢在百忙之中拨冗为本书撰写荐言的企业界、领导力发展界、教练界的诸多前辈和同仁（以姓氏拼音顺序：陈生民、揣妹茵、董莉君、侯敬喜、黄英、兰刚、李旭东、马歇尔·戈德史密斯、钱国新、王戈、曲建强、袁骏、尹利、叶世夫、张非凡、张伟），以及以其他各种形式给予支持的前辈和同仁。感谢你们对高管教练事业的认可与热情，感谢你们给予作者和本书的信任与鼓励，感谢你们所分享的人生与领导力智慧。

今天的中国高管教练事业似才露尖尖角的嫩芽，我们深信，让它迸发出更加勃勃生机的春天、更加灿烂生长的夏天和更加硕果累累的秋天远没有到来，将有更多的行业、组织和个人将因受益于高管教练而得以绽放、成就、转型和创造。所以，最后要感谢的是正在为此事业持续努力、正在为这个世界带来更多善、美与力量的所有人。美好未来是我们共同创造的。